Sommaire

EN COUVERTURE : LE VILLAGE DE SIMIANE-LA-ROTONDE, DANS LES ALPES-DE-HAUTE-PROVENCE. © EMI, TRAVEL-THE-WORLD.RO//CGE2010-STOCK.ADOBE.COM
SOMMAIRE : FONTAINE DE L'ÉGLISE DE L'ANNONCIADE À TOURVES. © GÉRARD SIOEN/ONLYFRANCE.FR

CE NUMÉRO EST UNE RÉÉDITION ACTUALISÉE ET AUGMENTÉE DU *FIGARO HORS-SÉRIE* N° 121 PARU EN JUILLET 2020.

Société du Figaro. Siège social 23-25, rue de Provence, 75009 Paris. Président *Eric Trappier*. Directeur général, directeur de la publication *Marc Feuillée*. Directeur des rédactions *Alexis Brézet*. Directeur général adjoint *Jean-Luc Breysse*.

LE FIGARO Hors-Série. Hors-Série du Figaro. Directeur de la rédaction *Michel De Jaeghere*. Directrice adjointe de la rédaction *Isabelle Schmitz*. Enquêtes *Luc-Antoine Lenoir*. Secrétariat de rédaction *Caroline Lécharny-Maratray*. Rédactrice photo *Carole Brochart*. Chef de studio *Françoise Grandclaude*. Editeur *Robert Mergui*. Directrice de la production *Corinne Videau*.

Commission paritaire : N° 0426 C 83022. ISSN : 1951 - 5065. ISBN : 978-2-8105-1066-5. Edité par la Société du Figaro. Rédaction 23-25, rue de Provence, 75009 Paris. Tél. : 01 57 08 50 00. Vous pouvez joindre le service client au 01 70 37 31 70, du lundi au vendredi de 7 h à 18 h et le samedi de 8 h à 13 h (hors jours fériés), ou par mail : abo@lefigaro.fr. Régie publicitaire MEDIA.figaro. Président-directeur général *Aurore Domont*. 23-25, rue de Provence, 75009 Paris. Tél. : 01 56 52 26 26. Imprimé par RotoFrance Impression, 25, rue de la Maison-Rouge, 77185 Lognes. Origine du papier : Finlande. Taux de fibres recyclées : 0 %. Eutrophisation : Ptot 0,002 kg/tonne de papier. Juillet 2025.

Le Figaro Hors-Série est imprimé dans le respect de l'environnement.

PEFC 10-31-1557 Certifié PEFC. Ce produit est issu de forêts gérées durablement, de sources recyclées et contrôlées. www.pefc-france.org

LE TRI + FACILE

REMERCIEMENTS. CE NUMÉRO A ÉTÉ RÉALISÉ AVEC LA PRÉCIEUSE COLLABORATION D'ALAIN CHARRON, RESPONSABLE DU DÉPARTEMENT DES COLLECTIONS ET ADJOINT AU DIRECTEUR DU MUSÉE ARLES ANTIQUE, SABRINA MARLIER, ARCHÉOLOGUE MARITIME AU MUSÉE ARLES ANTIQUE, FABRICE CAVILLON, DIRECTEUR DU MUSÉE DE LA ROMANITÉ, DOMINIQUE DARDE, CONSERVATRICE EN CHEF DU MUSÉE DE LA ROMANITÉ, BERTRAND ROUSSEL, DIRECTEUR DES MUSÉES D'ARCHÉOLOGIE DE NICE, ANA MARIA MÉLARD, RESPONSABLE DU PÔLE PATRIMOINE DE VAISON-LA-ROMAINE, GÉRALDINE AMIEL, DIRECTRICE DU SITE DE FONTVIEILLE, SÉBASTIEN ARNAUX, DIRECTEUR DU SITE DU PONT DU GARD, ANTIDE VIAND, ADMINISTRATEUR DU TROPHÉE D'AUGUSTE À LA TURBIE, CHRISTOPHE BETH, DIRECTEUR DES ARÈNES DE NÎMES ET DU THÉÂTRE D'ORANGE POUR CULTURESPACES, ÉTIENNE DEVIC, DIRECTEUR DU CHÂTEAU DES BAUX-DE-PROVENCE ET DES CARRIÈRES DE LUMIÈRES, SYLVIE VIAL, ADMINISTRATRICE DE L'ABBAYE DU THORONET, CÉCILE AUBERT, DIRECTRICE DE LA CULTURE AU CONSEIL GÉNÉRAL DES BOUCHES-DU-RHÔNE, FRÉDÉRIC MARTOS, DIRECTEUR DU CENTRE CULTUREL ET LITTÉRAIRE JEAN GIONO, BENOÎT MARTIN, ADJOINT AU CONSERVATEUR DU PALAIS DES PAPES, VALÉRIE FÉDÈLE, DIRECTRICE GÉNÉRALE ET ARTISTIQUE DU CHÂTEAU DE LA BUZINE, ALICE RACT-MADOUX, DIRECTRICE DE PROJET AGRITECH À LA SCP, JULIEN RUBIO, CHARGÉ DE COMMUNICATION DE LA SCP, CHRISTOPHE LONGRE, DIRECTEUR COORDINATION ET COMMUNICATION EDF HYDRO-MÉDITERRANÉE, MARJORIE DESSOLIN, HYDROGUIDE, BORIS LE NGOC, ATTACHÉ DE PRESSE POUR EDF, ANNIE TOUSSAINT, RESPONSABLE DU MUSÉE CARBONEL, ADELINE GRANERAU, MUSÉE REGARDS DE PROVENCE, NICOLAS PAGNOL, REMI VENTURE, MAJORAL DU FÉLIBRIGE, SOPHIE VULPIAN, LE MAS DU JUGE, JEAN-MICHEL AMITRANO, CHARGÉ DE COMMUNICATION POUR LE MUSEON ARLATEN, SOPHIE GUÉRINET, MÉDIATRICE CULTURELLE À L'HÔTEL DE CAUMONT, GABRIEL TEISSIER, DIRECTEUR DU DÉVELOPPEMENT DE VIA CARITATIS, VIRGINIE HABRARD, MAS DES TOURELLES, GUILLAUME GRATIA, RESPONSABLE COMMUNICATION ET BÉNÉVOLES CHEZ ROCHER MISTRAL, CHRISTIANE CAPUS, ATTACHÉE DE PRESSE DU GRAND SITE SAINTE-VICTOIRE, VALÉRIE GILLET, RESPONSABLE PRESSE ET PROMOTION CHEZ VAUCLUSE PROVENCE ATTRACTIVITÉ, MARIE-JOSÉE BARTHÈS, OFFICE DE TOURISME D'ORANGE-CHÂTEAUNEUF-DU-PAPE, SYLVIE JOLY, RESPONSABLE SERVICE PRESSE AVIGNON TOURISME, MURIEL COURCHÉ, DIRECTRICE DE LA COMMUNICATION DE LA COMMUNAUTÉ D'AGGLOMÉRATION DU PAYS DE GRASSE, MARION FABRE, OFFICE DU TOURISME DE MARSEILLE, CHARLÈNE CHARROL, ATTACHÉE DE PRESSE AU MUSÉE DE LA ROMANITÉ, CLARA AUTILLO, CHARGÉE DES RELATIONS PRESSE DE L'OFFICE DU TOURISME DES ALPILLES, CORINNE FALASCHI, RESPONSABLE DE LA COMMUNICATION DU MUSÉE ARLES ANTIQUE, ISABELLE BILLEY-QUÉRÉ, RESPONSABLE DE PRESSE DE L'OFFICE DU TOURISME DE NICE, ISABELLE RIBEIRO PINTO, RESPONSABLE DE LA COMMUNICATION DU SITE DU PONT DU GARD, ALICE BARONNET, CHARGÉE DES RELATIONS PRESSE À CULTURESPACES, HÉLÈNE DROUET, ATTACHÉE DE PRESSE À ARLES, MARLÈNE ECONOMIDÈS, PARC NATUREL RÉGIONAL DU VERDON, MARIE-PIERRE EMERIC, COMMUNICATION PRESSE-PROMOTION, PROVENCE VERTE ET VERDON TOURISME, JULIE MANIÈRE, AGENCE RUDY RICCIOTTI. SANS OUBLIER NOS EXCELLENTS GUIDES CONFÉRENCIERS, FLORENCE HUMBERT À SAINT-MAXIMIN-LA-SAINTE-BAUME, ÉLODIE BURGÉ À BEAUMES-DE-VENISE, JEANNE ETCHEBERRY À GIGONDAS, PHILIPPE BONFIGLIO À AVIGNON, KARINE MANGIN À L'ABBAYE DU THORONET, EVA VILLA, À L'ABBAYE DE SÉNANQUE, MARIE-LINE YSEBAERT À L'ABBAYE DE SILVACANE, CHRISTINE BERTHON À ARLES, ÉLISABETH TRICOT À GLANUM, ET BLANDINE HUK, SECRÉTAIRE DE RÉDACTION, ALAIN BIROT, LAURE MAESTRACCI, PIERRE DZU ET ROSE-AIMÉE CUROT, RÉDACTEURS GRAPHISTES, SOPHIE TROTIN ET SARAH ZANET, FABRICATION.

Terre des Hommes

Giono redoutait à tel point de passer pour le « local de l'étape » qu'il avait fini par prétendre que sa Provence était sortie tout entière du feu de son imagination. Il affectait de croire que son amour du pays était le fruit du hasard de sa naissance ; de lui-même, il aurait, disait-il, préféré aux plateaux caillouteux de Manosque les douceurs d'un climat pluvieux. Comme Swann, il avait brûlé de passion pour une terre qui n'était pas son genre.

Il s'indignait pourtant de l'image des mœurs provençales que renvoyait Daudet, répétant que le personnage de Tartarin de Tarascon était d'autant moins supportable qu'il *n'existait pas.* Une longue brouille le sépara de Pagnol, auquel il reprochait d'avoir dénaturé son monde dans les films qu'il avait tirés de ses romans en donnant à ses protagonistes une bonhomie hors de saison. Il pensait, plus encore, que Pagnol avait, dans ses œuvres, tiré indûment le caractère provençal vers la gouaille, la hâblerie, la galéjade. C'était créer à destination des touristes une Provence de carton-pâte et de santons, bonne pour les idées courtes des Parisiens de passage.

> *Le spectacle envoûtant d'une nature domptée.*

Le jugement a quelque chose d'injuste et de brutal, pour Daudet, autant que pour Pagnol, tant le sens du tragique habite aussi leurs livres. Il tient pour rien que le fiancé de l'Arlésienne se soit jeté par la fenêtre, et que Jean de Florette ait succombé aux coups du destin au terme d'un drame qui renvoie le festin des Atrides au rang d'une innocente algarade familiale.

La Provence de Giono avait servi de décor à une mythologie dont il attendait qu'elle échappe à la couleur locale. Qu'elle présente sur des routes brûlantes et des chemins poudreux des types éternels destinés à la méditation. Mais autant que lui, peut-être, Daudet et Pagnol avaient voulu mettre en scène la condition humaine dans ses contradictions, avec ses béances, ses noirceurs, ses faiblesses, ses élans sublimes d'héroïsme ou de miséricorde.

La réaction en dit beaucoup, pourtant, sur le légitime agacement que suscitent le malentendu, les poncifs qui entourent la Provence, et qu'entretiennent avec une naïve arrogance nombre de ses visiteurs pressés : ceux qui la réduisent à une terre baignée d'une douce lumière, où la grande affaire est le jeu de boules ou la partie de cartes à l'ombre des platanes ; où la vie est attente de l'heure du pastis et de la sieste, dans le crissement aigu et plaintif des cigales.

C'est négliger le fait que cet art de vivre est en réalité le fruit d'une âpre conquête. Méconnaître la sauvagerie d'une terre de tragédie grecque, où le soleil écrase, à midi, tout mouvement, dissout toute couleur, et paraît dévorer la campagne d'une langue de feu ; d'un pays battu par le vent, où le mistral, parfois, plie en deux ceux qui tentent de le regarder en face, et fait craquer les toits avec le bruit d'un train qui passe, une violence à rendre fou.

Plus encore : ignorer, au contact du paysage, ce qui en est peut-être la principale leçon.

Sur les pentes rouges des Maures ou de l'Estérel, mordues à belles dents par l'écume de la mer, la Provence donne certes le spectacle d'une nature restée vierge. Dans les contreforts des Alpes, de hautes parois de pierre grise et ocre surplombent des torrents encaissés. L'eau turquoise du Verdon se fraye à grand-peine un chemin à travers le chaos des rochers. Au-dessus d'Aix, Sainte-Victoire élève majestueusement ses falaises mauves et ridées. Elle paraît commander, en vaisseau amiral, aux montagnes alanguies qui lui font cortège dans la plaine. Et tandis que les aigles de Bonelli exécutent leur chorégraphie solennelle dans le ciel, on rencontre, au détour d'un sentier, ces pierres levées dans la garrigue qui ont fait le bonheur de Cezanne, avec leurs aplats bleuissants surgis d'une terre jaune comme l'or, au milieu des chênes verts et des genévriers. Le Luberon offre plus d'un exemple d'un village perché sur un éperon rocheux qui conserve à sa silhouette la rudesse d'un oppidum de la protohistoire. Les Dentelles de Montmirail élèvent leurs dalles de calcaire comme la mâchoire ouverte d'un grand fauve au-dessus de la courbe voluptueuse de leur ligne de crête. Le Ventoux se donne des allures de Vésuve en barrant l'horizon de sa masse bleutée.

Il ne s'agit pourtant que d'un rideau de scène. La magie de la Provence tient précisément au contraste qu'offre la douceur de ses collines, de ses plaines, avec ce décor de rochers. La nature y a été, plus que nulle part ailleurs, aménagée par l'homme. Elle ne tire pas son prestige de forêts profondes ou de landes sauvages, d'inaccessibles sommets. Elle le doit au contraire au fait d'avoir été domptée. Son charme, son élégance, lui viennent de ses restanques, qui ont architecturé ses pentes pour y aménager des espaliers. Elle les tient de ses vignes, de ses lavandes, de ses oliviers, de ses cyprès : aucun qui soit venu ici de manière spontanée ; tous y ont été plantés.

Editorial

par Michel De Jaeghere

Tous rayonnent d'une ensorcelante beauté pour avoir été méthodiquement alignés. La Provence nous offre une figure de l'ordre : à l'écologisme agressif d'un siècle épuisé, privé d'énergie vitale par l'ampleur du confort que la technologie nous a apporté, et qui se réfugie dans le respect craintif de la nature par horreur des disciplines austères à quoi se sont astreints nos pères pour la transformer, la soumettre, elle porte la plus catégorique des contradictions. Elle nous dit que l'homme n'est pas le prédateur de la planète que dénoncent des prêcheurs venus du Nord et mal débarrassés du culte germanique et païen des forêts. Elle témoigne qu'il est d'abord celui qui, subjuguant la terre en la cultivant à la sueur de son front, s'est fait le génial auxiliaire de la Création. La nature est ici à la mesure de l'homme. Elle n'est ni effrayante ni grandiose : elle a été, pour notre bonheur, domestiquée, recomposée.

La Crau pouvait tenir encore dans *Mireille* le rôle d'un désert de feu : lieu du désespoir et de la mort cruelle. L'ingéniosité des hommes en a fait, depuis Mistral, une prairie et un verger. L'eau des collines a été, ailleurs, captée vers les bassins de pierre où se reflètent les ramures des grands arbres plantés pour leur offrir une voûte de fraîcheur et d'ombre, propre à vaincre les chaleurs de l'été.

La Provence n'a pas été en vain la première région de Gaule à avoir subi la double colonisation des Grecs et des Romains. Là sont passés César en campagne, Marie Madeleine en quête de solitude et de silence, Saint Louis en croisade, Louis XIV en pèlerinage d'action de grâces, et Napoléon en fuite, déguisé en officier autrichien pour n'être pas lynché. Amphithéâtres romains, temples, églises, monastères, villages ou châteaux : peu de terres peuvent s'enorgueillir de concentrer tant de traces d'un passé prestigieux. La Provence a les caractères d'un « *haut lieu* », au sens que lui donnait Philippe Muray : « *un endroit qui a été écrit, raconté, peint, survolé, survolté de pensée, peuplé de personnages : où quelque chose d'irremplaçable a été vécu* » (« Crépuscule des lieux », 1990, *Essais*, Les Belles Lettres). Mais elle ne le doit pas seulement, comme il le pensait, aux livres ou aux tableaux qu'elle a inspirés, et qui nous ont appris à la regarder, à y découvrir des beautés que, sans eux, nous n'aurions pas senties avec la même intensité. Ce n'est pas notre seul regard qui a été changé par la richesse du passé : c'est elle-même qui en a été métamorphosée. Les routes qui y ont été tracées autant que les canaux creusés au fil des siècles, depuis les Fosses mariennes jusqu'aux majestueux barrages qui ont dessiné sur le cours du Verdon et de la Durance des lacs du Nouveau Monde, les murs de pierres sèches qui soutiennent les vignes et font apparaître au long des coteaux les courbes de niveau avec la netteté d'une carte IGN, les villages couleur de miel émergeant soudain de la roche, et dont les angles bruts, magnifiés par le jeu de l'ombre et du soleil, sont comme adoucis par l'ondulation exquise des toits de tuiles romaines, font partie intégrante du paysage. Ils s'y confondent et le subliment de leurs lignes claires, comme le bruissement des fontaines se mêle au cri des oiseaux.

Terre des Hommes : tout y est dessiné à leur intention. La Provence est le fruit béni de l'histoire, tout autant que de la géographie. Ce qu'elle donne à voir au voyageur ébloui, c'est le spectacle même de la civilisation.

« *Il n'y a pas de Provence,* disait encore Giono. *Qui l'aime aime le monde ou n'aime rien.* » Natif de Martigues, Maurras expliquait plus justement que c'est parce qu'il était d'abord provençal qu'il se sentait français ; parce qu'il appartenait à la nation française, héritière elle-même de la romanité, qu'accomplissant, par là, la nature sociale de l'homme en même temps qu'il en éprouvait les limites – son aspiration à une vie mesurée, cloisonnée –, il se rattachait à l'humanité. Sans doute en avait-il puisé la conviction en contemplant, depuis sa bastide du Chemin de Paradis, ses oliviers, dont les racines noueuses, entremêlées, disent la nécessité d'être ancré dans le sol pour que leurs feuilles puissent vibrer à l'horizon, scintillantes, ou la muraille noire et verte, odorante, de ses cyprès, protégeant comme une frontière contre le vent mauvais « *les myrtes et les roses, les souches et les blés, l'herbage des prairies et tout le petit peuple des fraisiers* », et néanmoins tendus, comme des mains jointes, vers le ciel.

AU CORDEAU Le village de Gordes, dans le parc naturel régional du Luberon, sublimé par le travail de l'homme, avec ses restanques au pied des remparts.

© J-M. EMPORTES/ONLYFRANCE.FR

Le chant du monde

Soleil d'hiver
C'est au XVIIIe siècle que l'explorateur James Cook rapporta le mimosa d'Australie, dont la floraison intervient entre janvier et mars. Depuis, de Bormes-les-Mimosas à Mandelieu-la-Napoule, la petite fleur jaune au parfum délicat est la star de l'hiver de la Côte d'Azur.

« Le mistral l'empêche de vieillir et renouvelle chaque jour sa jeunesse (…) ; ici le froid d'hiver est un appel au Père céleste, et la fournaise d'août a l'éventail du vent de mer à midi ; ô terre la plus élégante et la moins fardée, toujours simple en ce qu'elle a de plus rare (…), ô ma Provence, fille d'Apollon, terre apollinienne entre toutes, la Grecque d'Occident. »
(André Suarès).

Plaine de satin

« Ce sont surtout des champs de lavandin avec leurs prolifiques rangées de velours côtelé que l'on rencontre sur les plateaux de Haute-Provence, la lavande fine n'étant cultivée que plus haut, sur les contreforts de la montagne de Lure, la lavande est l'âme de la Haute-Provence. A l'époque de la récolte, les soirs embaument, les couleurs du couchant sont des litières de fleurs coupées, les alambics rudimentaires installés près des citernes soufflent des flammes rouges dans la nuit. »

Jean Giono, *Provence*, 1993.

Le plateau de Valensole dans le Parc naturel régional du Verdon.

242

LA CITÉ DES PAPES *« De loin, l'admirable ville, qui a quelque chose du destin de Rome, a quelque chose de la forme d'Athènes. Ses murailles, dont la pierre est dorée comme les ruines augustes du Péloponnèse, ont un reflet de la beauté grecque. Comme Athènes, Avignon a son acropolis ; le château des papes est son Parthénon. »* Victor Hugo, 25 septembre 1839.

Le palais des Papes à Avignon.

Les calanques rouges *« De l'eau bleue, où par places des îlots surgissent comme d'inextinguibles brasiers, la côte abrupte se lève, escaladée de la verdure profonde des pins, jusqu'au dôme de la Sainte-Baume, rivée de flamme ardente sous le soleil, et jaillie d'une mer de cobalt lourd que le mistral déchire partout de rayures blanches. »*
Jacques-Arsène Coulanghéon, *La Corniche d'or*, 1899.

Vue des calanques du massif de l'Estérel, près de Saint-Raphaël.

Bâtir sur le roc *« Le cloître de Saint-Sauveur, ainsi que la cathédrale du même nom, aurait été bâti (…) par un prévôt nommé Benoit. (…) Rien de plus varié et de plus capricieux que les pilastres et les colonnes qui soutiennent sa voûte et ses arcades en plein cintre. Il semble qu'on ait voulu imiter tous les styles et tous les ordres ; on y rencontre des colonnes corinthiennes qui semblent provenir de monuments antiques, à côté de colonnes torses, cannelées, polygonales, accouplées, et enfin entrelacées en forme d'X. La même bizarrerie se remarque dans les chapiteaux qui sont diversifiés à l'infini, et qui sont tantôt historiés, tantôt couverts de monstres grimaçants, tantôt enfin de feuillages enroulés, contournés avec toute la souplesse du style byzantin. »* Nicolas Xavier Willemin, *Monuments français inédits pour servir à l'histoire des arts*, volume I, 1806-1839.

Statue de saint Pierre ornant le pilier nord-est du cloître Saint-Sauveur à Aix-en-Provence, construit à la fin du XIIe siècle par les chanoines de la cathédrale.

LE GRAND CANYON *« C'est à la lueur d'un fil de platine que l'on traverse cette gorge bleuâtre au fond de laquelle séjournent des cadavres d'arbres rompus et d'où monte l'odeur de créosote qu'on dit bonne pour la santé. »* André Breton et Philippe Soupault, *Les Champs magnétiques*, 1920.

Les gorges du Verdon. Le poète André Breton, chef de file du surréalisme, y avait situé son *« point sublime »*, où *« la vie et la mort, le réel et l'imaginaire, le passé et le futur, le communicable et l'incommunicable, le haut et le bas cess[aient] d'être perçus contradictoirement »*.

À LA CLAIRE FONTAINE *« Les habitants de cette heureuse terre sont très adroits à détourner dans leurs champs et leurs jardins la moindre petite source qui sort des montagnes, et ces sources sont en très grand nombre ; de sorte que l'on peut dire avec raison que c'est faute de pluie que tout ce qui appartient au règne végétal est sûr d'être continuellement rafraîchi. »*
Lady Craven, *Voyage à Constantinople en passant par la Crimée*, 1789.

Place de la Fontaine à Saignon dans le Luberon.

Douze journées provençales

VELOURS BLEUTÉ
Sans doute originaire de Perse, la lavande est utilisée dès l'Antiquité par les Grecs et les Romains pour parfumer le linge et les bains. C'est avec l'apparition des parfumeries de Grasse que sa culture en Provence prend tout son essor au XIXe siècle, et qu'elle devient un symbole régional.

Les Grecs y trouvèrent des côtes aussi splendides que les leurs, les Romains y établirent la première *provincia* gallo-romaine, les Francs en prirent possession. Modelée par ses conquérants, la Provence conserva, dans les bourrasques de l'Histoire, son âme altière et sa fierté de comté indépendant marié sur un pied d'égalité, au XVe siècle, au royaume de France. PAR IRINA DE CHIKOFF

Le comptoir des Phocéens

Conduits par Protis, des colons grecs venus de Phocée, en Ionie, s'établissent près de l'embouchure du Rhône et fondent le comptoir de Massalia.

Ils ne sont pas partis à bord de leurs pentécontères pour conquérir la Toison d'or, mais pour établir un *emporion* sur les rives méditerranéennes de la Gaule. Après avoir fait étape à Ephèse pour consulter l'oracle, les Ioniens, conduits par Protis, naviguent vers la péninsule italique. Bons marins, fiers corsaires, mais également respectueux des lois de l'hospitalité, ils feront étape à Rome où les Etrusques les accueilleront amicalement, avant de poursuivre jusqu'à l'embouchure du Rhône. Au cours d'une de leurs précédentes courses, Protis et son ami Simos avaient remarqué une calanque, celle du Lacydon, offrant un port d'attache à l'abri des vents. Le site est surmonté par trois collines et par un promontoire.

Les Etrusques et les Phéniciens se partagent le commerce dans la région. Les Phocéens estiment qu'il y a une place pour eux. Quant à la population locale, elle est composée pour l'essentiel de peuples ligures. Le roi des Ségobriges, Nannos, vit sur les hauteurs. Protis est convaincu que, moyennant quelques cadeaux, il acceptera que ses hommes fondent ici un comptoir. Il se rend auprès de lui avec Simos. Les deux Phocéens tombent en plein banquet au cours duquel la fille du souverain, Gyptis, doit, selon la tradition, désigner celui qui sera son mari en lui offrant à boire. L'assemblée est nombreuse. On fait place aux deux jeunes gens. Gyptis, qui a remarqué la prestance de Protis, lui tend sa carafe d'eau. Sans hésiter. Devenu le gendre de Nannos, Protis obtient la permission de s'établir près de l'embouchure du Rhône.

Protis, en sa qualité d'oikiste, trace le plan du port et des futurs remparts. Il délimite l'espace sacré où seront édifiés deux temples dédiés l'un à Artémis, l'autre à Apollon, ainsi que l'agora. Une tribu ligure tentera, en vain, de s'arroger la place. Les Ioniens les repoussent et bientôt ils prospèrent dans leurs activités commerciales, car ils sont loin d'être des novices du trafic maritime basé sur le troc, l'échange de dons et, en bons aristocrates, des actes de joyeuse flibusterie.

Au fil du temps, Massalia s'étend sur une cinquantaine d'hectares, sans compter la *chora* où seront plantés vignes et oliviers. Quelques heurts avec des Ligures et des Celtes qui commencent à s'implanter dans la région donnent du piment à l'existence, tandis que les Massaliotes fondent de nouveaux comptoirs tout au long de la côte et même en Corse, puis en Ibérie. Ces extensions ne sont pas du goût des Phéniciens et des Etrusques. Des accords excluent en principe les chapardages que les Phocéens continuent à pratiquer. D'autant plus que leur population s'est considérablement accrue depuis que Cyrus a détruit Phocée en 546 avant J.-C. Fuyant les Perses, nombre d'Ioniens ont rejoint Massalia et donnent une nouvelle impulsion à la cité, ainsi qu'à ses dépendances dont Théliné (Arles) ou Aouenion (Avignon). Un conflit finit par éclater entre les Grecs et les Puniques. La bataille navale d'Alalia, au large de la Corse, se solde, selon les Carthaginois, par leur victoire, mais les Massaliotes n'ont perdu qu'Alalia. Ils gardent le contrôle de la côte ligure et de tous leurs autres comptoirs. Pour célébrer l'événement, les Phocéens construiront le Trésor de Massalia à Delphes.

Leur cité est régie par une oligarchie modérée, que dominent les Protiades, descendants du légendaire Protis. Un directoire de quinze « premiers » est choisi par le sénat qui compte six cents membres. Trois d'entre eux détiennent le pouvoir exécutif. Contrairement à ce qui s'est passé dans les colonies grecques de Sicile qui n'auront de cesse de se battre entre elles, les anciens Phocéens établis à Massalia ou dans les autres comptoirs restent solidaires.

Au fil du temps, des liens de plus en plus étroits se sont tissés avec Rome – Massalia participera à la rançon versée aux Gaulois qui en 390 avant J.-C. ont envahi la Ville – et un traité scellera cette alliance.

A la fin du IIIe siècle avant J.-C., une fédération des peuples salyens va obliger les Massaliotes à intervenir militairement dans l'arrière-pays. Il leur faut, sans cesse, renforcer leurs lignes commerciales par des fortifications. Bientôt Massalia devra faire appel à Rome, qui est devenue la grande puissance méditerranéenne, pour défendre ses possessions. ***I. de C.***

La Cité phocéenne
Ci-contre : *Arrivée des Phocéens à Marseille*, fresque de M. Poulain, seconde moitié du XXe siècle (Marseille, musée d'Histoire de Marseille). Page de droite : essai de navigation avec le *Gyptis*. Cette réplique d'une grande barque de pêche côtière grecque de la fin du VIe siècle avant J.-C. fut construite par le Centre Camille Jullian suivant la technique des bateaux cousus employée à l'époque.

Les lauriers de Marius

Alors que les Germains préparent une expédition pour piller Rome, Marius écrase Ambrons et Teutons non loin d'Aix-en-Provence.

La *nobilitas* romaine l'a toujours trouvé rustique. La famille de Caius Marius n'est que de rang équestre. Ayant reçu une éducation essentiellement militaire, il s'est illustré sous les ordres de Scipion Emilien au siège de Numance. En 121 avant J.-C., Marius a entamé son *cursus honorum*. Il est devenu questeur à l'âge de trente-six ans, puis tribun de la plèbe, préteur, légat et enfin consul grâce à la guerre qu'il a menée contre Jugurtha en Afrique.

L'armée manquait de soldats, Marius l'a ouverte aux sans-grade qui ne payent pas le cens et il a professionnalisé les légions. Ses hommes le révèrent car, s'il est exigeant, il est aussi juste et ne demande rien qu'il ne s'impose à lui-même.

Moqué par l'aristocratie sénatoriale – il ne sait pas le grec –, il ne ressent que mépris pour une caste qui serait, selon lui, arrogante, corrompue et gangrenée par l'hellénisme. Marius ne cesse de plaider pour un retour à la Rome des origines. Dénué de tact, aussi rugueux qu'il est robuste, il n'entend rien aux subtilités politiques romaines, mais sa popularité auprès des humbles est immense. En 105 avant J.-C., après la cuisante défaite de Quintus Servilius Caepio face aux Cimbres, aux Teutons et aux Ambrons à Arausio (Orange), il se fait confier le commandement de l'armée pour laver cet affront.

Caius Marius prépare longuement les cohortes – elles sont désormais dotées de nouvelles armes et d'une aigle pour emblème –, choisit minutieusement ses lieutenants puis entre en Gaule narbonnaise par la route du littoral. Il veut établir son campement au *castellum* d'Aquae Sextiae (Aix). Après avoir franchi la frontière, Marius apprend par les agents qu'il avait dépêchés auprès des Germains que les Cimbres, de retour d'Espagne, se sont réunis avec les Teutons et les Ambrons. Tous ensemble ils ont décidé de lancer une vaste expédition pour piller Rome. Les Cimbres entendent passer par le nord, Teutons et Ambrons par l'ouest. Marius rassemble ses cinq légions et les cohortes auxiliaires. Il les établit du côté d'Arelate (Arles) et fait construire un canal de ravitaillement sur la rive gauche du Rhône.

Au mois d'août 102 avant J.-C., les Germains arrivent devant le campement romain et passent aussitôt à l'attaque, mais ils sont vigoureusement repoussés et décident de poursuivre leur chemin. Marius les suit. Lorsque les Barbares parviennent dans la plaine d'Aquae Sextiae, Marius franchit la Durance au Pertuis et installe son armée à l'est du *castellum*.

Une première bataille s'engage et les Ambrons sont défaits. Un second combat va opposer les légions aux Teutons. Marius va coordonner défense frontale et offensive sur les arrières de l'ennemi. Une tactique qu'il a apprise en Afrique. Il détache un de ses lieutenants, Claudius Marcellus, avec trois mille hommes, pour prendre les Germains à revers.

Au lever du jour, le général fait sortir sa troupe devant le campement. Il lance la cavalerie vers la plaine pour attirer les Teutons qui se ruent vers la colline. Les légionnaires, sur ordre de Marius, se figent, prêts à recevoir le choc frontal avant de lancer leurs javelots, puis passer à l'offensive, l'épée à la main. Les Barbares se heurtent aux Romains qui forment une véritable muraille humaine. Ils sont obligés de reculer afin de se regrouper. C'est le moment que choisi Claudius Marcellus pour passer à l'attaque sur les arrières des Teutons. Surpris, ils se débandent et tentent de prendre la fuite. Mais ils sont poursuivis, massacrés ou faits prisonniers.

Très calme, Caius Marius ordonne d'allumer un bûcher avec les trophées pour offrir la victoire aux dieux. Ses flammes montent haut vers le ciel. Marius les regarde, immobile. Silencieux. Lui, l'*homo novus* dont aucun ancêtre n'a occupé de charge publique, savoure sa victoire, se voit déjà à Rome porté par une foule en délire. Jusqu'à quel sommet ? La *nobilitas* sénatoriale osera-t-elle encore se gausser de sa rusticité ? Lui reprocher de ne pas parler grec ?

Un lieutenant de Caius Marius se tient non loin de lui. Il le regarde sans aménité. Sylla, de vieille souche aristocratique, avait combattu en Afrique sous les ordres de Marius de même qu'il vient de le faire contre les Teutons. Il reconnaît la valeur militaire de l'*homo novus*, mais il ressent pour lui une aversion irrépressible. Sylla sait qu'un jour ils s'affronteront. ***I. de C.***

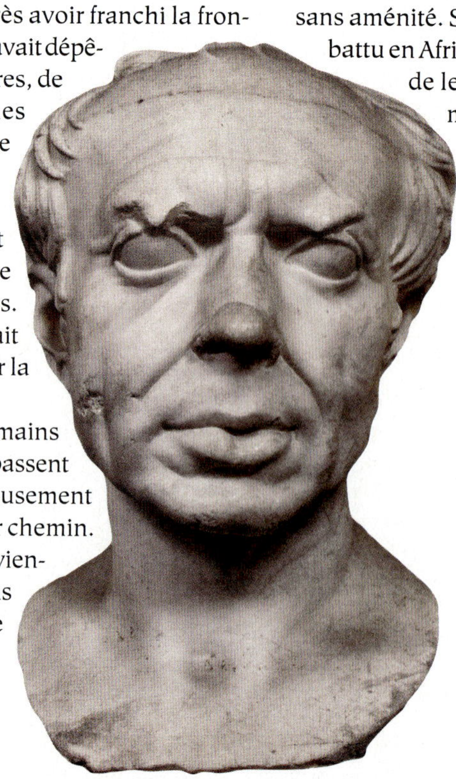

L'HOMME NOUVEAU

Ci-contre : buste présumé de Caius Marius, Ier siècle avant J.-C. (Rome, Musei Vaticani, Museo Chiaramonti). *Homo novus*, puisque aucun de ses ancêtres n'avait géré de magistrature, il dut son ascension à ses compétences militaires. Page de droite : chemin à la sortie de Pourrières, en direction de Puyloubier. C'est à l'emplacement de l'actuelle commune de Pourrières que les légions de Marius auraient écrasé les Teutons.

Les rencontres d'Arles

Afin de condamner définitivement le donatisme qui menace de devenir un schisme, l'empereur Constantin convoque les évêques en concile à Arles.

Constantin a toujours eu une prédilection pour Arles. Il se souvient qu'il y a été heureux avec sa seconde épouse, Fausta. Colonie romaine depuis César, la cité a aussi été l'un des premiers foyers chrétiens des Gaules. Pour ces deux raisons, l'empereur a décidé d'y réunir un concile auquel il assistera. Car il veut en finir une fois pour toutes avec le donatisme.

La grande persécution des chrétiens à l'époque de Dioclétien – Constantin a été élevé à sa cour – est à l'origine de cette déviance. Entre 303 et 305 un certain nombre d'évêques avaient accepté de livrer les écrits sacrés et des objets de culte comme l'Auguste empereur leur avait commandé de le faire. Ils ont été considérés comme des traîtres et l'opprobre a rejailli sur tous ceux qu'ils avaient ordonnés par la suite. En 311-312, l'élection d'un nouvel évêque à Carthage a fait resurgir le conflit car celui qui a été choisi est tenu pour un « *failli* » par Donat, évêque des Cases-Noires en Numidie. Plusieurs prélats le soutiennent.

Après sa victoire sur son rival Maxence, Constantin a proclamé en 313 la paix de Milan instaurant la liberté de culte pour toutes les religions. Peu après, il a reçu une plainte formulée par les partisans de Donat, mais l'affaire ne lui semblait pas mériter sa propre attention et il a confié à un synode le soin de statuer. Celui-ci s'est réuni à Rome et il a condamné le donatisme, mais les anathèmes, les occupations d'églises et les affrontements se sont poursuivis. La déviance menace de devenir un schisme qui va susciter au sein de l'empire de nouvelles divisions. Constantin ne peut tolérer cette atteinte à l'unité romaine.

C'est l'été. Les évêques, assistés par des prêtres et des clercs, sont réunis pour ce concile dans une église construite sur la colline de l'Hauture à partir des fondations d'un vieux temple romain. Le pape Sylvestre Ier, une personnalité effacée, a refusé de quitter Rome, mais il a envoyé deux presbytres et deux diacres comme observateurs. Constantin participe à plusieurs séances qui se tiennent sous la direction de l'évêque de Syracuse et la présidence de celui d'Arles. L'empereur n'intervient pratiquement pas, mais par sa présence confère à l'assemblée une aura particulière, chacun comprenant que l'autel et le trône ont désormais partie liée.

Sans surprise, le donatisme est proscrit. Vingt-deux canons vont être adoptés. Ils concernent la place des chrétiens dans l'empire. Un certain nombre de croyants ont encore scrupule à porter les armes et sont même réticents à participer à la vie civique. Le concile va leur rappeler l'obligation qui est la leur de servir dans les légions – en cas de désertion, la communion pourra leur être refusée – et dans la fonction publique. La majorité des évêques présents sont des Gaulois et ils s'accommodent fort bien de l'ordre romain dont l'armée est un pilier et le civisme un autre.

Satisfait du tour pris par le concile, Constantin se fait moins assidu dans l'église sur la colline de l'Hauture quand les évêques débattent de la date officielle de Pâques, du rôle des diacres, des sanctions à prendre contre les clercs qui gardent des relations avec des femmes ou encore des mesures concernant le mariage chrétien.

L'empereur en profite pour déambuler dans Arles que César avait généreusement dotée parce que la cité avait unanimement opté pour lui contre Pompée. Dans cette ville, tout enchante Constantin. L'amphithéâtre, le forum, le cirque. Il y a lui-même fait bâtir des thermes. Mais il affectionne par-dessus tout les Alyscamps, cette nécropole où chrétiens et païens reposent côte à côte. Il aime marcher dans ses allées en égrenant des souvenirs heureux. Quand les légions de son père l'ont proclamé *imperator*, il avait quitté Arles pour affronter Maxence qui s'était déclaré *princeps* à Rome puis Auguste.

Chemin faisant vers le pont Milvius, Constantin avait fait un rêve qui depuis ne le quitte jamais. Un chrisme lui était apparu dans le ciel et une voix lui avait affirmé : « *In hoc signo vinces.* » Il n'avait pas douté. Il avait même ordonné que ses légionnaires arborent les deux lettres grecques sur leur bouclier. Lui-même les avait fait tisser sur son étendard. Depuis, il les porte dans son cœur. Et chaque fois qu'il ferme les yeux, il les revoit. Lumineuses. ***I. de C.***

IN PACE En haut : *solidus* à l'effigie de Constantin Ier, IVe siècle. Le 13 juin 313, quelques mois après sa victoire sur Maxence au pont Milvius, Constantin le Grand, par la paix de Milan, confirme un édit promulgué deux ans plus tôt par Galère et qui accordait la liberté de culte aux chrétiens après la grande persécution de Dioclétien. Page de droite : les Alyscamps (« champs Elysées »), à Arles. Dans l'Antiquité, le nom de cette nécropole, située le long de la via Aurelia, à l'extérieur des remparts de la ville, évoquait le lieu de félicité, au sein des Enfers, où séjournaient les âmes des défunts qui avaient été vertueux.

Le roi de Provence

Maître de la quasi-totalité des vallées du Rhône, de la Saône et de la Provence, Boson est élu roi de Provence. Il s'émancipe des Carolingiens.

Il galope à bride abattue vers Lyon. Boson, fils du comte Bivin de Gorze, vient d'apprendre qu'il a été élu roi de Provence par l'assemblée des prélats et seigneurs qui s'étaient réunis dans le château de Mantaille. L'issue de cette réunion n'était pas douteuse car la noblesse et les évêques voulaient à tout prix éviter de retomber sous la coupe de l'un ou l'autre des Carolingiens qui, depuis la mort de Charlemagne, se partagent son empire, ou plus souvent se le disputent. Le grand empereur avait eu la sagesse de maintenir une large autonomie aux comtés, aux diocèses. Sa descendance est moins habile.

Boson a longtemps été attaché à l'un des petits-fils de Charlemagne, Charles le Chauve, qui avait épousé en secondes noces sa sœur Richilde. Devenu son beau-frère, Boson avait été couvert de bienfaits, nommé duc du Lyonnais et du Viennois. Après la mort de l'empereur Louis le Jeune en 875, il a accompagné le roi de Francie en Italie où ce dernier avait été couronné empereur par le pape Jean VIII. Charles le Chauve lui a accordé de nouveaux titres : duc d'Italie et de Provence, puis vice-roi d'Italie.

L'appétit vient, dit-on, en mangeant. Boson éclate de rire. Le pape et l'impératrice douairière, veuve de Louis le Jeune, ont intrigué pour que l'unique fille de l'empereur défunt, Ermengarde, l'épouse, car l'une comme l'autre avaient dans l'idée de faire un jour de Boson un empereur en espérant qu'il leur en serait, ensuite, reconnaissant. Ils ignoraient que le Bivinide n'était pas de la race des éperdus de gratitude. Le mariage a été célébré sans que Charles le Chauve ait donné son accord à cette alliance. Il lui en a tenu rigueur. Mais pas longtemps. Bientôt, l'empereur le rappelle en Francie où il reçoit, après la mort de son oncle, le comté de Mâcon et celui de Chalon.

Boson est maître désormais de la quasi-totalité des vallées du Rhône et de la Saône ainsi que de la Provence. Mais il ne compte pas s'arrêter là. D'ailleurs son épouse ne cesse de l'encourager à aller de l'avant. Toujours plus loin. Toujours plus haut.

Rappelé par le Saint-Père en butte aux Sarrasins, Charles le Chauve repart pour l'Italie. Il attend de ses féodaux une aide substantielle pour lutter à la fois contre les Maures et les Normands. Mais l'aristocratie refuse de le soutenir. Boson le premier. Contraint de revenir précipitamment, Charles le Chauve, malade, meurt dans un village de Maurienne.

Son fils, Louis II le Bègue, lui succède. Boson le somme de confirmer tous ses droits et privilèges. Par ailleurs, profitant de la venue à Arles du pape Jean VIII, il tente de se faire reconnaître comme roi d'Italie. La manœuvre échoue à cause de l'opposition des grands d'au-delà des Alpes et d'un certain nombre d'évêques.

Furieux de cet échec, après la mort de Louis le Bègue le 10 avril 879, Boson abat son jeu. Il sera roi. Non d'Italie, mais au moins de Provence ! Peu après son couronnement à Lyon, le nouveau souverain s'installe à Vienne sans se soucier des Carolingiens. Ceux-ci se réunissent en Lorraine au mois de juin 880 et décident de s'unir *« contra Bosonem tyrannum »*.

Louis III, roi de Neustrie et d'Austrasie, Carloman II d'Aquitaine et de Bourgogne ainsi que Charles III dit le Gros, troisième fils de Louis le Germanique, marchent à la tête de leurs troupes. Ils reprennent Autun, Besançon, Chalon, Mâcon et Lyon. Le siège est mis devant Vienne. Ils ignorent encore que le roi de Provence s'est réfugié dans les collines environnantes avec une partie de ses partisans, laissant sa femme défendre la cité.

Charles le Gros quitte le premier le siège car il doit se rendre à Rome pour ceindre la couronne impériale. Louis III et Carloman II lèvent à leur tour le camp et bientôt Boson peut revenir à Vienne. Mais au mois d'août 881, Charles le Gros, devenu empereur, est de retour sous les murailles de Vienne. Trop tard pour s'emparer du *« tyrannus »*, qui a repris le maquis. La ville est investie, pillée et incendiée.

Boson ne reviendra à Vienne qu'en 885. Ayant reçu une généreuse dotation de sa belle-mère, il relèvera les murailles de la ville et régnera de là sur la Provence jusqu'à sa mort le 11 janvier 887 sans plus chercher à conquérir de nouvelles couronnes. ***I. de C.***

USURPATEUR Ci-dessus : les ruines du château de Mantaille, près d'Anneyron, dans la Drôme, où Boson fut élu roi le 15 octobre 879. Pour les Carolingiens, il n'est qu'un usurpateur, n'étant pas lui-même de sang royal, mais seulement apparenté par alliance à la dynastie. Page de droite : détail de l'*Offrande d'un roi à un saint*, fragment d'une fresque du réfectoire de l'abbaye de Charlieu, fin du XIIe siècle (Paris, musée de Cluny). Si l'on en croit les lettres « BOS » inscrites au-dessus du personnage, il pourrait s'agir du roi Boson qui fit une donation à la communauté de Charlieu en décembre 879.

28 août 1248

Le vent se lève

Depuis trois jours les navires sont bloqués à quai. A la tête des croisés, Louis IX s'apprête à quitter Aigues-Mortes pour délivrer Jérusalem.

Sur le pont de la *Montjoie*, la haute silhouette de Louis IX est aisément reconnaissable. Depuis trois jours, il ne cesse d'aller et venir en scrutant le ciel. Depuis trois jours, dans la baie du Grau, la flotte des croisés attend un vent favorable pour gagner le large. Depuis trois jours, le roi se remémore toutes les étapes de sa longue marche vers la réalisation d'un vœu qu'il avait prononcé à l'issue d'une grave maladie dont il n'a pu réchapper que par miracle. Louis en est convaincu. Et les croisades le hantent depuis son enfance. Son grand-père, Philippe Auguste, lui avait mille fois conté les péripéties de celle qu'il avait conduite avec Richard Cœur de Lion.

Il ne fait pas encore tout à fait jour et on distingue mal la côte. C'est en 1240 – quatre ans avant son vœu – que Louis IX s'est intéressé à ce coin de Camargue appelé Aigues-Mortes avec ses étangs, ses marais et, au bout d'une route défoncée, l'abbaye des bénédictins qui en étaient les propriétaires. Il a très vite compris le parti qu'il pourrait en tirer. Le domaine royal n'a guère d'autre issue sur la Méditerranée. A l'est, au-delà du Rhône, c'est la Provence, qui est au Saint Empire, tandis que Jacques Ier d'Aragon règne à l'ouest, de Montpellier à Valence.

Louis a approché les moines de l'abbaye de Psalmodi. Ils n'étaient pas opposés à un échange, mais la patience du roi a été mise à rude épreuve. L'acte final de cession d'Aigues-Mortes n'a été conclu que récemment. Sans attendre, son architecte Eudes de Montreuil s'était rendu sur les lieux. Il avait établi un plan qui prévoyait la construction de deux tours, d'un port intérieur, d'une église et d'un logement royal. L'ensemble serait protégé par des remparts. Pour attirer artisans et ouvriers qui rechignaient à s'établir sur le site, allant jusqu'à se révolter quand on les contraignait, Louis a dispensé les habitants d'Aigues-Mortes des péages, tailles et autres gabelles.

La route entre les étangs a été reconstruite ainsi que le pont qui allait de l'abbaye jusqu'aux salines. Enfin, on a creusé le canal Viel afin que des embarcations à fond plat puissent rejoindre la baie du Grau.

Dans la cale de la *Montjoie*, les chevaux, qu'il a fallu suspendre pour qu'ils se donnent du mouvement, piaffent et hennissent. Le soleil pointe à l'horizon. Louis se revoit à Saint-Denis, où il s'était rendu pour recevoir des mains du cardinal de Châteauroux l'oriflamme, le bourdon et l'écharpe. A Paris, entouré par une foule nombreuse, le roi est allé prier dans l'abbaye de Saint-Antoine-des-Champs avant de prendre, le lendemain, la route du Midi. Sa femme l'accompagne. La reine Marguerite est la fille du comte de Provence Raimond Bérenger. Elle lui a apporté en dot le château d'Aix.

Le cortège a fait étape à Sens et Lyon avant de s'embarquer sur le Rhône. A la mi-août, il atteignait Aigues-Mortes. A perte d'horizon on pouvait déjà y voir les campements des croisés avec des milliers de bannières et de gonfalons. Louis en avait eu les larmes aux yeux. Il allait enfin marcher sur les pas de Philippe Auguste. Il allait enfin réaliser son vœu. Pour la plus grande gloire de Dieu. Les habitants d'Aigues-Mortes sont venus plaider auprès de leur souverain une cause qui leur tenait à cœur : rebaptiser leur cité en Bonne-par-Force. Mais Louis ne voulut pas les satisfaire car il aimait ce nom : Aigues-Mortes.

Avant l'embarquement à bord des navires affrétés par le roi ou les croisés eux-mêmes, un office a été célébré dans la petite église, encore inachevée, de Notre-Dame-des-Sablons. Puis des galées de combat se sont engagées dans le canal Viel pour rejoindre la baie du Grau où la flotte attendait. Tandis que Louis et sa suite montaient à bord de la *Montjoie*, les prêtres ont entonné *Veni, creator Spiritus*.

Louis s'est arrêté d'aller et venir. Il hume l'air. Il sent grossir un vent, léger, puis plus ample. Béni soit Dieu ! Les croisés vont enfin pouvoir appareiller vers Chypre qui sera la base arrière de l'expédition. Au même moment, d'autres navires quittent Gênes ou Marseille. A bord de l'un d'eux se trouve Jean, sire de Joinville. Il ne prise guère les faits d'armes, mais il ne pouvait pas rester en sa demeure tandis que son roi partait délivrer Jérusalem. Qui conterait, sinon lui, cette épopée ? ***I. de C.***

GRAND OST Ci-dessus : *Départ pour la septième croisade,* enluminure de Richard de Montbaston, *in Historia* (et continuation) de Guillaume de Tyr, 1337 (Paris, BnF). Page de droite : Aigues-Mortes vue du ciel. En créant cette cité, Louis IX ouvrait le premier grand port méditerranéen de la Couronne de France. Si la tour de Constance, au premier plan, fut achevée en 1254, la construction des remparts ne commença qu'en 1272, après la mort de Louis IX, et fut menée à son terme trente ans plus tard par Philippe le Bel.

La gloire en Avignon

Clément VI a fait du palais des Papes d'Avignon le décor d'une cour digne d'un souverain.

Il est un temps pour vivre et un temps pour songer à mourir. Dans son cabinet de travail, au troisième étage de la tour de la Garde-Robe, Clément VI vient d'apposer sa signature au bas de la bulle dans laquelle il fait part de ses dernières volontés. Il veut reposer dans l'abbatiale Saint-Robert de La Chaise-Dieu. Pierre Roger avait dix ans quand il y est entré pour revêtir plus tard l'habit des Bénédictins. Les moines prieront pour le repos de son âme. Nul n'est exempt de péchés. Et surtout pas un pape que d'aucuns ont surnommé le Magnifique.

Clément VI sourit. Après avoir étudié la théologie à l'Université de Paris, il y a enseigné et acquis une réputation de grand orateur. A trente-cinq ans, il a été nommé par le pape Jean XXII abbé de Fécamp, puis évêque d'Arras et, en 1329, archevêque de Sens. Bientôt le roi Philippe VI l'a fait entrer dans son conseil. Nommé cardinal en 1338, il a été élu par le Sacré Collège à la mort de Benoît XII à l'unanimité.

Tout en montant au quatrième étage de la tour de la Garde-Robe où se trouve sa chapelle privée, le Saint-Père se souvient de son couronnement. Il l'a voulu fastueux, non par vanité, mais pour que chacun sache que son pontificat serait celui d'un vrai prince de l'Eglise. Selon lui, ses prédécesseurs n'ont pas su être papes. Clément V, le premier à s'établir à Avignon, n'osait jamais aller à l'encontre du roi de France et il l'a laissé condamner l'ordre des Templiers. Jean XXII, qui fut évêque d'Avignon, s'est comporté comme tel. Le cistercien Benoît XII avait eu le mérite de construire un nouveau palais fortifié, mais il était trop austère pour s'entourer d'une cour brillante.

Celle de Clément VI peut rivaliser avec l'entourage d'un roi. Parce que lui-même est un lettré, il a attiré artistes, poètes, hommes de science et même nombre de jolies femmes. Pétrarque dans ses « *Clémentines* » l'a plus d'une fois blâmé pour sa galanterie. Clément VI ne lui en a pas voulu. Le poète n'a jamais aimé Avignon, qu'il comparait volontiers au « séjour à Babylone » et il avait plaidé plus d'une fois pour que le pape revienne à Rome. Mais pas plus que ses prédécesseurs, Clément VI n'a envisagé de retourner dans une ville en constante ébullition, où les familles, pour ne pas dire les clans, ne cessent de se dresser les unes contre les autres.

Après avoir prié dans sa chapelle, le souverain pontife descend au promenoir. Souvent il y convie l'un ou l'autre de ses hôtes, mais aujourd'hui il préfère rester seul. Son état d'esprit est aux souvenirs des années vécues. Très vite après son couronnement, il a fait venir un architecte, Jean de Louvres, qu'il avait connu à Paris et il l'a chargé d'édifier un nouveau palais accolé à celui de Benoît XII. Il a fait appel à des peintres comme Matteo Giovannetti, un élève de Simone Martini, pour peindre les murs de ses chapelles et pour décorer la chambre du Cerf. Il voulait que les fresques représentent non pas des sujets religieux, mais des scènes de chasse ou un décor champêtre. On le lui a reproché comme on a daubé sur les festins offerts dans le Grand Tinel à une foule d'invités.

Mondain ? Le pape reconnaît volontiers qu'il aime le monde. Brillant causeur lui-même, il ne voit aucun mal à disputer de la sagesse. La *sapientia* n'est-elle pas le point de rencontre entre l'inspiration divine, la science intellectuelle et la vertu politique du gouvernement ? Lui-même a beaucoup fait pour consolider la colonne vertébrale de l'Eglise et structurer son appareil fiscal. Il est aussi intervenu dans toutes les péripéties de son temps. Son grand échec a été de ne pas avoir réussi à éviter la guerre entre la France et l'Angleterre, qui s'est soldée par le désastre de Crécy.

Et puis il y a eu cette épidémie de peste. Beaucoup d'habitants d'Avignon ont fui leur ville. Clément VI est resté. Quand, ici où là, des inconscients s'en sont pris aux Juifs qu'ils rendaient responsables du désastre, le pape a fulminé deux bulles pour dénoncer cette iniquité. Il s'est également opposé aux flagellants dont le fanatisme heurte la raison. Le Saint-Père n'aime rien tant que l'entendement, l'intelligence, l'esprit. Si c'est péché, que les bénédictins de La Chaise-Dieu prient désormais pour son pardon. ***I. de C.***

Le Magnifique Ci-dessus : le gisant de Clément VI, placé au centre du chœur monastique de l'abbatiale Saint-Robert de La Chaise-Dieu. Dès 1342, le pape avait décidé de reconstruire l'église pour y être inhumé parmi ses frères bénédictins. Les travaux furent menés en parallèle de ceux réalisés, sous la direction de Jean de Louvres, au palais des Papes, à Avignon *(page de droite, la chapelle Saint-Martial, couverte de fresques peintes par Matteo Giovannetti),* pour offrir à ce pape esthète et fin lettré le cadre propice à l'épanouissement d'une cour où se pressaient artistes et grandes figures intellectuelles.

10 juillet 1480

Le testament du roi René

Aix-en-Provence pleure le Bon Roi René qui s'est éteint. Mais refuse, malgré le souhait de celui-ci, que son corps et son cœur reposent à Angers.

Il ne s'est jamais plaint. Même lorsque le duc de Bourgogne l'avait emprisonné après la défaite de Bulgnéville à l'issue de laquelle il avait perdu en 1431 le duché de Lorraine. Il n'est pas non plus devenu amer quand il a échoué, face au roi d'Aragon, à lui arracher son héritage, le royaume de Naples, que lui avait légué la reine Jeanne. En 1474, la perte de son cher duché d'Anjou, que son neveu Louis XI lui a confisqué, n'est pas non plus parvenue à l'aigrir. Sans faire de bruit, il s'est retiré en Provence dont il était le comte.

Il y a vécu d'un château l'autre à Aix-en-Provence, Tarascon, Avignon, Marseille, entouré par une cour brillante, lettrée et déjà courtoise. Il donnait des fêtes, des tournois – c'est une de ses passions et il a écrit un traité sur cet art –, ou bien il s'isolait parfois pour prendre plaisir à rédiger un roman de chevalerie ou peindre des miniatures afin d'illustrer son *Livre du cœur d'amour épris*. Mécène généreux, hôte bienveillant, père attentif, mari aimant bien que volage, le roi René avait le caractère heureux des hommes qui savent rendre grâce à Dieu pour le temps qui passe.

Celui du roi René s'est achevé le 10 juillet 1480. Jeanne de Laval, sa seconde épouse, et sa fille Marguerite, veuve du roi d'Angleterre Henri VI, le pleurent. Apprenant sa disparition, toute la Provence est bientôt en deuil. Car elle n'a eu qu'à se féliciter d'un règne au cours duquel il a relevé les campagnes désertées à cause des guerres incessantes, soutenu des travaux d'irrigation dans le Luberon et la plaine de la Durance, veillé aux vignes, embelli ses propres demeures, mais également des couvents, des églises. Il a ouvert au peuple des lieux de promenade et ses jardins où s'ébattent des paons.

René d'Anjou a laissé un testament qui a été trois fois remanié à la suite de la mort de sa première femme, de son fils aîné puis d'un de ses petits-fils. Il souhaite que son corps repose dans la nécropole familiale de la cathédrale d'Angers, que son cœur soit confié à l'église des Mineurs dans la chapelle dédiée à saint Bernardin de Sienne, qui, au temps où il bataillait en Italie, avait été son confesseur. Il désire enfin que ses entrailles restent à Aix-en-Provence dans la chapelle Notre-Dame de l'église des Carmes.

Les Provençaux ont d'abord refusé de voir partir la dépouille de leur comte. Embaumé, il a été déposé dans un cercueil de plomb et exposé durant trois jours dans une des salles de son palais, puis inhumé à droite du maître-autel de la cathédrale.

Mais Jeanne de Laval n'est pas femme à accepter cette « séquestration ». Elle s'est rendue à Angers et s'est concertée avec le chapitre de la cathédrale Saint-Maurice. Elle a pris également soin d'informer Louis XI de ses projets. Un an après la mort du roi René, elle dépêche à Aix-en-Provence deux serviteurs. Ils vont réussir à récupérer le cercueil et le dissimuler parmi les effets de la garde-robe de Jeanne. Le corps sera embarqué sur le Rhône et conduit jusqu'à Lyon. De là, le cortège rejoint Roanne pour suivre le cours de la Loire. Le corps sera ensuite acheminé nuitamment vers la collégiale ducale Saint-Laud d'Angers avant d'être solennellement inhumé dans la cathédrale Saint-Maurice.

Les clercs de la ville d'Angers ouvrent la procession, suivis par quatre ordres mendiants, les chanoines séculiers et réguliers ainsi que les bénédictins des abbayes. Cinquante pauvres, vêtus de noir, le visage dissimulé sous un capuchon – dont la présence était demandée par le testament du roi –, tiennent des torches allumées. Devant et derrière le corps marchent les chapelains, les chanoines, l'administrateur de la cathédrale, Auger de Brie, ainsi que les grands abbés de la région. Un héraut de l'ordre du Croissant précède le cercueil. René d'Anjou avait fondé en 1448 cet ordre de cinquante chevaliers et écuyers placés sous la protection de saint Maurice.

Dans la cathédrale, tous les autels sont ornés de la croix de Jérusalem dont le roi a toujours porté le titre de souverain. Après la messe de requiem, le cœur de René d'Anjou, enchâssé dans une boîte d'argent et porté sur un drap d'or, sera déposé dans une cavité du mur de la chapelle Saint-Bernardin devant l'autel de saint Michel. ***I. de C.***

DERNIÈRES VOLONTÉS Ci-dessus : René d'Anjou et sa seconde épouse, Jeanne de Laval, *Diptyque des Matheron*, par Nicolas Froment, vers 1475 (Paris, musée du Louvre). Page de droite : panneau central du *Triptyque du Buisson ardent* que le roi René avait commandé à Nicolas Froment vers 1475-1476 pour orner l'autel de la chapelle Notre-Dame de l'église des Carmes à Aix-en-Provence, où il désirait que soient déposées ses entrailles. Il est aujourd'hui conservé dans la cathédrale Saint-Sauveur d'Aix.

Palamède le Grand

Il fut le principal artisan de l'union de la Provence au royaume de France. Mais aujourd'hui, ce sont d'autres noces que célèbre Palamède de Forbin.

En sa vaste demeure d'Aix-en-Provence, Palamède de Forbin marie sa petite-fille Marguerite avec le fils naturel du roi René, Jean d'Anjou. Il ne cherche pas à dissimuler le contentement que lui procure cette union et ne se demande pas non plus si le comte de Provence l'aurait approuvée.

Palamède le Grand, comme on l'appelle, ne se pose jamais de questions inutiles. Il a servi le roi René comme conseiller puis chambellan. Il a bataillé en Italie avec son fils le duc de Calabre pour que les Anjou reprennent la couronne du royaume de Naples et de la Sicile accaparée par les Espagnols. A la suite de cette aventure malheureuse, qu'il a payée de deux années de détention, il est devenu vicaire de Jean de Calabre.

En 1467, il est reparti avec lui pour Barcelone car les Catalans avaient demandé au roi René son aide contre leur nouveau souverain, Jean II d'Aragon. En 1470, la mort de Jean de Calabre n'a pas mis fin à l'ascension sociale de Palamède. Il a acheté plusieurs seigneuries avec la bénédiction du comte de Provence, qui l'a anobli. Au fil du temps, il a exercé plusieurs fonctions d'importance.

Palamède de Forbin a maintenant soixante-sept ans. Un âge où l'on se plaît souvent à se remémorer son passé pour mesurer le chemin parcouru. Il n'avait que dix-sept ans, quand son père, Jean Forbin, fils d'un peaussier de Langres qui était venu s'établir à Aix puis à Marseille en 1394, l'a envoyé faire des études de droit à Turin. L'homme ne manquait pas d'ambition pour les siens. Jean avait délaissé depuis longtemps l'artisanat paternel et s'était lancé avec son frère Bertrand dans le négoce maritime. Ils y avaient fait assez vite fortune. De retour à Marseille avec son doctorat en droit, Palamède était devenu le conseiller juridique de ses frères, Jean et Jacques, qui avaient poursuivi ensemble l'exploitation de l'entreprise de négoce paternelle.

A vingt-deux ans, il a épousé la fille du baron d'Aubagne, qui était un conseiller du roi René. Cette union lui a ouvert bien des portes. Lui-même s'est montré habile à les pousser. Après la mort du duc de Calabre, le roi Louis XI, neveu par sa mère du roi René, guignait la succession du comté de Provence. Mais René avait désigné pour héritier un autre neveu, Charles d'Anjou. Le roi de France a su entourer Palamède de bien des égards et prévenances. Forbin n'était pas dupe de toutes ces câlineries, mais quand il avait appris que le roi d'Aragon avait secrètement approché René d'Anjou pour lui racheter la Provence, son sang n'avait fait qu'un tour. Aucun Marseillais n'a oublié le sac de la ville par le roi d'Aragon Alphonse V, en 1423. Durant son enfance, son père lui avait maintes fois conté ces trois journées de pillages et de tueries.

Discrètement, le chambellan du comte de Provence les lui avait rappelées. Le Bon Roi René avait repoussé l'offre du souverain espagnol et, à sa mort, Charles V lui avait succédé en Provence. Palamède était resté chambellan du nouveau comte. Il avait œuvré avec diplomatie auprès de la noblesse provençale pour un rapprochement avec la France et il était parvenu à créer un parti favorable à Louis XI. Sans descendance mâle, Charles avait fini luimême par coucher son cousin sur son testament, car Forbin avait retrouvé une clause dans l'acte de mariage de Béatrice de Provence, héritière du comté, et de Charles Ier de Naples et de Sicile, frère de Saint Louis, stipulant que la Provence devait revenir à la Couronne de France en cas d'absence de postérité mâle.

En décembre 1481, Charles est mort à Marseille. Un mois plus tard, les états de Provence réunis à Aix établissaient un projet pour l'union qu'ils proposaient à Louis XI en la personne de son représentant, Palamède de Forbin. Ils ne posaient qu'une seule condition : le souverain devrait toujours, lorsqu'il traiterait des affaires provençales, signer de son titre de comte. L'union de la Provence et de la France devait se faire sur un pied de parfaite égalité, par la réunion de deux couronnes, royale et comtale, sur le même front.

La devise des Forbin était « *Quo fortior mitior* ». Le Grand Palamède y a ajouté la sienne : « *J'ai fait le roi comte, le comte m'a fait roi.* » Il a été nommé par Louis XI grand sénéchal, gouverneur et lieutenant général de Provence. Il y a régné en véritable souverain jusqu'à la mort de Louis XI le 30 août 1483. Charles VIII lui a succédé. Contrairement à son père, celui-ci a prêté l'oreille aux nombreuses plaintes contre Forbin et l'a destitué de toutes ses fonctions.

Palamède n'a pas protesté. Il sait qu'il est d'ores et déjà entré dans l'histoire en associant pour toujours le destin de la Provence à celui du plus grand royaume d'Occident. Ses descendants s'y imposeront comme la plus illustre famille de la noblesse provençale. ***I. de C.***

FIEF FAMILIAL En haut : médaillon de Palamède de Forbin sur la fontaine du roi René, cours Mirabeau, à Aix. Page de droite : le château de La Barben, à une trentaine de kilomètres au nord-ouest d'Aix. Acquis en 1439 par le roi René, ce château fort fut revendu trente-cinq ans plus tard au frère de Palamède de Forbin, Jean II, dont les descendants en restèrent propriétaires près de cinq cents ans.

Le vœu du roi

La Vierge apparaît au frère Fiacre pour demander que la reine fasse réciter une neuvaine à Notre-Dame-de-Grâces de Cotignac.

En proie à de fréquentes crises de mélancolie, Louis XIII doute de lui-même. La France, qui s'est longtemps contentée de n'intervenir dans la guerre de Trente Ans que par puissances interposées, a dû entrer finalement dans le conflit. Elle a subi depuis défaite sur défaite. Le 15 août 1636, la reddition de Corbie, dans la Somme, ouvre aux Espagnols la route de Paris.

Dieu se serait-il détourné de la France parce qu'elle a fait alliance avec des pays protestants contre le très catholique roi d'Espagne ? Dans la capitale, on le murmure, et Louis XIII lui-même a plus d'une fois demandé pardon à Dieu pour ces pactes avec les réformés. Mais que faire ? Les Habsbourg encerclent le royaume. Le roi de France se doit de le défendre. Par tous les moyens. Au risque d'avoir à en payer le prix. La stérilité de sa femme, Anne d'Autriche, après vingt ans de mariage, n'en est-elle pas le châtiment ?

En 1621, Louis XIII s'était rendu à Toulouse où il avait adhéré à la confrérie des Pénitents bleus d'inspiration franciscaine. En 1630, ayant échappé par miracle à la mort d'une dysenterie à forme hémorragique, il a rédigé de sa main un texte consacrant sa couronne et son sceptre à la Mère de Dieu, et promettant de lui faire reconstruire le maître-autel de Notre-Dame de Paris. En 1632, il est retourné à Toulouse et a fait un vœu solennel à la Sainte Vierge afin qu'elle intercède auprès de son Fils et qu'un Dauphin soit donné à la Couronne de France.

Richelieu a tenté de dissuader le roi de prendre la tête de l'armée qu'il a levée pour reprendre Corbie, mais Louis XIII a voulu conduire lui-même le ban et l'arrière-ban de la noblesse française. Le siège est mis autour de la ville, qui ne recevra aucun renfort, les Espagnols se retirant de Picardie pour se battre dans les Flandres contre les Bataves. Le 9 novembre 1636, Corbie se rend au roi de France. Paris est sauvé. Louis XIII peut y rentrer triomphalement. Un an plus tard, en novembre 1637, un membre de la congrégation des Augustins déchaussés, le frère Fiacre, révèle à la reine qu'il a eu tandis qu'il priait une vision. La Sainte Vierge lui a annoncé que le roi aurait un héritier si trois neuvaines étaient dites à Notre-Dame-de-Grâces de Cotignac, en Provence, Notre-Dame de Paris et Notre-Dame-des-Victoires. Parti en pèlerinage à Cotignac, le religieux a reconnu dans la Vierge du maître-autel le visage même de son apparition. Le roi décide aussitôt de faire enregistrer son vœu par le parlement de Paris pour lui donner force de loi. Il instaure la fête de l'Assomption comme celle de tout le royaume.

Le 10 janvier 1638, les médecins annoncent à la reine qu'elle porte un enfant. Le 10 février, le vœu de Louis XIII est publié par le parlement de Paris. Le 15 août, Louis XIII est à Abbeville où il fête l'Assomption dans l'église des Minimes. Au moment de la consécration il voue solennellement le royaume à la Mère de Dieu. Le 5 septembre, la reine ressent les premières douleurs et donne le jour à un fils, Louis surnommé Dieudonné.

Dix-sept ans après la mort de son père en 1643, Louis XIV se rend à Saint-Jean-de-Luz pour confirmer le traité de paix avec l'Espagne et épouser l'infante Marie-Thérèse. Avec sa mère, Anne d'Autriche, il s'arrête à Cotignac pour remercier la Sainte Vierge de sa propre naissance. A cheval, Louis gravit le mont Verdaille et met pied à terre devant l'église Notre-Dame-de-Grâces. Frappé par la beauté des lieux avec ses vallons, ses ruisseaux et ses deux tours féodales, il ressent une immense gratitude pour cette splendeur. Dans la chapelle, à genoux devant l'autel, il se remémore dans quelles circonstances elle fut bâtie. C'était en 1519. Un bûcheron fort pieux, Jean de La Baume, récitait un *Ave Maria* avant de se mettre à l'ouvrage. Soudain il avait vu la Sainte Vierge entourée par l'archange saint Michel et saint Bernard de Clairvaux. La Madone lui avait demandé d'aller dire au clergé et aux consuls de Cotignac de lui construire une église où elle pourrait dispenser ses grâces.

Avant de reprendre la route, Louis XIV laissera à Cotignac une bague en or et le cordon bleu que portent les membres de l'ordre du Saint-Esprit. ***I. de C.***

DÉVOTION MARIALE
Ci-dessus : le sanctuaire Notre-Dame-de-Grâces à Cotignac, édifié sur le lieu de deux apparitions de la Vierge en 1519. Se manifestant au frère Fiacre, dans la nuit du 3 novembre 1637, la Mère de Dieu demanda que l'on avertisse la reine de faire trois neuvaines en son honneur, dont une à Notre-Dame-de-Grâces, afin que Dieu accorde un héritier au roi. Après vingt-deux ans de mariage, le 5 septembre 1638, naissait enfin Louis Dieudonné. Page de droite : le village de Cotignac.

La grande pestilence

Le *Grand-Saint-Antoine* est de retour à Marseille, les cales pleines d'étoffes. Elles renferment aussi un terrible bacille : celui de la peste.

Au pied du fort Saint-Jean, le bureau de santé composé d'intendants bénévoles choisis parmi les négociants, marchands et anciens capitaines de vaisseau reçoit Jean-Baptiste Chataud qui vient d'arriver du Levant. Il a laissé son navire, le *Grand-Saint-Antoine*, et sa précieuse cargaison d'étoffes sur l'île de Pomègues. Il présente les patentes – elles sont « nettes » – qu'il a reçues dans chacun des ports où il a fait escale, mais il ne peut pas éviter d'informer le bureau que plusieurs personnes sont mortes sur le bateau dont le chirurgien de bord, et que Livourne a refusé qu'il fasse escale dans son port.

Les intendants se consultent. Ils décident de laisser le *Grand-Saint-Antoine* à Pomègues, mais deux jours plus tard ils autorisent le débarquement des marchandises dans les infirmeries aménagées au bord de la mer entre l'anse de la Joliette et celle d'Arenc. La soie et les balles de coton sont estimées à une valeur de trois cent mille livres. Propriété de plusieurs notables de Marseille dont le premier échevin, Jean-Baptiste Estelle, et le capitaine Chataud, elles doivent être vendues à la foire de Beaucaire qui a lieu au mois de juillet.

Le 13 juin, veille de la sortie de quarantaine des passagers, le gardien de santé du *Grand-Saint-Antoine* meurt. Selon le médecin qui examine son corps, il serait mort de vieillesse. Peu après, un mousse tombe malade. Puis plusieurs portefaix qui ont transporté la cargaison trépassent. Cette fois le bureau de santé s'inquiète et fait transférer le navire dans l'île de Jarre. Les vêtements des personnes décédées sont brûlés et leurs corps recouverts de chaux vive.

Dans les ruelles étroites des vieux quartiers insalubres de Marseille, on dénombre déjà plusieurs morts. Mais il faut attendre le 9 juillet pour que deux médecins, Charles Peyssonnel et son fils Jean André, avertissent les échevins après avoir examiné un malade : la peste, après soixante ans de rémission, sévit de nouveau à Marseille.

Les habitants du port qui possèdent une bastide ou un mas à la campagne quittent la ville tandis qu'un immense campement de misère se crée sur la plaine Saint-Michel. Le 31 juillet, Aix-en-Provence interdit aux Marseillais de quitter leur terroir. A partir du 9 août, il meurt plus de cent personnes par jour. Puis plus de trois cents. Bientôt les cadavres jonchent les rues.

Très vite, Nicolas Roze, un armateur qui a été nommé chevalier de l'ordre de Saint-Lazare par Louis XIV après avoir été blessé lors de la guerre de Succession d'Espagne, offre ses services aux échevins. Il est nommé commissaire général pour le quartier de Rive-Neuve. Il boucle le secteur, fait creuser des fosses, convertit les voûtes de la Corderie en hôpital, organise le ravitaillement.

Mgr de Belsunce, évêque de Marseille depuis 1709, se dépense aussi sans compter. Il se rend auprès des malades pour leur distribuer des aumônes, les soulager et porter le saint sacrement aux agonisants. Abandonner la population ? Il n'en a jamais été question pour le neveu du duc de Lauzun. Il affirme qu'il doit ses soins et sa vie aux Marseillais *« puisqu'[il est] leur pasteur »*.

Le 16 septembre 1720, le chevalier Roze se porte volontaire pour enlever les dépouilles amoncelées esplanade de la Tourette, près de l'église Saint-Laurent. A la tête de cent cinquante forçats et militaires, il fait jeter les corps dans des excavations qui sont ensuite comblées de chaux vive. Un peintre, Michel Serre, commissaire général de son quartier de Saint-Ferréol, assiste à la scène. Il ne tardera pas à la reproduire dans son atelier.

Le 1er novembre, Mgr de Belsunce prend la tête d'une procession. Il la conduit pieds et tête nus, un flambeau à la main, et consacre Marseille au Sacré-Cœur de Jésus. Quinze jours plus tard, du haut du clocher des Accoules, il répand sa bénédiction sur la ville. Au mois de décembre, il organisera une marche hors les remparts pour bénir toutes les fosses communes.

Le Conseil d'Etat a prononcé le blocus de Marseille, mais l'épidémie gagne Arles, Aix et Toulon. Elle n'épargne aucune des communes situées aux abords de ces villes. Le Languedoc est touché ainsi que le Comtat. Au total, la peste emportera à Marseille entre trente mille et quarante mille âmes et près de cent vingt mille en Provence. ***I. de C.***

DÉVASTATION Ci-dessus : statue de Mgr de Belsunce, par Marius Ramus, 1852. Placée sur le parvis de la cathédrale de la Major à Marseille, elle rend hommage au dévouement et à la charité de l'évêque pendant l'épidémie. Page de droite : détail de la *Vue du cours,* à Marseille lors de la peste, par Michel Serre, 1721 (Marseille, musée des Beaux-Arts). Le peintre, qui était alors commissaire du quartier de Saint-Ferréol, fut un témoin direct des événements.

Les insurgés

L'arrestation des députés girondins à Paris met le feu aux poudres en province. La Provence se soulève contre les Enragés de la Convention.

La Provence n'a jamais oublié qu'elle fut un comté indépendant. Si elle a adhéré à la Révolution – les Marseillais ont même pris les forts Saint-Jean et Saint-Nicolas pour avoir leur propre Bastille –, c'est qu'elle en espère plus de liberté, davantage d'autonomie. Des sociétés patriotiques et des clubs des Amis de la Convention se sont créés. On y discute avec passion des idées nouvelles. Mais au fil des mois, la radicalité des Jacobins, qui encouragent la chiourme au brigandage et aux lynchages à Paris, provoque la méfiance d'un certain nombre de Provençaux. La chute de la monarchie constitutionnelle suscite aussi des dissensions. Le vote sur le sort de Louis XVI sans qu'on fasse *« appel au peuple »* soulève la colère des Girondins qui y étaient favorables.

Un peu partout en France, les modérés se réunissent désormais au siège des sections électorales car dans les clubs, de plus en plus sectaires, on ne leur donne plus la parole. Le coup de force des radicaux à la Convention le 31 mai 1793, soutenus par les sans-culottes de la Commune, puis l'arrestation des députés girondins le 3 juin incitent à la révolte nombre de départements. L'Aquitaine est en ébullition. Lyon se cabre. En Provence, les sections de Digne, Marseille, Nîmes entrent ouvertement en lutte contre les clubs accusés de tyrannie. Certains sont investis par le peuple et saccagés. Leurs responsables doivent se réfugier qui à Salon, qui à Sisteron, voire à Paris, d'où ils dénoncent la contre-révolution et cassent les décisions prises par les comités des sections. Ils se déclarent en résistance à l'oppression et annoncent *« que le peuple s'est levé tout entier »*.

Dans la nuit du 7 au 8 juin 1793 une réunion se tient à Marseille avec des représentants de Lyon, Bordeaux, du Gard, des Hautes et Basses-Alpes. Il est question de marcher sur Paris. Depuis la capitale, les Enragés de la Convention ordonnent à l'armée des Alpes, commandée par le général Carteaux, de rétablir l'ordre dans les départements du Sud. Ceux-ci annoncent que, depuis le 31 mai, ils ne reconnaissent plus les décrets de la Convention.

Une armée départementale est constituée à partir de Marseille avec des contingents venus d'Aix-en-Provence, de Tarascon, de Digne, de L'Isle-sur-la-Sorgue, de La Ciotat, d'Avignon, d'Aubagne, de Roquevaire ainsi que de Toulon, qui a fait sa propre mue. Le chevalier de Villeneuve-Tourrettes, qui avait pris sa retraite en 1792 pour ne pas servir le nouveau régime, s'est mis à la disposition du comité des sections. Il regroupe ses troupes à Aix. Il est épaulé par tous ceux qui à travers les provinces ont été scandalisés par les jugements sommaires, les lynchages, l'arrestation des Girondins et l'instauration de la Terreur.

Une proclamation est lancée : *« Venez, hommes du Midi, ou craignez pour tout ce que la nature vous a donné de plus cher. »*

L'armée de Carteaux descend vers la vallée du Rhône. Celle du Sud remonte sur Lyon. Quand elle entre dans Avignon, les Jacobins prennent la fuite. Carteaux met à sac L'Isle-sur-la-Sorgue. Pris de panique, les fédéralistes, comme les appellent les Jacobins, interprètent mal un message du comité des sections et se débandent. Le 26 juillet, Carteaux entre dans Avignon. Villeneuve-Tourrettes réussit à regrouper ses hommes, mais une fois de plus il ne pourra les empêcher de se disperser devant les yeux atterrés d'un royaliste, Michel d'Eyguières, car ils n'ont eu au cours d'une escarmouche que trente morts et blessés. Marseille est bientôt encerclée.

Tandis qu'une procession monte vers Notre-Dame-de-la-Garde pour demander la protection de la Sainte Vierge, une section, la onzième, décide de jouer la carte jacobine et rejoint l'armée de Carteaux. Le 25 août, celle-ci entre dans la Cité phocéenne. Villeneuve et ceux qui n'ont pas pris le maquis se réfugient à Toulon. Le siège du port commencera le 8 septembre. Le 1er octobre, la ville hisse le drapeau blanc à fleur de lys et proclame l'enfant du Temple roi de France tandis qu'à Marseille, deux représentants de la Convention, Paul Barras et Stanislas Fréron, publient un arrêté mettant *« la Terreur à l'ordre du jour »*. Ils se montreront impitoyables.

Le 19 décembre, ultime bastion fédéraliste, Toulon est investie. Fréron et Barras vont venir y exercer leur sinistre besogne. Sur le Champ-de-Mars entre sept cents et huit cents personnes seront passées par les armes sans jugement. Marseille et Toulon seront débaptisées. La première deviendra la Ville-sans-Nom, l'autre Port-la-Montagne. ***I. de C.***

ÉTAT DE SIÈGE En haut : *Jean-François Carteaux, général de division en 1793*, par Jean Joseph François Tassaert, estampe, début du XIXe siècle (Rueil-Malmaison, Musée national des châteaux de Malmaison et de Bois-Préau). Page de droite : détail de la *Vue panoramique du siège de la ville et du port de Toulon*, de septembre à décembre 1793, par Jean Antoine Siméon Fort, XIXe siècle (Versailles, Musée national des châteaux de Versailles et de Trianon).

Demain, la liberté

Dix semaines après la Normandie, la Provence est le théâtre d'un second débarquement des forces alliées en France.

« Mes enfants, la France ! » Le général de Goislard de Monsabert qui commande la 3e division d'infanterie algérienne (DIA) n'en dira pas plus. Avec ses hommes, il a fait la campagne d'Italie jusqu'à Sienne. Là, il a reçu l'ordre de repli depuis l'état-major du général de Lattre de Tassigny. Au début du mois d'août, la division embarque sur quatre vaisseaux et lève l'ancre à Tarente. La flotte a longé les côtes de Sicile, de Sardaigne et de Corse.

Le 16 août, depuis le pont du *Circassia*, Joseph de Goislard de Monsabert distingue une tache – elle semble grise – à l'horizon. Les larmes aux yeux, le général est descendu parmi ses officiers : *« Mes enfants, la France ! »* Sur le journal de bord de l'unité figure un seul mot : *« émotion »*. A vingt heures, la 3e DIA débarque en rade de Saint-Tropez. Un officier sort le drapeau tricolore de sa gaine et l'étale sur le sable.

Dix semaines après l'opération « Overlord » en Normandie, le 14 août au soir, la radio anglaise avait multiplié les messages codés annonçant le second débarquement en Provence, surnommé « Dragoon ». Il vise à libérer les ports de Toulon et de Marseille, indispensables pour ravitailler les troupes.

Tandis que le général de Goislard de Monsabert avance à marche forcée vers l'intérieur des terres, des bombes sont lâchées et des milliers de soldats parachutés dans l'arrière-pays varois. Le reste des forces accostent entre Cannes et Toulon à bord de deux mille deux cents bâtiments, dont huit cent cinquante navires de guerre, principalement américains et anglais.

Fréjus tombe dès le 16 août. Draguignan suit. La division de Goislard de Monsabert, surnommé le « gentilhomme gascon », est déjà à soixante kilomètres des plages. Le 21 août, il reçoit l'ordre de prendre Toulon. Ses chasseurs d'Afrique, goumiers, tabors, spahis, zouaves et tirailleurs se précipitent sous le commandement de leurs officiers. Un bataillon pénètre dans la ville. S'ensuit une bataille acharnée, mais bientôt la 3e DIA se rend maîtresse de Toulon. Devant elle, la nationale qui mène à Marseille.

On se bat devant Aubagne, où les Allemands ont installé un « verrou ». Prenant par les collines, les Français et leurs troupes coloniales réussissent à pratiquer une trouée dans le dispositif ennemi.

Le 23 août au petit matin, le 1er bataillon du 7e régiment des tirailleurs algériens que commande le colonel Chappuis parvient en plein cœur de Marseille. Les chars du 2e cuirassiers roulent boulevard de la Madeleine. Leurs noms sont *Vesoul, Vaucouleurs, Valenciennes* ou encore *Verdun*. Tous sont marqués d'une étoile blanche et portent sur les flancs le « V » de la victoire.

Dans Marseille, des drapeaux tricolores apparaissent aux fenêtres. Des hommes, des femmes, des jeunes gens descendent dans la rue pour se mettre au service de l'armée. Les Allemands sont retranchés dans le vieux fort Vauban. Ils occupent également les forteresses Saint-Jean et Saint-Nicolas d'où ils pointent leurs canons sur la Cité phocéenne. Ils ont aussi fortifié la colline de Notre-Dame-de-la-Garde et une artillerie est tapie dans les îles de la rade.

La Wehrmacht est commandée par le général Wiese installé à Avignon. Ordre lui a été donné de couvrir avec ses neuf divisions tout le front de mer de l'Espagne à l'Italie. Il n'ignore pas que la 716e division, chargée de garder le côté de l'Espagne, revient de Normandie où elle a été décimée. Il sait aussi que nombre de ses hommes sont trop jeunes pour être aguerris. Leur devoir est sans équivoque : tenir jusqu'à la dernière cartouche.

Le « gentilhomme gascon » s'est installé au cœur de Marseille près de la préfecture. Il rencontre, au pied du fort Saint-Jean, le général Schaeffer qui refuse de capituler et annonce qu'il va bombarder Marseille. Du 24 au 27 août, les Allemands ouvrent le feu sur la ville, mais ils ne parviendront pas à entamer la détermination des Français. On compte déjà quatre mille prisonniers allemands. Dans leur villa fortifiée sur la sainte colline de la Bonne Mère, les Allemands capitulent. Puis un drapeau blanc est hissé sur le fort Saint-Nicolas et le général de Goislard de Monsabert reçoit une lettre du général Schaeffer. Celui-ci propose la reddition de la garnison pour le 28 août. Ce jour-là, à dix-sept heures, le bourdon de la Bonne Mère résonne à toute volée et les cloches des églises lui répondent. ***I. de C.***

DRAGOON Page de droite : des goumiers marocains du groupement Guillaume débarquant sur les côtes varoises dans le cadre de la 3e division d'infanterie algérienne. Leur objectif : libérer Marseille. Les troupes du général de Goislard de Monsabert pénétrèrent dans la Cité phocéenne dès le 23 août *(ci-dessus, un char Sherman du 2e cuirassiers devant le palais Longchamp)* et obtinrent la reddition de la garnison allemande cinq jours plus tard.

© MDJ.

L'empire du soleil

EN PENTE DOUCE
Incontournables dans le paysage provençal, les restanques, ces ravissants murets de pierre en terrasses, ont vu leur développement au XVIIe siècle, à l'époque où le manque de terres agricoles nécessita d'aménager les flancs des collines. On y cultiva surtout la vigne et l'olivier.

« Nous voici dans une terre toute mêlée de légende et d'histoire ; une terre qui ne consent point à oublier un grand passé que perpétuent les traditions, les mœurs, l'aspect physique et le comportement spirituel de l'habitant. » (Jean-Louis Vaudoyer). Née d'une nature splendide magnifiée par l'homme, la Provence est devenue un jardin où poussent la vigne et l'olivier, parsemé d'abbayes, de villages, de châteaux.

Provincia romana

PAR MICHEL DE JAEGHERE

La Provence fut d'abord, près d'un siècle avant la conquête césarienne, le cœur de la première province romaine en Gaule. Elle en conserve de fastueux vestiges, qui témoignent de l'ampleur et de la rapidité de sa romanisation.

Aux premières loges
Le théâtre d'Orange, vu depuis la niche centrale du mur de scène, où l'on a placé, au XXe siècle, une médiocre statue d'Auguste constituée d'éléments disparates. Elle abritait plus probablement une statue d'Apollon, à laquelle on substitua au IIe siècle celle de l'empereur Hadrien ou de son successeur, Antonin le Pieux.

“Le théâtre d'une bienheureuse

L'expérience est vertigineuse : elle est celle d'une colonisation brutale entreprise par soif de domination dans le souci de sécuriser une marche frontière, d'assurer à ses initiateurs des voies de communication pour leurs armées et leur commerce, sans égard pour les droits légitimes des populations autochtones ; d'une conquête poursuivie par des généraux en quête de la gloire des armes au service de leur insatiable ambition ; achevée par une guerre inexpiable au cours de laquelle n'avaient pas manqué les crimes de masse, et au terme de quoi auraient péri près d'un million de personnes ! Elle s'est pourtant traduite par l'accès des peuples soumis aux trésors de la civilisation : leur adoption de la vie civique, fondée sur la délibération rationnelle en vue du bien commun ; la métamorphose des appétits guerriers de leurs chefs en émulation dans la munificence, afin de doter leurs cités des plus prestigieux attributs d'une vie dédiée aux raffinements du corps et de l'esprit ; l'acquisition de la langue latine (avec elle, l'ouverture des élites à la méditation des littératures grecque et latine, leur philosophie, leur poésie, leur théâtre, leur rhétorique ; la sensibilité aux nuances de la pensée, aux cas de conscience, à l'expression des sentiments) ; l'initiation progressive de tous au droit romain, son sens de la justice, sa logique et ses hiérarchies ; l'intégration de la société dans un réseau d'échanges tant commerciaux que culturels qui couvrait l'ensemble du monde méditerranéen ; l'accès aux innovations, aux techniques et aux produits d'Italie, de Méditerranée et du Proche-Orient hellénistique, lui-même héritier des plus anciennes civilisations de Sumer, de Babylone et d'Egypte. Et la paix, souveraine : ininterrompue (hormis quelques révoltes) durant près de trois siècles ! Avec elle, l'avènement d'une prospérité inconnue de ces populations tant qu'elles étaient restées indépendantes et s'étaient adonnées sans répit à la guerre. L'empreinte a façonné en profondeur notre peuple : elle a fait de nous ce que nous sommes, autant que le ferait au IVe siècle (à la faveur, encore, de la présence romaine) sa christianisation.

La première province romaine en Gaule

Cette colonisation bienheureuse des Gaules s'est ouverte plus tôt qu'ailleurs en Provence. Elle a précédé les campagnes de César de près d'un siècle.

Tout avait commencé par l'appel au secours des Phocéens installés depuis le VIe siècle avant J.-C. à Marseille, et que menaçaient Ligures et Salyens. Rome était intervenue, en 181 et en 154 avant J.-C., afin de sécuriser une région devenue stratégique pour l'acheminement de ses troupes vers l'Espagne conquise sur les Carthaginois. Elle avait passé avec certains peuples gaulois (les Eduens, dans le Morvan, les habitants de Lectoure) des traités d'alliance. La troisième sollicitation de Marseille, en 125 avant J.-C., serait décisive. Elle donnerait aux Romains l'occasion d'installer une garnison permanente aux sources d'Aquae Sextiae (Aix-en-Provence) puis de se porter au-devant des Arvernes et des Allobroges chez qui s'étaient réfugiés certains des Salyens vaincus. En fondant en 118 avant J.-C. à Narbonne leur toute première colonie, ils avaient enfin manifesté l'étendue de leur ambition : celle de transformer peu à peu tout le sud de la Gaule, des Alpes aux Pyrénées, en province romaine. *Provincia.* La Provence doit à Rome ses oliviers, ses vignes, mais tout d'abord son nom. Celle-ci a laissé dans nombre de ses villes des vestiges flamboyants : amphithéâtres, thermes, ponts, aqueducs, temples, arcs pomériaux, dont plus d'un a une monumentalité, une valeur artistique, une ampleur qui ne la dépareraient pas elle-même.

Tel est en effet le miracle de cette première mondialisation. Conquérants intraitables, les Romains n'ont respecté dans leur entreprise d'assujettissement du bassin méditerranéen aucun des « droits » que la modernité revendique pour l'homme ou pour les peuples. Ils n'ont eu aucun doute sur la supériorité intrinsèque de leur culture et sur la légitimité de leur domination. Ils ont multiplié sur les territoires des vaincus des colonies destinées à doter en terres les vétérans de leurs légions, et à leur servir de point d'appui militaire. Ils ont implanté partout de petites Rome, répliquant, adapté au contexte, leur propre urbanisme aussi bien que leurs institutions. Mais ils ont eu l'intelligence de ménager aussi aux peuples sujets une large part d'autonomie dans la gestion de leur vie quotidienne, en se bornant à les contraindre à renoncer à la guerre et à abandonner la vie tribale, marquée par la loi du plus fort et signe, à leurs yeux, de barbarie, pour adopter, sur le territoire des cités instituées dans

Monumental En haut : l'entrée de la ville de Glanum, près de Saint-Rémy-de-Provence, était monumentalisée par un arc pomérial analogue à celui d'Orange. A sa gauche, le splendide mausolée rescapé de la nécropole qui s'étendait à l'extérieur des murs. Page de droite : le trophée érigé par Auguste à La Turbie pour commémorer ses victoires sur les peuples alpins.

colonisation.»

les limites des anciens peuples (non des villes, mais des micro-Etats dotés d'une capitale), le système d'administration par la délibération des élites foncières (les propriétaires de la terre) qui leur paraissait constitutif de la civilisation.

La loi des vainqueurs

En Provence, tout ramène à Sainte-Victoire. C'est au pied de ses falaises mauves, immortalisées par Cezanne, que Marius a scellé en 102 avant J.-C. le destin de la province romaine en battant les Teutons, ce peuple germanique venu du Jutland pour piller les plaines prospères de Gaule, d'Espagne et d'Italie, y semer la désolation, et qui avait détruit pas moins de deux armées romaines près d'Orange. La toponymie de la région en a peut-être gardé la trace (l'étymologie est aujourd'hui contestée), à défaut de reliefs archéologiques, au village de Pourrières, où auraient pourri sans sépulture les cadavres des Barbares. La victoire éclatante avait, quoi qu'il en soit, donné à la montagne son nom.

C'est beaucoup plus à l'est, en surplomb de Monaco, que se présente cependant le plus formidable des monuments construits pour célébrer la conquête romaine : à La Turbie, dans les Alpes-Maritimes. Là, Auguste fit élever entre 12 et 7 avant J.-C. à côté d'un temple d'Héraclès *Monoïkos* (héros vainqueur de la barbarie et traceur de route) le plus monumental des trophées, pour commémorer ses victoires de 25 à 14 avant J.-C. contre quarante-cinq peuples alpins, la sécurisation de la Cisalpine (l'Italie du Nord, longtemps menacée par ces redoutables montagnards) et la pacification définitive de l'empire. Sur une énorme base carrée de seize mètres de hauteur, de trente-quatre mètres de côté, s'élevait une tour revêtue de pierre calcaire, entourée de vingt-quatre colonnes entre lesquelles étaient plaquées des niches abritant douze statues de ses généraux, et surmontée d'un toit pyramidal en escalier que couronnait une effigie en bronze doré de l'empereur. A 479 mètres d'altitude, au-dessus de la mer toute proche, le trophée atteignait lui-même cinquante mètres de haut. A la frontière des deux Gaules, sur le col qui permettait de franchir les Alpes côtières, on le voyait du large et de tout le littoral, jusqu'à Nice. On découvre encore, de son sommet, un panorama à couper le souffle, où défilent le mont Agel, Roquebrune-Cap-Martin, Monaco, le cap Ferrat, le cap d'Antibes, les îles de Lérins et la ligne bleue de l'Estérel. Comme le rappelle une inscription en partie préservée, le site avait été choisi par Jupiter, qui y avait fait tomber la foudre. Saccagé par les moines de Lérins au Ve siècle, transformé en forteresse au Moyen Age par les comtes de Provence, pulvérisé sur l'ordre de Louis XIV pendant le siège de Nice, en 1705, le monument avait aussi tenu lieu de carrière de pierres pour bâtir, à ses pieds, le village médiéval de La Turbie. Ses blocs de calcaire servent de soubassement à l'église. Il n'en subsistait guère, au début du XXe siècle, que les fondations et le noyau de mortier. Il a alors été magnifiquement

PHOTOS : © MDJ.

> « Arles, parfait exemple des répliques de Rome parsemées dans l'empire. »

restitué (non sans quelques libertés) par deux archéologues père et fils, Jean-Camille et Jules Formigé. Mandatés par la municipalité, ils ont privilégié la face ouest, qui regarde le village. Reconstituant d'après Pline l'Ancien l'inscription qui en ornait la base, ils l'ont fait figurer entre deux trophées d'armes sur le même côté, tournant le dos à la via Iulia Augusta, qui traversait les Alpes et passait à ses pieds, comme à la mer vers laquelle elle était plus probablement orientée.

La résignation des vaincus

Le trophée des Alpes était l'affirmation triomphale de la suprématie militaire de Rome. Mais c'est dans les Alpilles, à Saint-Rémy-de-Provence, que se lit le mieux dans la pierre l'étrange histoire d'amour qui a alors uni, sur notre sol, vainqueurs et vaincus.

Sur la via Domitia, qui reliait les Alpes à l'Espagne, par Tarascon, Nîmes et Narbonne, à côté de la nécropole dont subsiste un splendide mausolée de pierre, l'entrée de la ville gallo-romaine de Glanum se faisait par un arc monumental datant de la fin du règne d'Auguste, dont l'attique et l'entablement ont été perdus, mais dont les reliefs conservés mettent en scène la confrontation des Gallo-Romains avec leur défaite. Les fruits et les fleurs qui décorent l'archivolte célèbrent la prospérité qu'avait apportée Rome. Les reliefs des piles latérales présentent en revanche les figures de Gaulois vaincus, enchaînés à un poteau de bois où sont suspendues leurs dépouilles guerrières. Les captifs sont ici séparés de leur femme, tandis que la déesse Rome s'assied sur leurs armes déposées à terre. Ni regard révulsé ni cri de révolte : au contraire des représentations traditionnelles des Barbares (celles qu'on trouve à Rome sur les sarcophages autant que sur les arcs de triomphe), tous affichent une dignité singulière. Drapé dans une toge à franges, un jeune Gallo-Romain montre à ses compatriotes l'un de ces Gaulois enchaînés, dans un signe qui traduit un respectueux mais définitif éloignement.

Découvert et fouillé au XXe siècle, notamment par Jules Formigé (on ne connaissait jusqu'alors que l'arc et le mausolée qui en marquaient l'entrée, et Van Gogh, pensionnaire de l'hôpital psychiatrique de Saint-Paul tout proche, a pu peindre les oliviers qui s'élevaient de son temps sur l'emplacement de la ville antique), le site de Glanum offre pour nous l'originalité d'entremêler les vestiges d'une cité gallo-romaine avec ceux d'une cité gallo-grecque, au pied du mont Gaussier, où avait été implanté, en surplomb d'une source, un oppidum celtique de vingt hectares. On y trouve les restes du monumental rempart gaulois qui fermait le défilé rocheux entaillant, vers le sud, les Alpilles, comme les reliefs de l'escalier monumental par quoi les Salyens avaient relié leur source à un sanctuaire de montagne, mais aussi les gradins d'un *bouleutérion* (l'assemblée municipale des cités helléniques), les fondations d'un temple grec, des mosaïques destinées à orner de belles maisons hellénistiques. Le mariage des cultures se révèle dans ce linteau de pierre, façonné à la grecque, où avaient été aménagées des alvéoles pour y fixer, selon la coutume celtique, les crânes des ennemis vaincus.

Le site témoigne cependant de la brutalité avec laquelle les Romains y avaient imposé leur loi, en même temps que de leur capacité à s'approprier les coutumes locales. Deux temples romains jumeaux avaient été construits avec les pierres du temple grec, à cheval sur les gradins de l'ancien *bouleutérion*. La basilique et le forum avaient été bâtis sur l'emplacement de maisons hellénistiques dont on avait recouvert, sans égard pour leur qualité, leur richesse, les belles mosaïques du sol. Sur une fontaine monumentale, s'élevaient, pour l'édification des habitants, des trophées d'armes encadrant les statues de chefs gaulois soumis, à genoux, les mains liées derrière le dos.

La source sacrée des « mères glaniques », que protégeait le rempart gaulois, avait en revanche été respectueusement préservée, abritée depuis l'époque hellénistique par un monument où l'on pouvait faire ses ablutions dans un bassin creusé au pied d'un escalier, et dotée d'un brancard de pierre où devaient s'allonger les malades qui y avaient recours en se plongeant dans l'eau. Gendre et successeur désigné d'Auguste, Agrippa en avait éprouvé les vertus thérapeutiques pour ses rhumatismes ; il avait fait bâtir après son passage, à côté du bâtiment grec, un temple corinthien dédié à la santé : *Valetudo*. Un sanctuaire en plein air serait bientôt consacré à Hercule, considéré comme le dieu de la source : sa statue y était entourée d'ex-voto. Les Gallo-Romains de Glanum vivaient ainsi dans un cadre qui leur rappelait sans cesse leur défaite, en même temps que la bienveillance qu'avaient marquée à leur égard leurs vainqueurs en leur offrant de partager leur destin. Une inscription témoigne, près de la source, de leur adhésion au modèle qui leur avait été ainsi imposé par la force : un vétéran gallo-romain de la légion XXI Rapax y remercie les « mères glaniques » de l'avoir protégé tout au long des campagnes qu'il avait

Des jeux et des dieux Ci-dessus : Arles avec, de gauche à droite, la cathédrale Saint-Trophime, le théâtre et l'amphithéâtre. Colonie romaine, la ville avait été dotée d'un territoire qui allait du Rhône aux abords de Fréjus. Page de gauche : les vestiges des temples jumeaux édifiés à Glanum, dans les Alpilles, vers 30 avant J.-C. L'un des deux, au moins, était dédié au culte de la famille impériale. En bas : statue de Neptune (Arles, musée Arles antique) repêchée dans le Rhône, par Luc Long.

effectuées sur la frontière du Rhin pour défendre l'empire contre lequel ses ancêtres avaient vainement combattu.

Le trésor du Rhône

C'est à Arles que se manifeste de la manière la plus frappante le clair-obscur de la condition gallo-romaine. La ville avait d'abord été, elle aussi, une fondation gallo-grecque, dans l'orbite de Marseille. Elle s'était romanisée dès le IIe siècle avant J.-C., quand Marius avait fait creuser par ses soldats entre 103 et 102 avant J.-C. les « Fosses mariennes », un canal reliant Arles à Fos, offrant ainsi à la ville le débouché sur la mer que ne lui donnaient pas les fonds irréguliers du Bas-Rhône. Un demi-siècle plus tard, pendant la guerre civile, elle avait embrassé le parti de César alors que celui-ci faisait le siège de Marseille, acquise à la cause de Pompée, en fabriquant pour lui, en un mois à peine, les douze bateaux de guerre qui lui manquaient pour bloquer par la mer la Cité phocéenne. Elle en avait été récompensée par l'octroi d'une part considérable du territoire confisqué à Marseille, qui avait porté ses frontières jusqu'aux abords de Fréjus (l'équivalent des Bouches-du-Rhône et de la moitié du Var !). Mais lui avait été imposé aussi le statut de colonie romaine, qui ouvrait certes à ses hommes libres la citoyenneté romaine, mais avait sans doute obligé aussi les autochtones à céder une partie des meilleures terres aux vétérans de la VIe légion, installés en masse dans la région. César avait vu, de fait, le caractère stratégique de la place : elle allait devenir pour cinq siècles le port de rupture de charge pour les navires venant de toute la Méditerranée, porteurs de cargaisons destinées à remonter le Rhône, la Saône, la Moselle et le Rhin jusqu'à Trêves. Avec son forum, son amphithéâtre bâti sur le modèle, presque contemporain, du Colisée, son cirque pour les courses de chars (l'obélisque installé au IVe siècle sur sa *spina* orne encore la fontaine de la place de l'hôtel de ville), son joli théâtre construit trente-cinq ans à peine après le premier théâtre romain en pierre (celui de Pompée, à Rome !), ses belles nécropoles *(« Dans Arles, où sont les Aliscams »)*, elle offre l'un des plus parfaits exemples de ces répliques de leur capitale dont les Romains parsèmeraient, au fil des siècles, leur empire et au sein desquelles se réaliserait la fusion des populations sous l'égide de la puissance dominante. Constantin, qui s'y était construit des thermes, y transférerait au IVe siècle l'atelier monétaire d'Ostie. L'empereur Honorius en ferait, au Ve, la préfecture du prétoire des Gaules.

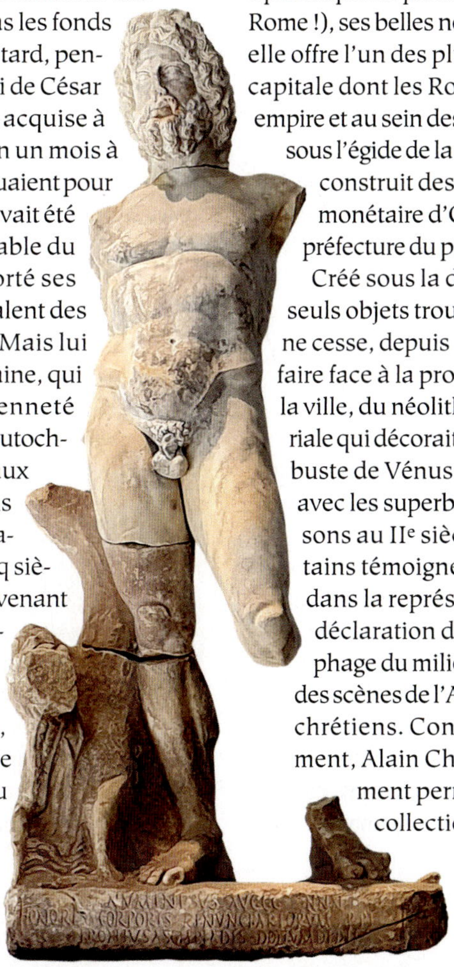

Créé sous la direction de Claude Sintes pour accueillir les seuls objets trouvés in situ, le splendide musée Arles antique ne cesse, depuis son inauguration en 1995, de s'agrandir pour faire face à la profusion des trésors archéologiques que recèle la ville, du néolithique à l'Antiquité tardive : la statuaire impériale qui décorait le théâtre (une statue colossale d'Auguste, un buste de Vénus, un autel d'Apollon, bien d'autres) y voisine avec les superbes mosaïques qui recouvraient le sol des maisons au IIe siècle, une collection de sarcophages dont certains témoignent d'une étourdissante virtuosité artistique dans la représentation de scènes mythologiques (sublime déclaration d'amour de Phèdre à Hippolyte, sur un sarcophage du milieu du IIIe siècle) autant que dans l'illustration des scènes de l'Ancien et du Nouveau Testament par les paléochrétiens. Conservateur en chef du prestigieux établissement, Alain Charron poursuit avec bonheur le renouvellement permanent de la présentation de ces fastueuses collections : il a notamment fait aménager, en 2020,

un nouveau département consacré aux dieux et aux héros, qui permet de redécouvrir, au cœur d'une quarantaine de pièces, un splendide Hercule en bronze.

Le musée a surtout bénéficié, depuis trente ans, des extraordinaires découvertes réalisées dans le Rhône par l'équipe de l'archéologue Luc Long. Parmi elles, le bateau fluvial romain le mieux conservé au monde, trouvé en 2004 sous deux mètres de sédiments, et pour lequel a été construite une nouvelle aile. Enfoui sous un dépotoir qui a lui-même livré nombre de céramiques, d'objets en bois, en verre ou en métal, de pièces de monnaie, de bijoux ou de fragments d'enduits, ce chaland de trente et un mètres de long, chargé de vingt et une tonnes de pierres, avait coulé dans le port d'Arles à la suite d'une crue soudaine. Fouillé, remonté à la surface et restauré, entre 2011 et 2013, par l'équipe archéologique du musée sous la direction de Sabrina Marlier et de David Djaoui, avec son mât de halage, ses cordages, son brasero, son bois pour le feu, ses outils, sa monnaie de consécration, il témoigne de la manière la plus concrète du ressort de l'enrichissement que connaîtrait la ville du Ier au IVe siècle : son rôle de plaque tournante du commerce occidental, d'où partaient les chalands seuls capables de descendre jusqu'à l'embouchure du fleuve, où les bateaux de haute mer déchargeaient leurs marchandises venues d'Italie, d'Espagne et de l'Orient méditerranéen. Repêchée par Luc Long en 2007, une somptueuse statue de Neptune avait été offerte au dieu, sous les Sévères (vers 211), par les *lenunclarii*, une corporation de bateliers jusqu'alors inconnue et chargée du transit entre Arles et la côte.

« *Le plus grand musée d'Arles, c'est le Rhône,* dit Luc Long. *C'est en tout cas notre plus grande réserve. J'ai pu localiser pas moins de vingt-trois bateaux au fond. Un seul a été remonté en surface.* »

César sans commentaires

Le trésor du musée, c'est cependant le célébrissime portrait de César, remonté du Rhône, la même année, par l'archéologue : sans conteste l'un des plus beaux portraits de l'époque tardo-républicaine parvenus jusqu'à nous, et dont la représentation du visage correspond de manière parfaite à une série de vingt caractères (rides, sourcils, fossettes, creux des joues, pomme d'Adam...) qu'on retrouve sur tous les portraits connus du dictateur. Sans doute cette identification a-t-elle fait, depuis, l'objet de contestations cinglantes, singulièrement de la part de l'historien de l'art Paul Zanker, qui a voulu voir plutôt dans la statue un spécimen précoce du « visage d'époque » (un concept qu'il a élaboré lui-même pour désigner l'habitude des notables locaux de se faire représenter sous le Haut-Empire sous des traits ressemblant à ceux de l'empereur régnant). Luc Long répond pourtant qu'une telle identification

serait bien impuissante à expliquer la qualité du marbre (plus coûteux que celui de Carrare et provenant de la carrière de Dokimeion, en Phrygie, quand les portraits de notables sont généralement en calcaire) comme la maîtrise exceptionnelle de l'artiste, en qui il croit pouvoir reconnaître rien de moins que l'auteur de la Vénus *Genitrix* du Louvre, le Grec Arcésilas, sculpteur préféré de César. Mais il avance surtout un argument archéologique : le portrait a été retrouvé non loin d'un four à chaux de la fin du IVe siècle, avec d'autres fragments de statues de divinités préalablement fracassées. Il juge donc vraisemblable qu'il ait été, avant que l'atelier soit emporté par une crue dont on trouve un écho chez Grégoire de Tours, destiné à être détruit dans le contexte créé par la proscription du paganisme par Théodose, en 391-392. Fondateur de la colonie, divinisé après sa mort, César avait toute sa place dans cette entreprise de purification chrétienne. Un simple notable y eût fait au contraire figure d'intrus. Il est d'ailleurs peu probable que sa statue ait même pu traverser les siècles au point d'avoir bénéficié d'une exposition sur une place publique, quatre cent cinquante ans après sa réalisation. La plupart des effigies de César connues ayant été sculptées de manière posthume après la prise de pouvoir par Octave (les autres avaient été détruites au lendemain des ides de mars) et celle de Tusculum (connue en six exemplaires), seule considérée comme contemporaine de son modèle, présentant à ses yeux les caractères d'un visage reproduit d'après un masque mortuaire, le César d'Arles serait même, selon lui, l'unique portrait exécuté de son vivant qui soit parvenu jusqu'à nous.

VIN ARCHÉOLOGIQUE Ci-dessus : les vendanges à l'antique au mas des Tourelles, dans le Gard. Page de gauche, en haut : le buste de César découvert dans le Rhône, en 2007, par l'équipe de Luc Long. En bas : le chaland *Arles Rhône 3,* remonté à la surface en 2011. On a dû construire pour lui une nouvelle aile du Musée départemental Arles antique, inaugurée en 2013.

VIVE LE VIN GAULOIS

Avec le commerce de longue distance, que permettaient la navigation pacifique et, dans une moindre mesure, les voies romaines (destinées au premier chef aux communications militaires, et plus malaisées d'usage pour des chariots tirés par des bœufs), Rome apportait à ses sujets gaulois la liberté de se spécialiser dans leurs domaines d'excellence : ceux auxquels les prédisposaient le climat, leurs traditions et leur savoir-faire. L'exemple donné par les productions importées allait cependant provoquer aussi une saine émulation dans l'agriculture et dans l'artisanat. Au mas des Tourelles, près de Nîmes, ont été retrouvés en 1985 les vestiges d'un atelier de fabrication d'amphores destinées à l'exportation du vin que les Gallo-Romains avaient appris, à l'école de Rome, à produire.

Les Gaulois pouvaient être en effet, aux dires de Diodore de Sicile, des buveurs redoutables *(« Aimant le vin jusqu'à l'excès,* écrit-il, *ils engloutissent pur celui que leur apportent les marchands ; ils boivent avec une passion furieuse et se mettent hors d'eux-mêmes en s'enivrant jusqu'au sommeil ou à l'égarement »)* : la vigne leur était, avant la conquête romaine, presque inconnue. Ils ne buvaient guère d'autre vin que celui qu'ils achetaient, à un prix prohibitif, à des négociants marseillais ou italiens : un esclave pour une amphore, *« la boisson contre l'échanson »*. La culture de la vigne ne se répandit chez eux que tardivement : lors de l'occupation de la Narbonnaise, les Romains en avaient d'abord interdit la plantation à ceux qui n'étaient pas citoyens romains pour protéger leur propre commerce. Tout changea au lendemain de la conquête césarienne, avec la multiplication des villas gallo-romaines, le déploiement des forces productives et des échanges qui suivit l'achèvement de la pacification, l'installation massive de vétérans italiens. L'interdiction fut levée et la vigne se développa sur la côte provençale, dans la vallée du Rhône et dans le Languedoc. Au Ier siècle après J.-C., le vin des Gaules devint un produit d'exportation, tandis que Pline l'Ancien célébrait les qualités exceptionnelles de viticulteurs des Gallo-Romains.

Propriétaire de l'exploitation viticole des Tourelles, où se fabriquait la « Gauloise 4 », une amphore appréciée pour sa légèreté et son bout plat, Hervé Durand s'est associé au début des années 1990 aux archéologues André Tchernia et Jean-Pierre Brun pour mener une opération d'archéologie expérimentale. Elle a consisté à reconstituer d'après la description même de Caton un pressoir romain et à reprendre les techniques de vinification décrites par Columelle, Palladius et Pline l'Ancien. *« J'ai voulu savoir comment travaillaient les vignerons qui faisaient, ici même, le même métier que moi il y a deux mille ans »*, explique Hervé Durand.

Une partie de la vigne est aujourd'hui elle-même cultivée à la romaine par son fils Guilhem : en pergola, où en plantant les ceps en carroyages à un mètre de distance, ou encore en faisant grimper la vigne autour du tronc d'un olivier, où les Romains croyaient qu'elle trouvait un regain de force, et qui la garantissait, plus sûrement, des maladies liées à l'humidité. Mais l'essentiel est que toute la production destinée à leurs vingt mille bouteilles de « vin archéologique » (la répression des fraudes a exigé cette appellation) est vinifiée à la romaine : ramassé dans des paniers d'osier, le raisin est foulé à pieds nus par des vignerons en tunique, lors de la fête des vendanges, le deuxième dimanche de septembre. Le résidu est ensuite passé au pressoir, où il est écrasé, par un jeu de poulies, sous une poutre de deux cent cinquante tonnes. Le jus obtenu est ensuite versé dans de grandes *dolia* semi-enterrées de quatre cents litres, où il fermente. Une partie de la récolte (destinée à produire du Mulsum rouge, un vin à apéritif) est relevée de miel, de jus de raisin concentré et d'épices (thym, gingembre et poivre rose) selon une recette de Pline l'Ancien. Une autre (pour le Turriculae, au goût de noix comme les vins jaunes du Jura, d'après les indications de Columelle) est coupée le troisième jour avec de l'eau de mer, du jus de raisin, du fenugrec (une sorte de curry donnant un goût de vin vieux) et des rhizomes d'iris aromatiques réduits en poudre. Un troisième vin, préparé d'après Palladius (le Carenum – blanc), est mélangé à du jus de raisin réduit comme de la confiture et chauffé avec quelques coings.

Le résultat ne manque pas de surprendre nos palais habitués à d'autres saveurs, d'autres notes, la lenteur des opérations en plein air favorisant grandement l'oxydation. Dans le cadre enchanteur qu'offre ce mas du XVIIe siècle, noyé dans les lauriers roses et blancs, encadré par les alignements de vignes que coupent les flèches des cyprès d'un jardin romain, il donne cependant l'occasion de s'immerger dans une Antiquité vivante : celle que dessine la reprise des gestes par quoi nos ancêtres se sont initiés à l'art dans lequel ils allaient, plus que tout autre, passer maîtres.

« Les Romains savaient greffer, tailler comme nous le faisons ; leur problème était la conservation, à quoi ils parvenaient en ajoutant des plantes et en exposant leurs amphores au soleil. Ils pouvaient garder

« Rome avait apporté à la Gaule narbonnaise son art de vivre. »

ainsi leurs vins cent ans, même s'ils les consommaient en les coupant d'eau, raconte Hervé Durand. *Nous nous contentons de suivre leurs traces. La seule chose dont nous nous abstenons, c'est de leurs pratiques magiques : tremper la serpette dans le sang d'une grenouille ou chasser la grêle en faisant le tour de la vigne avec une tortue sur le dos.* »

La meunerie de Barbegal

A Barbegal, sur le flanc des Alpilles, à sept kilomètres d'Arles, ce sont les restes d'un véritable établissement industriel qui suscitent notre étonnement. Deux aqueducs de faible hauteur parcouraient ici, depuis le nord et l'est du massif, les collines couvertes d'oliviers. Réunis à l'amont du vallon des Arcs, non loin des moulins de Fontvieille chers à Alphonse Daudet, ils alimentaient Arles. Quelques mètres avant le débouché sur le bassin de convergence, une dérivation de trois cent vingt-cinq mètres fut piquée au début du IIe siècle sur le canal oriental pour alimenter une meunerie hydraulique qui présente ce que l'historien Moses Finley tenait pour *« la plus grande concentration connue de puissance mécanique du monde antique »*. Surgissant des falaises grises de la Roche percée sur une succession de bâtiments construits en gradins sur huit étages à flanc de coteau, l'eau du canal faisait fonctionner dans chacun d'entre eux deux roues verticales à augets, qui actionnaient à leur tour des meules, de part et d'autre d'un escalier central. Sur dix-huit mètres de dénivelé, le débit pouvait atteindre mille trois cent cinquante litres par seconde (deux cent soixante en moyenne).

L'aqueduc est encore presque intact. Il ne reste de la meunerie et de son mur d'enceinte que des fondations, suffisamment suggestives, cependant, pour avoir permis aux archéologues de conclure que l'établissement ne produisait pas moins de vingt-huit tonnes de farine toutes les vingt-quatre heures : de quoi nourrir vingt mille personnes, plus que la population d'Arles (douze mille habitants environ au IIe siècle). Combiné avec le caractère saisonnier de l'utilisation du dispositif (les concrétions révèlent que l'exploitation s'interrompait pour plusieurs mois à la fin de l'été), le constat a conduit à penser qu'on fabriquait ici des biscuits destinés à l'alimentation des marins qui quittaient le port d'Arles pour remonter vers le nord de la Gaule *(nauticus panis)*. La meunerie fut abandonnée dès le IIIe siècle, quand la première vague des invasions barbares vint ralentir le commerce fluvial. Fouillé par l'archéologue Fernand Benoit dans les années 1930, le site a été étudié par Philippe Leveau. Une roue antique a été reconstituée sous sa direction à l'office du tourisme de Fontvieille.

La douceur de vivre à Vaison

Avec la prospérité et les institutions civiques, Rome apporta à la Gaule narbonnaise son art de vivre. On le mesure, plus qu'ailleurs, peut-être, au pied du Ventoux, dans les ruines charmantes de Vaison-la-Romaine. Un oppidum gaulois avait occupé ici le rocher de la ville haute. Librement fédérée à Rome par traité, la ville gallo-romaine de Vasio Iulia Vocontiorum s'était développée de l'autre côté de l'Ouvèze, sur la colline de Puymin, reliée à l'ancien site par un beau pont romain qui a résisté aux crues dévastatrices et au temps. Maison de l'Apollon lauré ou maison à la Tonnelle, maison aux Animaux sauvages, de l'Ephèbe ou du Paon, le site joliment planté de lauriers, de cyprès et de pins témoigne de la généralisation du modèle canonique de la demeure romaine, avec son atrium, son

La mécanique des fluides

Ci-contre : la maquette (Musée départemental Arles antique) et le site archéologique de Barbegal. On pense désormais que les roues étaient à l'intérieur des bâtiments. Page de droite, en haut : le site de Puymin, à Vaison-la-Romaine. Page de droite, en bas : l'empereur Claude (41-54), la tête ceinte d'une couronne de feuilles de chêne avec des glands. Cette statue, découverte dans le théâtre de Vaison-la-Romaine dont elle décorait l'une des niches du mur de scène, est conservée dans le joli musée du site.

péristyle, ses salons et ses chambres, en même temps que des charmes que la romanisation avait donnés à la vie quotidienne des élites gallo-romaines : partout de splendides mosaïques, des jardins privés que fermaient des bassins en exèdres, des péristyles donnant sur des salles à manger d'apparat, des fontaines. Ancienne propriété agricole, la maison au Dauphin s'était métamorphosée au fil de l'urbanisation en une luxueuse demeure patricienne sur deux mille sept cents mètres carrés. Son propriétaire avait transformé ses anciennes remises en un bel atrium, il avait aménagé un jardin intérieur magnifié par un somptueux bassin. L'installation de la ville médiévale sur l'autre rive, autour de l'ancienne citadelle gauloise, a permis à la ville romaine de traverser les siècles dans un état de conservation exceptionnel. Comme à Pompéi, sur un mode mineur, surgit le décor de la vie quotidienne : des cuisines présentent leur évier de pierre, leurs foyers de cuisson ; des bains publics et des latrines témoignent des avancées de l'hygiène. Une colonnade soutenait, en avancée sur la rue, les habitations des artisans dont les boutiques s'alignaient à l'ombre d'une galerie marchande. Au sanctuaire à portiques, un grand jardin entouré de préaux et doté d'un bassin au centre duquel s'élevait un petit temple, on se rassemblait, les jours de fête, pour monter en cortège au théâtre. Restauré entre-deux-guerres, et utilisé depuis pour les fêtes d'art, celui-ci était couronné par une galerie qui a fait l'objet d'une spectaculaire restitution.

Dans le beau musée érigé au cœur du site antique, la qualité des œuvres trouvées sur place atteste la profondeur de l'acculturation des Gaulois des deux premiers siècles aux canons de l'art romain. Des mosaïques aux couleurs vives, aux fines tesselles, offrent de jolies représentations animales : canards, cigognes, perroquets, perdrix, ou paon. De splendides statues impériales (Claude, Domitien, Hadrien et sa femme, Sabine) destinées au théâtre témoignent de la virtuosité des artistes choisis par les riches propriétaires terriens qui animaient les institutions municipales de cette ville moyenne pour décorer les monuments par quoi se manifestait leur adhésion aux mœurs des conquérants. La statue d'Apollon lauré (IIe siècle) trouvée dans l'une de leurs maisons résume le paradoxe de cette métamorphose. La bouche amère, à gauche, se déforme, à droite, en un sourire serein.

Aux thermes de Cemenelum

Parmi les bouleversements que la conquête avait apportés à la vie quotidienne, le plus caractéristique fut cependant la pratique des thermes. Bains privés dont les plus riches pouvaient doter leurs maisons de ville, leurs villas de campagne, mais surtout thermes publics qui offraient à l'ensemble de la population un accès à la propreté inconnu jusqu'alors. Un système de chauffage reposant sur des foyers qui diffusaient en sous-sol une chaleur répandue, ensuite, entre les pilettes de briques qui soutenaient le sol, puis remontant dans des murs garnis de tuiles creuses, permettait de varier la chaleur des bains et des pièces du *laconicum* (étuve) au *caldarium* (bain chaud, jusqu'à cinquante-cinq degrés) et au *tepidarium* (bain tiède), donnant eux-mêmes pour finir sur le *frigidarium* (bain froid) d'où l'on passait à la *natatio* (piscine) en plein air. Autour des vestiaires, se déployait tout un complexe destiné au divertissement : on y trouvait une palestre où s'adonner à des activités sportives, aussi bien que des bibliothèques. Lieu de rencontre et de sociabilité, les thermes étaient au cœur de l'*otium*, cette vie de loisirs que les Romains mettaient très au-dessus du *negotium*.

Les plus spectaculaires de Gaule méridionale se trouvent aujourd'hui sur la colline de Cimiez, à Nice. Voisins des Grecs de Nikaia, les Védiantiens ne figurent pas parmi les peuples vaincus mentionnés par l'inscription d'Auguste à La Turbie. Ils semblent avoir librement accepté, vers 14 avant J.-C., la tutelle romaine. Les Romains leur construisirent en retour une ville dont ils firent la préfecture des Alpes-Maritimes, et qu'ils dotèrent du territoire de ce qui deviendrait le comté de Nice : Cemenelum. Elle est aujourd'hui enterrée sous un quartier de villas et d'hôtels de luxe construits pour les riches

voyageurs russes et anglais à la Belle Epoque. Environ un dixième de l'agglomération a pu cependant être exhumé : celui qui se trouvait dans les jardins du palais que s'était fait bâtir sur la colline, à la fin du XVIIe siècle, Jérôme de Gubernatis, président du sénat de Nice (aujourd'hui musée Matisse). Dans une cité dont la petite taille de l'amphithéâtre (quatre mille places) et la surface (déterminée par la présence à sa périphérie de nécropoles) suggèrent qu'elle ne comptait guère plus de cinq mille habitants, on ne trouvait pas moins de trois établissements thermaux, construits entre le Ier et le IIIe siècle. Deux aqueducs y convergeaient. Magnifiquement conservés (le monumental *frigidarium*, dont les murs font apparaître les parements de pierre blanche, bloqués par des lignes de brique rouge, avait été jusqu'au XIXe siècle transformé en ferme), les thermes du Nord permettent de parcourir toute la gamme des équipements liés à ce type d'ensembles monumentaux : palestre entourée de portiques, latrines, salles pour les bains froid et chaud, avec leurs baignoires intactes, *natatio*. Dans les thermes de l'Est, c'est le système de l'hypocauste qui se donne à voir comme en un écorché.

« *L'originalité de Cemenelum,* observe Bertrand Roussel, le directeur des musées d'Archéologie de Nice, *est que le parcours semble s'y être fait à l'envers : du bain froid au bain chaud.* »

Aux thermes de l'Ouest, c'est la crise de la romanité qui se manifeste, avec leur transformation au Ve siècle en église paléochrétienne, le four à bois tenant lieu de baptistère, la *natatio* de nécropole.

Dans le petit musée archéologique, la statue d'Antonia *Minor,* mère de Claude, retrouvée dans le *frigidarium* des thermes du Nord ou un faune de bronze tout pareil à celui de la maison de Pompéi voisinent avec les vases à parfum, les bijoux des habituées, mais aussi avec un autel de Mars qui avait alors été remployé en contrepoids pour un pressoir à huile.

Sur le pont du Gardon

Les thermes consommaient de considérables quantités d'eau. C'est avant tout pour les alimenter que les Romains avaient bâti en Italie et dans tout leur empire les aqueducs qui devaient, plus que tout autre, modeler leurs paysages. Les puits suffisaient d'ordinaire à la consommation d'eau quotidienne des habitants des villes comme à celle des fermes. L'eau des aqueducs alimentait les fontaines et les thermes monumentaux, en même temps qu'elle drainait les eaux usées des latrines. Aux marches de la Provence, s'élève encore le mieux conservé d'entre ces ouvrages : le pont du Gard. Désormais isolé au centre d'un parc archéologique de cent soixante-cinq hectares, qui l'a débarrassé des voitures, des autocars, des indiscrètes baraques à frites, et l'a rendu à la splendeur de son écrin de végétation sauvage, l'aqueduc a été discrètement flanqué d'un intéressant musée qui initie le visiteur aux procédés romains de circulation de l'eau aussi bien qu'aux techniques d'extraction qui ont permis la mise en œuvre de ce gigantesque chantier, avec notamment la reconstitution spectaculaire de la carrière de l'Estel, d'où avaient été extraites, six cents mètres en aval, quelque cinquante mille quatre cents tonnes de calcaire coquillier. Construit sous Claude pour alimenter les neuf thermes de Nîmes, l'aqueduc amenait l'eau en pente douce (vingt-cinq centimètres par kilomètre !) sur cinquante-deux kilomètres depuis Uzès, d'abord souterrain, puis en affleurement, enfin sur des arches de deux mètres, ponctuées de dix-sept ouvrages d'art (ponts et tunnels). Il ne débitait pas moins de trente-cinq mille mètres cubes d'eau par jour (un fonctionnaire était chargé de surveiller que les paysans n'y fassent pas de « piqûres » pour en détourner l'eau afin d'arroser leurs vergers : d'énormes concrétions de calcaire témoignent ce que leur vigilance cessa, au fil du temps, de s'exercer). Rendu nécessaire par le franchissement des gorges du Gardon à cinquante mètres de haut, le pont fut conçu d'emblée comme un équipement de prestige manifestant, un siècle après l'achèvement définitif de la conquête, les bienfaits de la

Pont et merveilles

Ci-contre : le *frigidarium* monumental des thermes du Nord sur la colline de Cimiez, à Nice. En haut : le pont du Gard. Page de droite : le théâtre antique d'Orange est le mieux conservé du monde occidental. Il pouvait accueillir pas moins de dix mille spectateurs. Depuis 1869, il a renoué avec sa vocation première.

présence romaine. Un chemin de grande randonnée suit le tracé de l'aqueduc depuis Uzès. Sur le site même du pont, un itinéraire permet de l'approcher à pied, en suivant sur plusieurs centaines de mètres ses arches basses, à deux mètres de hauteur, parmi les capitelles (l'équivalent des bories provençales), les champs d'oliviers bordés de pierres sèches. La découverte soudaine de son architecture parfaite n'en est que plus spectaculaire. Trois étages d'arcades de pierre dorée, de taille décroissante (six en bas, onze au milieu, trente-cinq en haut), s'offrent à la lumière du soleil pour dessiner un jeu subtil de courbes d'ombres et de miel. Les plus basses sont dotées d'avant-becs, pour briser le courant. Des aigles de Bonelli volent dans le ciel. Les castors font dans la rivière concurrence aux baigneurs. Ici triomphe l'esprit pratique de Rome, son goût du faste en même temps que de l'utilité. Il atteint au sublime en imposant le sentiment d'une solidité souveraine, qui tire de sa simplicité même son évidente beauté.

Orange, les feux de la rampe

Les Romains n'avaient pas seulement initié les Gaulois aux plaisirs de la palestre et des thermes. Ils les avaient poussés à ponctuer, comme eux, leur vie de spectacles. Les plus raffinés d'entre eux se donnaient dans des odéons. D'autres se déployaient au théâtre. C'est encore en Provence que se trouve le mieux conservé du monde occidental : à Orange. La région avait été le cadre d'une défaite romaine : celle des consuls Maximus et Caepio devant Teutobod, prélude à l'intervention de Marius contre les Barbares en Provence. Arausio avait été fondée là vers 35 avant J.-C. sur le territoire confisqué aux Tricastini comme une colonie romaine destinée aux vétérans de la légion II Gallica. Elle aurait, elle aussi, tout le faste d'une petite Rome, avec un arc pomérial digne des arcs de triomphe de la capitale, un forum, un *Augusteum* destiné au culte impérial et, surtout, un théâtre monumental. Si sa *cavea* avait été envahie par les constructions au Moyen Age, son mur d'enceinte avait été dégagé dès le XVIIe siècle par les princes d'Orange, qui l'avaient utilisé comme un bastion, un poste de défense. Louis XIV, qui avait fait mettre à bas le château qu'avaient bâti en surplomb ses adversaires, ne put se résoudre à faire de même avec ce qui lui était apparu comme *« la plus belle muraille de [s]on royaume ».* De fait, avec ses cent quatre mètres de long, ses trente-six mètres de hauteur, ses six mètres de profondeur, le mur de scène peut avoir perdu l'essentiel du décor de marbre qui représentait un grand palais royal, et superposait avec faste les ordres de l'architecture sur plusieurs registres de colonnes de marbre et de granit venus de Tunisie, d'Asie Mineure, de Carrare, contrastant avec le bossage presque rustique de la façade en calcaire local, comme a disparu le promenoir qui permettait, à l'extérieur, la circulation des acteurs : face au grand hémicycle de pierres grises, il n'en demeure pas moins, par sa seule monumentalité, l'un des plus splendides des bâtiments d'époque romaine. Son acoustique a été préservée par son architecture même : la configuration du mur, ses avancées, saillies, cavités, décrochements, combinés à la forme des gradins. Une statue d'Auguste, de facture médiocre et formée d'éléments disparates (la tête, trop petite pour le corps, a été copiée sur l'*Auguste* d'Arles, le torse présente un patchwork de cuirasses, des pieds surnuméraires signalent la présence d'un autre personnage), a été placée au XXe siècle dans la niche centrale : *« Elle est devenue le symbole indiscutable d'un monument où elle n'a sans doute jamais figuré,* note drôlement l'archéologue Alain Badie. *La niche accueillait plus probablement une représentation d'Apollon auquel on a substitué celle d'un empereur au IIe siècle, sous Hadrien ou Antonin. »*

Miracle de la technologie romaine, un toit en pente, reposant à quinze mètres du sol sur une charpente placée en porte à faux sur deux pans du mur de hauteur inégale, abritait la scène. On a reconstitué, en ses lieu et place, un toit en acier moderne qui en reprend, par d'autres procédés, la forme en auvent (il est seulement un peu plus haut que le toit antique). Les gradins de pierre, qui n'offraient pas moins de dix mille places, ont été très largement reconstitués (seuls les trois premiers rangs comportent des pierres d'origine) à la toute fin du XIXe siècle par Jean-Camille Formigé. Ils étaient surmontés par un portique destiné à la déambulation des spectateurs. Tout le système de circulation était cependant conçu pour éviter le mélange

PHOTOS : © MDI.

des classes sociales. On a perdu le dallage de l'orchestre, et les trois marches basses où étaient installés les sièges en bois des décurions, les magistrats municipaux. Mais les premiers gradins de pierre, conservés, portent la marque « EQ », qui témoigne de ce qu'ils étaient réservés aux chevaliers *(equites)*. Derrière eux, se tenaient prêtres et marchands. En haut, le populaire, les affranchis, les prostituées. De part et d'autre de la scène, deux tours surmontées par une terrasse, qu'on ombrageait d'une toile pour y accueillir les plus hauts dignitaires. De hautes salles basilicales aménagées dans les retours du mur de scène abritaient coulisses et foyer. Mimes et pantomimes, farces plus ou moins improvisées : le programme paraît avoir tenu de la commedia dell'arte plus que du grand répertoire, réservé, dans les odéons, à un public plus limité. Sous la scène, subsistent encore les vestiges des mécanismes de trucage, destinés à faire surgir un décor, et derrière le *pulpitum* (le mur de soubassement de la scène), le compartiment où le rideau (qu'on hissait sur des mâts, faute de pouvoir le descendre des cintres) était dissimulé. Dégagé au XIXe siècle des maisons qui s'y étaient implantées, le théâtre d'Orange a renoué depuis 1869 avec sa vocation première. Le monument est aujourd'hui partagé entre les Chorégies d'Orange, qui animent depuis 1971 un prestigieux festival de musique classique et d'opéra, la société Edeis, qui en assure la mise en valeur en proposant aux visiteurs audioguides, expériences en réalité virtuelle et animations dans les boutiques et buvettes que les Anciens avaient aménagées à l'arrière des gradins dans les galeries annulaires, et les archéologues de l'Institut de recherche sur l'architecture antique (IRAA), Alain Badie, Sandrine Dubourg, Dominique Tardy et Jean-Charles Moretti, qui ont saisi la formidable opportunité ouverte depuis 2015 par la mise en conformité du bâtiment (la consolidation de tout ce qui menace de se dégrader) pour se glisser sur les échafaudages du chantier et faire de chaque détail un minutieux relevé afin de restituer à la fois sa forme générale, ses usages et son fonctionnement, ses transformations successives.

Vertiges de l'arène

Les plaisirs du théâtre n'étaient, pour autant, que peu de chose aux yeux des Romains à côté de ceux de l'amphithéâtre, où se donnaient les jeux qui bénéficiaient de leur prédilection. On y organisait le matin des chasses aux animaux sauvages *(uenationes)* : taureaux, sangliers, ours et loups ; plus rarement lions où panthères ; une salle cruciforme, sous l'arène, comportait des monte-charges capables de les faire surgir soudain sur le sable. L'heure du déjeuner était consacrée aux condamnations à mort, qui reproduisaient parfois des scènes de la mythologie : Icare jeté du sommet d'une haute estrade ; Dircé attachée par les cheveux aux cornes d'un taureau furieux. L'après-midi, se déroulaient les combats de gladiateurs. Les mises à mort n'y étaient pas systématiques, et le combat lui-même y était théâtralisé.

« *Les Romains ne venaient pas à l'amphithéâtre pour y voir couler le sang à tout prix, mais pour assister à des démonstrations de courage et d'habileté,* explique l'historien Eric Teyssier, spécialiste incontesté de la gladiature, et ordonnateur de reconstitutions de combats de gladiateurs, auxquelles il a longtemps lui-même participé. *Avec la construction des grands amphithéâtres de pierre et la multiplication des spectacles, aux Ier et IIe siècles, le métier de gladiateur s'était professionnalisé. C'était moins souvent des captifs livrés à une mort certaine que des hommes libres qui avaient choisi ce moyen, certes risqué, de faire fortune. Le métier offrait un débouché aux individus attirés par la gloire, comme il avait, auparavant, servi d'exutoire au trop grand nombre de prisonniers de guerre.* »

Les combats, ordonnés par paires, suivaient des règles quasi rituelles, chaque gladiateur appartenant à une *armatura* (thrace, *provocator*, rétiaire, mirmillon, *secutor*...) qui lui imposait son armement et la façon d'en faire usage. La foule, le magistrat, l'empereur décidaient du sort du vaincu non, comme à Hollywood, en baissant le pouce vers le sol, mais en agitant une pièce de tissu ou en tendant la main ouverte, pouce en l'air, vers le combattant en criant : « *Iugula !* » (« Egorge-le ! »).

Signe de l'extraordinaire popularité dont jouissaient ces spectacles : la Gaule ne comptait pas moins de quarante et un amphithéâtres au IIe siècle. Le mieux conservé est celui de Nîmes, construit dès la fin du Ier siècle, sur le modèle du Colisée. Il doit son impressionnante monumentalité au fait, assez rare, d'avoir conservé (à la différence d'Arles) son étage d'attique.

L'extraordinaire est qu'à Nîmes, après avoir été transformé en forteresse durant l'Antiquité tardive, puis en quartier d'habitation, l'amphithéâtre ait pleinement retrouvé, dès le XIXe siècle, sa vocation première : qu'il accueille par centaines de milliers, deux fois par an, sous les protomes de pierre en forme de taureaux qui surplombent son entrée depuis vingt siècles, les aficionados pour ses corridas, à la feria de Pentecôte et à la feria des Vendanges ; Edeis y présente en outre, au printemps, dans le cadre des Journées romaines de Nîmes, un grand spectacle historique.

Nîmes n'était pas comme Arles ou Orange une colonie romaine, constituée par l'installation de vétérans sur les terres confisquées aux peuples autochtones : elle était entrée dans l'empire par traité, comme cité fédérée, avant d'acquérir en récompense des services rendus à César durant la guerre des Gaules (ses soldats y avaient combattu Vercingétorix) le statut envié de colonie latine, qui permettait à ses citoyens de bénéficier d'un droit proche du droit romain et plus encore à ses notables d'accéder à la citoyenneté romaine à l'issue de leurs magistratures municipales. Des Nîmois participèrent aux côtés d'Octave à la bataille d'Actium. Leur monnaie, l'as, était frappée de la figure d'un crocodile enchaîné, surmontée de la palme de la victoire, rappelant leur participation à la soumission de l'Egypte aux armes romaines.

Ce choix heureux en faveur du premier empereur se reflète dans la beauté du temple qu'ils consacrèrent aux princes de la jeunesse, ses petits-fils : cette Maison carrée qui fermait leur forum et qui reste l'un des temples romains les mieux conservés au monde. Ses proportions, son élégance, le raffinement de son décor sculpté (de style corinthien) étaient dignes des plus beaux monuments de Rome.

Le même sens politique avait valu à la cité une insolente prospérité : elle avait conservé un territoire qui plaçait sous sa coupe pas moins de vingt-quatre oppida gaulois.

Il explique la richesse des découvertes archéologiques faites dans la région (mosaïques, statuaire, décors architecturaux, inscriptions, sarcophages), et justifie pleinement que le beau et riche musée que la ville de Nîmes a érigé en 2018, au pied des arènes, pour leur déploiement s'intitule fièrement « musée de la Romanité ».

La tour Magne qui domine la ville a quelque chose d'un symbole de cet étonnant succès. Elle occupe l'ancien oppidum gaulois, en surplomb de la source où était vénéré dans un décor sauvage le dieu Nemausus (les têtes des adversaires vaincus y étaient accrochées dans les arbres), que les Romains avaient intégrée à un temple du culte impérial en plein air, avec autel, palestre, portiques (on peut en retrouver l'ordonnancement derrière les aménagements du XVIIIe siècle, qui en ont miraculeusement préservé les grandes lignes). Construite par les Gaulois sous la forme d'un pain de sucre en pierre sèche, la tour en indiquait la présence sacrée. Les Gallo-Romains du Ier siècle se gardèrent de détruire ce symbole de la foi de leurs pères. Ils se contentèrent de la doubler d'un mur de pierre blonde à pans coupés qui lui donna les apparences d'une réplique du phare d'Alexandrie, comme l'*Augusteum* qu'ils avaient aménagé en contrebas imitait le *Sebasteion* de la capitale égyptienne. Intégré à un rempart honorifique qui ne comptait pas moins de quatre-vingts tours sur six kilomètres, le monument rappelait leur participation à l'expédition d'Egypte, en même temps qu'il manifestait l'ensevelissement définitif du passé gaulois dans le bienfaisant corset de la romanité.

GLADIATOR Page de gauche, en haut : la Maison carrée de Nîmes. Dédié aux princes de la jeunesse, petits-fils d'Auguste, ce temple rivalise pour le raffinement de son décor sculpté avec l'*Ara Pacis*. Dessous : la tour Magne. Elle enveloppe une tour gauloise en reprenant le modèle du phare d'Alexandrie. En haut : les arènes de Nîmes accueillant le grand spectacle historique *Romulus, la naissance de Rome* lors de l'édition 2025 des Journées romaines de Nîmes.

Attaches Page de droite, à gauche : le mas du Juge, à Maillane, où naquit Frédéric Mistral *(ci-contre, en 1901)* et où il vécut jusqu'à la mort de son père en 1855. Un lieu, pour Mistral, synonyme tout à la fois de contemplation *(page de droite, à droite, la vue sur les Alpilles,* « véritable belvédère de gloire et de légendes », *depuis le seuil de la maison)* et de douleur. C'est là, en effet, que se suicida son neveu François, dont l'histoire tragique inspirera *L'Arlésienne* à Daudet.

Mistral gagnant

Né sur cette terre gorgée de lumière, grisé par sa beauté, bercé par la musicalité de sa langue, Frédéric Mistral dédia sa vie à un seul but : magnifier la Provence, et la rendre immortelle. PAR REMI VENTURE

Avec sa figure de vieil homme à barbichette coiffé d'un grand feutre, sosie d'un Buffalo Bill enveloppé de gloire littéraire, le personnage hiératique de Frédéric Mistral dont s'inspirent les santonniers laisse peu imaginer qu'il fut d'abord un jeune homme ardent, amoureux, débordant de vie et de projets, non plus qu'il ne rend justice à sa trajectoire, dans les derniers feux de la civilisation populaire provençale, peu à peu éclipsée et uniformisée par l'inexorable révolution industrielle. Seul écrivain de langue régionale à avoir été couronné par le prix Nobel de littérature en 1904, le père de *Mirèio*, de *Calendal* et du *Poème du Rhône* est indissociable de la Provence. Il l'a chantée, célébrée, a voulu sauvegarder son âme en voyant s'amonceler les nuages d'une modernité uniformisatrice. Si la Provence est restée elle-même, c'est à lui qu'elle le doit.

Petit village entre Arles et Avignon, Maillane est le nid véritable de Frédéric Mistral. Il y est né le 8 septembre 1830 au mas du Juge, dans une famille de ménagers, des paysans aisés, propriétaires d'une exploitation agricole. Il est le fruit d'un second lit, son père, François Mistral, ayant un fils issu d'un premier mariage. Enfant choyé, le petit Frédéric restera toute sa vie marqué par le paysage qui l'a vu naître. Il en parle dès le début de ses *Mémoires et récits* : *« D'aussi loin qu'il me souvienne, je vois devant mes yeux, au midi, là-bas, une barre de montagnes dont les mamelons, les rampes, les falaises et les vallons bleuissaient du matin aux vêpres, plus ou moins clairs ou foncés, en hautes ondes. C'est la chaîne des Alpilles, ceinturée d'oliviers comme un massif de roches grecques, un véritable belvédère de gloire et de légendes. »* Casanier, Mistral ne bougera guère de Maillane. En 1855, à la mort de son père dont il dira *« c'est lui qui m'a rendu poète »*, et qui lui inspira, tel un Janus bifrons, les deux personnages de patriarches que l'on trouve dans *Mirèio*, il est contraint de quitter le mas paternel, dévolu à son frère aîné. Il y laisse ses souvenirs.

De ce qui adviendra ensuite au mas du Juge, pas une ligne. Notamment de ce matin blême de juillet 1862 où son neveu François, malade d'amour pour une fiancée dont on avait découvert le déshonneur, se jeta de la fenêtre du grenier sur la large table de pierre. C'est cette histoire tragique qui inspira à Alphonse Daudet *L'Arlésienne* des *Lettres de mon moulin*, ce que la famille Mistral eut

du mal à pardonner à l'ami indélicat. La table de pierre est encore là, intacte, dans cette maison où l'on célèbre aujourd'hui la mémoire du poète, avec des visites du mas, des soirées littéraires, des lectures en provençal.

Après le mas du Juge, Mistral s'installe avec sa mère dans la « maison du Lézard », à l'entrée du village. C'est aujourd'hui la bibliothèque municipale, où vous accueille toujours l'inscription au fronton : « *Gai lézard, bois ton soleil, l'heure ne passe que trop vite, et demain il pleuvra peut-être.* » Plus tard, il se fera construire en face une confortable habitation dotée d'un jardin, dans laquelle il vivra après son mariage, et où il rendra son dernier souffle. Devenue un musée tout juste rénové, elle se visite aujourd'hui, et il est émouvant d'y retrouver l'univers du poète, ses livres, ses tableaux, chacune de ces pièces restées dans leur jus, où l'on s'attend, à tout moment, à entendre résonner son accent chantant et son rire. Maillane s'est en outre inspiré du plus célèbre de ses enfants pour composer un tout nouvel itinéraire historique et touristique, où le visiteur découvre, en neuf bornes interactives, l'identité et le patrimoine de ce village provençal.

A sa mort, c'est à Maillane, toujours, que Mistral fut enterré, dans le tombeau qu'il s'était choisi, copie d'un petit édicule connu aux Baux-de-Provence sous le nom de pavillon de la Reine Jeanne. Le Maillanais l'évoque dans un poème : « *Sous mes yeux je vois l'enclos / Et la coupole blanche / Où, comme les colimaçons, / Je me tapirai à l'ombrette / (…) Et quand les gens demanderont (…) : /* "Qu'est-ce que ce dôme ?" *ils répondront : /* "Ça, c'est la tombe du Poète (…)." */ Et puis un jour on dira :* "C'est celui / Que l'on avait élu roi de Provence… / Mais son nom ne survit plus guère / Que dans le chant des grillons bruns." »

Avant de revenir à Maillane et de rechoisir son village, malgré les sirènes mondaines qui l'appelaient à Paris, Mistral avait arpenté la Provence. Petit garçon turbulent qui faisait l'école buissonnière, Frédéric fut envoyé en pension à Frigolet, dans la Montagnette toute proche. L'imposante abbaye que l'on y trouve aujourd'hui n'était pas encore construite, mais la nature y était déjà aussi belle. Le terme de Frigolet vient d'ailleurs du provençal *ferigoulo*, le thym, qui y pousse à profusion. Mistral décrit ce lieu dans ses *Mémoires* : « *Les mamelons d'alentour étaient couverts de thym, de romarin, d'asphodèle, de buis, et de lavande. Quelques coins de vigne qui produisaient, du reste, un cru en renom (…) ; quelques lopins d'oliviers plantés dans les bas-fonds (…). C'était là, clairsemée, toute la végétation de ce massif de collines. Le reste n'était que friche et roche concassée, mais qui sentait si bon ! L'odeur de la montagne, dès qu'il faisait du soleil, nous rendait ivres.* »

Ce n'est pas, toutefois, sur les pentes odorantes de la Montagnette qu'éclot sa vocation provençale, mais dans la cité des

LE BACHELIER Ci-contre : le porche du palais du Roure à Avignon. Ci-dessus : la place des Quatre-Dauphins à Aix-en-Provence. Page de gauche : l'abbaye Saint-Michel de Frigolet, au cœur de la Montagnette, où Mistral fut envoyé en pension avant de finir son lycée à Avignon. Il raconte ainsi le jour de son bac : *« Nos braves jardiniers m'attendaient impatients, et me voyant venir, rayonnant à fondre les brumes, ils s'écrièrent :* "Il a passé !" *Les hommes, les femmes, les filles, tout le monde sortit, et en veux-tu des embrassades et des poignées de main ! (...) Alors, le Remontrant (...) dit :* "Maillanais, allez, nous sommes bien contents ! vous leur avez fait voir, à ces petits messieurs, que de la terre, il ne sort pas que des fourmis, il en sort aussi des hommes." »

papes. Après deux années passées à Saint-Michel de Frigolet, Mistral change de pension pour Avignon. C'est là qu'il fait la connaissance de celui qui deviendra l'un de ses amis les plus proches : le Saint-Rémois Joseph Roumanille (1818-1891). Plus âgé que lui, il est alors surveillant et répétiteur dans le collège où le jeune Frédéric est élève. L'ayant surpris au cours d'un office religieux en train de traduire en provençal un psaume, Roumanille lui confie qu'il taquine, lui aussi, la muse provençale. Et lui récite en provençal plusieurs poèmes : « *une vraie éclosion de fleurs d'avril, de fleurs de prés, fleurs annonciatrices du printemps félibréen qui me ravirent de plaisir,* raconte-t-il dans ses *Mémoires et récits, et je m'écriai :* "Voilà l'aube que mon âme attendait pour s'éveiller à la lumière !" *J'avais bien, jusque-là, lu à bâtons rompus un peu de provençal ; mais, ce qui m'ennuyait, c'était de voir notre langue, chez les écrivains modernes (...), employée, en général, comme on eût dit par dérision* ».

Et Mistral de conclure : « *En conséquence, et nonobstant une différence d'âge d'une douzaine d'années (...), lui, heureux de trouver un confident de sa Muse (...), moi, tressaillant d'entrer au sanctuaire de mon rêve, nous nous donnâmes la main, tels que des fils du même Dieu, et nous liâmes amitié sous une étoile si heureuse que, pendant un demi-siècle, nous avons marché ensemble pour la même œuvre ethnique, sans que notre affection ou notre zèle se soient ralentis jamais.* » Autour des deux jeunes gens, se constitue une véritable école poétique qui amène à la création, en 1854, du Félibrige, sorte d'académie littéraire, qui fédère les amoureux de la langue d'oc, selon l'heureux mot prononcé par le Nîmois Jean Reboul, lors du premier congrès des poètes provençaux : « *Celui qui fit les cieux a fait celui de notre pays si grand et si bleu qu'il y a de l'espace pour toutes les étoiles.* » C'est dans ce contexte que Mistral et Roumanille codifient une orthographe simple et moderne pour le provençal, graphie toujours employée depuis. Ils aspirent à doter leur langue d'une littérature ambitieuse alors que cet idiome, délaissé par les élites, était considéré à l'époque comme un patois oral, vulgaire et sans attrait, malgré sa sonorité douce et harmonieuse.

Ainsi Avignon devint-elle le berceau de la renaissance provençale. Mistral resta toute sa vie sensible à la grande beauté de la cité des papes, au point de considérer la période de la cour pontificale comme une sorte d'âge d'or. En 1891, il y fonde encore son journal *L'Aiòli*. Confié au jeune Folco de Baroncelli, futur rénovateur des traditions camarguaises, ce périodique y a un siège prestigieux : le palais du Roure, somptueuse demeure gothique dont le porche arbore fièrement les armoiries des marquis de Javon, qui, grâce à la prodigalité d'une amie de Mistral, Jeanne de Flandreysy, reste un haut lieu de la culture provençale, avec un musée des arts et traditions populaires et un centre de documentation provençale.

Son baccalauréat en poche, le Maillanais « fait son droit » à Aix-en-Provence, l'ancienne et hiératique capitale régionale, fière de ses riches hôtels particuliers, ses fontaines et son cours Mirabeau. L'étudiant s'y enthousiasme pour la IIe République. Même s'il n'a jamais aimé « *ses grands airs à la Louis XIV* », Mistral mène à Aix une agréable vie estudiantine et y verra toujours un autre symbole de l'ancienne grandeur provençale. Ainsi, décrira-t-il avec minutie dans son deuxième grand poème, *Calendau*, les jeux de la Fête-Dieu, flamboyant cortège mêlant le profane et le religieux, organisés chaque année avant la Révolution. Ils avaient été reconstitués en 1851, au moment de son séjour aixois. A la fin de sa vie, en 1913, c'est là qu'il effectue l'une de ses dernières sorties publiques pour la Sainte-Estelle, fête annuelle du Félibrige. Consécration suprême, les étudiants iront jusqu'à dételer son fiacre pour le tirer à bras tout au long de la ville. L'un d'eux s'écria même : « *Maître, les dieux ne peuvent pas être transportés par des bêtes ; ils doivent l'être par des hommes.* »

En 1851, le nouveau licencié en droit retourne dans son mas familial : « *fier comme un jeune coq qui a trouvé un ver de terre (...) et lorsque, encore debout, devant tous les laboureurs, j'eus rendu compte de ma dernière suée, mon vénérable père, sans autre observation, me dit seulement ceci :* "Maintenant, mon beau gars, moi, j'ai fait mon devoir. Tu en sais beaucoup plus que ce qu'on m'en a

JUBILÉ En 1909, à Arles, la fête annuelle du Félibrige, célébrée au moment de la Sainte-Estelle, prend une couleur particulière. Cette année-là marque, en effet, le cinquantenaire de *Mirèio*. Le 29 mai, est inauguré dans l'hôtel Laval-Castellane *(à gauche)* le nouveau Museon Arlaten, le grand musée ethnographique que Mistral avait fondé en 1896. Le lendemain, en présence de l'écrivain, on dévoile place du Forum la statue sculptée à son effigie par Théodore Louis Auguste Rivière *(à droite)*. Page de droite : le village des Baux-de-Provence et son château médiéval, dans le massif des Alpilles, avec le Val d'Enfer, en contrebas. Mistral fit découvrir les lieux à Charles Gounod venus en 1863 en Provence pour y composer son opéra *Mireille*.

appris. C'est à toi de choisir la voie qui te convient : je te laisse libre. – Grand merci !" *répondis-je. Et là même – à cette heure, j'avais mes vingt et un ans –, le pied sur le seuil du mas paternel, les yeux vers les Alpilles, en moi et de moi-même, je pris la résolution : premièrement, de relever, de raviver en Provence le sentiment de race que je voyais s'annihiler (…) ; secondement, de provoquer cette résurrection par la restauration de la langue naturelle et historique du pays, à laquelle les écoles font toutes une guerre à mort ; troisièmement, de rendre la vogue au provençal par l'influx et la flamme de la divine poésie.* » De fait, il consacrera toute sa vie à suivre ces résolutions.

Mistral construit patiemment son œuvre en commençant par *Mirèio*, ample poème en douze chants paru en 1859, qui mêle l'épopée au drame et conte les amours malheureuses d'une jeune fille de riches paysans avec un pauvre vannier. Saluée à Paris par le grand Lamartine qui lui consacre le *Quarantième entretien* de son *Cours familier de littérature* sous le titre évocateur « Apparition d'un poème épique en Provence », l'œuvre a un retentissement national. Véritable tour de force, *Mireille* est une symphonie où résonnent tour à tour le lyrisme, l'exaltation, la poésie, la gravité méditative, le suspense, la tragédie. On y entend le cri du riche paysan, qui refuse le choix de sa fille pour un pauvre vannier *(« Eh bien ! vas-y, de porte en porte, avec ton gueux courir les champs ! Tu t'appartiens, pars ! bohémienne !… Oui ! à la Roucane, à Beloun la Roubicane associe-toi ! Sur trois cailloux, avec la Chienne, va cuire ton potage, abritée sous la voûte d'un pont ! »)*. On y savoure l'esthétique homérique et l'ampleur du chant : « *Les cheveux luisants de rosée, l'Aurore, cependant, de la montagne se voyait peu à peu dévaler dans la plaine ; et des alouettes huppées la volée chanteuse la salue ; et de l'Alpine caverneuse il semblait qu'au soleil se mouvaient les sommets. On voyait le matin découvrir peu à peu la Crau inculte et aride, la Crau immense et pierreuse, la Crau antique, où, des ancêtres si les récits sont dignes de foi, sous un déluge accablant les Géants orgueilleux furent ensevelis.* » On y pressent l'arrivée du drame, dans cette plaine aride où Mireille est partie seule : « *Et la chaleur, de plus en plus vive, de plus en plus devient ardente ; et du soleil qui monte au zénith du ciel pur, du grand soleil les rayons et le hâle pleuvent à verse comme une giboulée : tel un lion, dans la faim qui le tourmente, dévore du regard les déserts abyssins !* » On y médite les vanités énoncées par les Saintes-Maries : « *Et là-bas la plus claire des ondes, quand tu l'as bue, devient amère ; là-bas naît le ver avec le fruit nouveau, et tout tombe en ruine, et tout en corruption… En vain choisis-tu sur la corbeille : l'orange, si douce au goût, à la longue du temps deviendra comme du fiel.* »

En 1863, le chef-d'œuvre de Mistral inspire à Charles Gounod son opéra *Mireille*, créé l'année suivante. Pour composer sa partition, le musicien vient passer quelques mois à Saint-Rémy, petite ville voisine de Maillane et blottie aux pieds des Alpilles, chère au cœur de Mistral. Son père y était né, sa famille y étant établie depuis plusieurs siècles. L'écrivain fait visiter à Gounod les lieux de son livre : les Baux-de-Provence et son Val d'Enfer qui, dit-on, aurait déjà inspiré Dante, la Camargue et les Saintes-Maries-de-la-Mer, où Mireille, héroïne de l'œuvre, meurt sur le toit de l'église médiévale fortifiée qui domine la mer et les marais.

Le succès de *Mirèio* fait de Mistral le chef incontesté de la renaissance provençale. Suivent tour à tour *Calendau* (1867), *Lis Isclo d'Or (Les Iles d'Or)* (1876), *Nerto* (1884), *La Rèino Jano* (1890), *Lou Pouèmo dóu Rose (Le Poème du Rhône)* (1897), *Memòri e raconte (Mémoires et récits)* (1906) et l'ultime recueil poétique, *Lis Oulivado (Les Olivades)* (1912). Mistral dessine ainsi la carte de sa Provence idéale, du mont Ventoux et des gorges de la Nesque aux hautes vallées des Alpes-Maritimes, en passant par le port de pêche de Cassis, d'où est originaire Calendal, héros symbolique d'une Provence éternelle… Infatigable, Mistral travaille à un labeur de longue haleine : la rédaction d'un grand dictionnaire provençal-français, *Lou Tresor dóu Felibrige*, qu'il publie entre 1879 et 1886.

Lui, l'enfant de Maillane, se tourne désormais définitivement vers Arles. Alors que c'est à Avignon qu'il envisageait de créer le dernier pan de son œuvre, le grand musée ethnographique dont il rêve verra

le jour à Arles, sous le nom de Museon Arlaten (« Musée arlésien »). Splendidement restauré, après douze ans de travaux, il a rouvert ses portes au printemps 2021. Isolée dans les vastes terroirs agricoles de Camargue et de Crau, théâtre d'un lent déclin depuis le bas Moyen Age jusqu'à la Révolution, Arles avait, plus que bien d'autres de ses sœurs provençales, gardé sa civilisation traditionnelle : langue, costume, art de vivre… Avec ses vestiges romains, romans, ses palais Renaissance et ses chapelles baroques, elle illustre à merveille la Provence mistralienne. *« Oui, toi qui as été tout ce que l'on peut être : la métropole d'un empire, la capitale d'un royaume et la matrone de la liberté »*, s'écriera-t-il non sans emphase en 1887 dans un *Discours aux Arlésiens* dont un extrait est encore gravé dans le vestibule de l'hôtel de ville. *« O Arles ! si tu es veuve de tes consuls souverains, de tes rois qui luttèrent contre les Sarrasins, et de ces empereurs qui bâtirent tes arènes, console-toi, ô Arles ! car tu domines encore par ce rayon de Dieu qui éclaire le monde et qui se nomme la beauté ! »* Ouvert dès 1899, le Museon sera transféré quelques années plus tard dans l'ancien hôtel Laval-Castellane : en 1904, Mistral est couronné du prix Nobel, et il consacre la totalité de son gain à l'aménagement d'un spectaculaire musée de l'identité provençale. En 1909, lors du cinquantenaire de *Mirèio*, l'inauguration du Museon Arlaten est comme une apothéose. Celui qui, dans les premiers vers de *Mirèio*, se présentait comme un *« humble écolier du grand Homère »* assiste à l'érection, sur la place du Forum, cœur de la vie populaire arlésienne, de sa propre statue. Hommage de la Provence à l'homme complexe et attachant qui lui avait consacré sa vie, avait magnifié sa terre et sa langue, ouvert la voie à de nombreux héritiers et offert *Mireille, Calendal,* ses délicieux *Mémoires et récits,* et son *Poème du Rhône*. Tous témoignent des beautés et de l'identité profonde de ce que Frédéric Mistral appelait *« l'empire du soleil »*. Ils nous rappellent qu'*« entre mer, Durance et Rhône, il fait bon vivre, Dieu le sait ! »*… Quand Mistral meurt, le 25 mars 1914, l'ancien monde s'apprête à sombrer dans le chaos de la Grande Guerre. La Provence, elle, vit toujours.

Directeur de la médiathèque d'Arles, musicologue, Remi Venture est majoral du Félibrige. Il est l'auteur de nombreux ouvrages consacrés à la Provence, rédigés en français et en provençal. Depuis 2006, il préside le jury du prix Mistral qu'il a obtenu en 2000 pour ses poèmes en langue provençale.

LES VERGERS D'ATHÉNA Ci-dessus et page de gauche : depuis 1902, cinq générations de la famille Pinatel se sont succédé à la tête du Domaine Salvator aux Mées, à une trentaine de kilomètres au nord-est de Manosque. Pour préserver tous les arômes et produire une huile de qualité, les olives cultivées dans leurs vergers aux arbres séculaires sont transformées au domaine, le jour même de la récolte.

Les oliviers des hauts plateaux

Si toute la Provence s'abrite à l'ombre des oliviers, ceux du pays de Giono ont résisté, plus que les autres, au terrible gel de 1956 qui décima une bonne partie d'entre eux. Ils ont, depuis trente ans, étendu leur empire bleu argenté, grâce à un spectaculaire plan de relance de l'huile d'olive. PAR ISABELLE SCHMITZ

Ils frémissent à la caresse de la brise, se déchaînent sous les coups de mistral et dessinent une mer argentée qui ourle collines et chemins et donne à la campagne son air songeur, ébouriffé ou serein. Enracinés dans le sol depuis Dieu sait combien de siècles, ils portent sur leur tronc les lignes de leur vie, racontent les temps fastueux comme les mois de disette, mais cachent le mystère de leur âge. Nul ne saura vous dire exactement qui les vit naître, et quelles joyeuses récoltes ils abritèrent, au fil du temps, à moins que les hommes n'aient laissé sous leur tronc quelque amphore, quelque outil. En Egypte et en Palestine, ce fut le cas, dès 8000 avant J.-C. Des hommes avaient domestiqué l'oléastre, arbre sauvage qui deviendrait, par leurs soins, leur taille, leurs plantations, l'olivier. Du croissant fertile, la culture s'en est propagée, et ce chameau végétal, aussi résistant à la sécheresse que son compère animal, a pris racine là où les Phéniciens, les Grecs et les Romains l'avaient planté, sur toutes les rives de leur Mare Nostrum. Il en deviendrait même l'emblème, selon la formule limpide du poète Georges Duhamel : *« Là où l'olivier renonce, finit la Méditerranée. »*

Symbole de sagesse et de force, l'arbre mythique qu'Athéna fit sortir de terre pour l'offrir aux habitants de l'Attique a, de fait, des propriétés qui stupéfient encore les scientifiques. Jean-Marie Baldassari était l'un d'entre eux, qui avait dédié sa vie à la culture des oliviers, des rivages de Palestine à ceux du Maroc, du Liban aux Alpes-de-Haute-Provence, lors de missions de conseil auprès des oléiculteurs, qui l'ont toujours un peu plus enthousiasmé. *« La Méditerranée est mon palais,* s'amusait-il à dire, *et je connais mes oliviers comme un berger ses brebis ; je tente d'interpréter leurs attitudes, leurs comportements pour déceler les problèmes qui les affectent. »* Quand il évoquait leur immortalité, la fécondation éolienne, le fait que l'olivier nourrisse lui-même sa propre terre et la fertilise, la texture de ses feuilles, cirées pour absorber la lumière solaire sur le dessus, veloutées en dessous pour laisser la feuille respirer, le regard bleu de l'expert agronome ressemblait à celui d'un enfant émerveillé. Nous l'avions rencontré avant que la maladie ne l'emporte en 2022. Trente ans plus tôt, c'est à lui qu'André Pinatel, alors membre de la chambre d'agriculture des Alpes-de-Haute-Provence, dont il fut peu après président, puis président de la chambre régionale, avait fait appel pour accompagner le plan de relance de l'olivier dans la région. *« La révolution industrielle du XIXe siècle avait popularisé l'huile d'arachide venue d'Afrique du Nord, moins chère, les anciens moulins fermaient les uns après les autres. En Haute-Provence, on*

FRUITS DE LA PASSION Ci-dessus, à gauche : une récolte au Domaine Salvator, qui compte quarante variétés d'oliviers. A droite : fondé par Olivier Baussan, l'écomusée L'Olivier, à Volx, montre à quel point l'arbre mythique est indissociable de la Provence.

comptait soixante-treize moulins à huile au début du XXe siècle ; dans les années 1990, il n'en restait plus que sept. » Cela même qu'avait poétiquement prophétisé Alphonse Daudet dans ses *Lettres de mon moulin,* avec *Le Secret de maître Cornille,* l'histoire d'un meunier qui ne se résout pas à ce déclin et préfère faire tourner à vide son moulin à grain… Après la Seconde Guerre mondiale, la mécanisation agricole avait encouragé la production des huiles de graines (tournesol, colza), qui remplaçaient l'huile d'olive. Des centaines de milliers de vergers oléicoles furent délaissés. Et puis il y avait eu, en 1956, *« le glas de l'olivier »* dans la funeste nuit du 2 au 3 février : alors que le redoux avait déjà fait éclore quelques fleurs, les températures descendirent cette nuit-là jusqu'à - 25 °C, et l'on entendit un cri sinistre, celui des oliviers éclatant sous le gel. Les quatre cinquièmes des oliviers de Méditerranée avaient été fracassés.

Ensemble, l'élu et l'expert s'attellent donc, trente-six ans plus tard, à un vaste plan de replantation des oliviers et d'exploitation de l'huile d'olive. *« La Haute-Provence, terre de Giono, était réputée pour la qualité de ses olives, mais pas pour son huile,* explique André Pinatel, dont la famille possède, depuis 1902, le domaine agricole Salvator aux Mées. *Chaque famille possédait des oliviers et faisait son huile à usage personnel, mais la première bouteille d'huile d'olive de Haute-Provence vendue en supermarché date de 1985. »*

A l'origine du nouvel engouement pour l'huile d'olive : les recherches du médecin nutritionniste Ancel Keys qui avait constaté, au début des années 1950, que les populations méditerranéennes n'étaient pas ou peu atteintes par les maladies cardiovasculaires. Et que leur point commun était la consommation d'huile d'olive, de vingt-cinq à trente litres par personne et par an. En 1980, quand l'université de Harvard publie le résultat de son étude, qui promeut le régime méditerranéen, la demande explose, et la Haute-Provence décide de ne pas en laisser le monopole à l'Espagne et à l'Italie, mais de se donner les moyens de rivaliser avec elles en qualité. André Pinatel, alors président de la coopérative des Mées, à trente-cinq kilomètres de Manosque, saisit cette opportunité pour réaliser une huile extraordinaire de qualité, et travailler avec Jean-Marie Baldassari à la création de l'AOC huile d'olive de Haute-Provence, qui voit le jour en 1999. Pari tenu : en trente ans, la Haute-Provence est passée d'une production de cent à deux cent cinquante tonnes d'huile d'olive par an.

Chez les Pinatel, l'olivier est, plus qu'ailleurs, une histoire de famille : à la suite d'André, son fils Frédéric et sa nièce Sophie ont repris le Domaine Salvator en 2008, tandis que son frère, Christian, oléologue et chef de jury agréé par le Conseil oléicole international, évoque la spécificité française de la notion de « terroir ». Cette notion est capitale pour comprendre la distinction entre qualité et typicité. La grande diversité de nos terroirs a ainsi donné naissance à plusieurs typologies d'huiles d'olive, qui se révèlent par leur goût : les huiles fines et douces, comme à Nice, à Nyons ou en Corse ; et les « fruités verts », comme à Aix ou en Haute-Provence, qui sont souvent ardents et amers. L'huile ardente, c'est l'expression du pur jus de fruit sur l'arbre que l'on obtient en malaxant les olives dans la demi-journée ou au plus la journée qui suit la cueillette. *« Elle arrache le gosier, mais c'est celle qui laisse s'épanouir les arômes les plus verts, et exalte la typicité de chaque terroir. »* Devant le moulin mécanique à centrifugeuse que Frédéric et Sophie Pinatel ont acheté afin de réaliser à demeure l'huile de qualité dont ils rêvaient, l'oléiculteur explique pourquoi les fruités verts ont la cote : avec leur forte concentration de polyphénols, ils sont très bons pour la santé, expriment les vertus légendaires de l'huile d'olive et révèlent une variété de saveurs qui n'existait pas jusqu'alors.

Il existe cependant, pour nous Français, un troisième goût dans la typologie, qui découle d'une querelle entre les Anciens et les Modernes. Ce fruité vert ne correspond pas au goût de ceux qui, jusqu'ici, travaillaient les olives dans des moulins traditionnels. Il faut grimper jusqu'au petit village de Lurs et s'arrêter au bord du Lauzon pour trouver le moulin de la Cascade, un des derniers moulins traditionnels du département, pour comprendre les enjeux de la modernisation. Jusqu'en 2017, ce moulin, construit en 1674 et actualisé au XIXe siècle, fonctionnait avec le système de pressoir à levier dont on a trouvé des traces dès l'âge du bronze en Syro-Palestine, et qui fut perfectionné par les Grecs puis les Romains. *« Grâce à mon mari, issu d'une famille de mouliniers depuis trois générations, j'ai appris ce métier et pris goût à ce labeur particulier de la récolte, où les olives sont broyées par des meules de granit activées grâce à la force de l'eau, puis disposées dans des paniers tissés en fibre de coco, les scourtins, pressés jusqu'à l'obtention d'un mélange d'huile et d'eau, qu'il faudra laisser décanter pour ramasser l'huile »,* raconte Karine Masse, dynamique agricultrice qui s'adonne avec enthousiasme à la polyculture et à l'élevage. Lorsque, en 2017, son mari se casse le genou, elle doit assumer la récolte des olives avec sa belle-mère et quelques ouvriers. Se pose l'inéluctable question de la modernisation : les mille kilos d'olives broyés en une journée le seraient en une heure avec une chaîne continue électrifiée, qui demanderait moins de main-d'œuvre, moins de préparation (il faut trois à cinq jours avant une récolte). Le choix s'impose presque de lui-même…

GOÛT AUTHENTIQUE Ci-dessus : Aimé Masse au moulin de la Cascade, à Lurs, l'ur des derniers moulins traditionnels des Alpes-de-Haute-Provence. Depuis 1674, ses meules en granit broient les olives pour les transformer en pâte d'où sera extrait le précieux élixir

Le problème n'est pas nouveau, Jean Giono, in connaisseur de ce moulin de la Cascade, puisqu'il y venait faire presser ses olives, écrivait en 1930 : *« On a des moulins à l'électricité. Ce qui me fait plaisir c'est qu'une fois ça marche, l'autre fois ça ne marche pas ; l'huile a le goût du pétrole, sans compter que toutes ces inventions, ça finit par jeter le sort sur les meilleures choses. Avant, du temps des beaux moulins, du temps de la cueillette, c'était de l'huile, croyez-moi. »* Père de l'actuel moulinier, celui qui avait œuvré toute sa vie au moulin de la Cascade, Julien Masse, ne disait pas autre chose quand il s'exclamait, il y a quelques années : *« Il faut goûter mon huile, car les autres, c'est de la peinture ! »* Les huiles vertes, ardentes et amères ne correspondent pas, en effet, au fruité mûr qu'on obtenait avec la méthode traditionnelle en faisant attendre les olives au maximum de leur maturité avant de les presser : dans les « moulins à sang », actionnés par un âne ou un cheval, les olives vertes ne rendaient que peu de jus ; on cueillait donc les olives lorsqu'elles étaient noires, et on les laissait fermenter avant de les presser, pour que la chair se détache mieux. *« C'est ce goût de l'huile d'olive à l'ancienne que nous avons voulu préserver, en nous battant pour que l'Union européenne le reconnaisse. Nous avons fourni aux mouliniers les bases pour contrôler la fermentation et préserver ce goût historique de l'huile d'olive, que l'on appelle aujourd'hui "maturé", et qui est particulièrement apprécié, car il a vraiment une saveur d'olive noire »*, raconte Christian Pinatel sur une parcelle du Domaine Salvator qui réunit quarante variétés d'oliviers, certaines millénaires, dont la souche initiale a disparu dans la terre et laissé place à des souquets, les ramifications sur la souche à partir du sol.

A quelques kilomètres de là, dans les anciens fours à chaux de Volx, une énorme souche millénaire, bien visible, attend le visiteur au centre du passionnant écomusée L'Olivier, dont l'esthétique, la pédagogie et la gratuité disent la passion de son fondateur, Olivier Baussan, pour l'arbre mythique qui lui a donné son prénom. Celui qui a fondé L'Occitane, Première pression Provence, Oliviers & Co, entrepris plusieurs projets internationaux liés à la culture de l'olive, racheté la confiserie du Roy René et l'entreprise Maison Brémond 1830, épicerie fine aixoise qui promeut l'artisanat et l'art de vivre en Provence, évoque l'enjeu que représente l'arbre d'Athéna dans sa région natale : *« L'olivier est chez lui en Provence et tient à y rester. Sans ces oléiculteurs convaincus, les paysages de notre enfance ne seraient pas ce qu'ils sont. L'olivier, c'est aussi un paysage. Un paysage et un arbre généreux qui ont besoin de la main de l'homme. »* Ainsi, dans les espaces du musée, sont présentés les témoins de la culture de l'olivier en Méditerranée, des lampes à huile d'époque romaine aux anciennes amphores espagnoles, de la réplique du lustre de Sainte-Sophie de Constantinople aux échelles de cueillette et à la meule de pierre. En haut, un espace sensoriel permet d'identifier les arômes des huiles d'olive, et d'écouter les extraits littéraires qu font revivre *« le temps des olives »*, que Giono trouvait si épique. Garder la mémoire de l'olivier et de ceux qui le cultivent, telle est l'intuition fondamentale. *« L'huile d'olive de Haute-Provence n'est pas forcément la meilleure pas non plus la moins chère, mais ce que l'on propose à travers elle est l'histoire d'un territoire, de ses gens, de ses petites exploitations agricoles. La rentabilité doit-elle l'emporter sur l'histoire, la vie, le paysage ? »* A la fin du parcours du musée, ébloui par l'arbre de la sagesse et par les fruits qu'il offre aux hommes le visiteur est bien tenté de faire sienne cette phrase de Jean Giono, joliment retranscrite *« Je suis collé des deux mains dans cette glu d'olives. Que Dieu à l'instant même ferme le monde comme un livre et dise : c'est fini ; que la trompette sonne l'appel des morts, je me présenterai au Jugement en caressant des olives dans mes poches. »*

Le secret de Sainte-Victoire

« Quel beau motif ! » : aimanté par Sainte-Victoire, Cezanne, jusqu'à son dernier souffle, se confronta à l'emblématique montagne, avec pour dessein revendiqué de *« faire du Poussin sur nature »*. PAR DENIS COUTAGNE

Cezanne n'est jamais là où l'on croit qu'il est. Le cherche-t-on à Paris ? Il est parti en Provence. Veut-on le voir au Jas de Bouffan ? Il s'est réfugié à l'Estaque. Vollard, désireux d'organiser une exposition rétrospective de l'artiste en 1895, fera l'expérience de ne pas le trouver, ni en forêt de Fontainebleau où il est censé travailler ni rue des Lions-Saint-Paul dans le Marais où il est censé habiter. Le galeriste tombe sur son fils qui lui apprend que son père est retourné en Provence. Qu'à cela ne tienne, il organisera l'exposition sans lui. Succès ! Le peintre ne se déplace pas. Mais « Cezanne » est lancé. Les prix montent, la critique se fait élogieuse… On fera le pèlerinage à Aix pour voir « le maître d'Aix » réputé misanthrope, solitaire en tout cas, à commencer par Vollard lui-même en 1896 pour se constituer un fonds cezannien.

Une légende se construit très tôt : Cezanne, après des tentatives infructueuses en Ile-de-France auprès des impressionnistes, est revenu en Provence, et s'est installé sur son Aventin. Un mythe, que Gauguin contribue à propager lorsqu'il écrit en 1885 : *« homme du Midi, il* [Cezanne] *passe des journées entières au sommet des montagnes à lire Virgile et à regarder le ciel. Aussi ses horizons sont élevés, ses bleus très intenses et le rouge chez lui est d'une vibration étonnante »*. Bien rares étaient pourtant ceux qui avaient pu voir les premières *Sainte-Victoire* de Cezanne !

En tout cas nombreux seront alors les critiques qui expliqueront comment ce peintre, en conflit avec lui-même, en conflit avec le Salon officiel, refusé à l'Ecole des beaux-arts à Paris, s'était trouvé enfin une maîtresse capable de l'enseigner, en l'occurrence la

ICONIQUE Ci-dessus : Sainte-Victoire, vue depuis les environs du Tholonet. Cezanne a fait de cette montagne un sujet de prédilection, puisqu'une quarantaine de ses huiles sur toile et autant d'aquarelles la prennent comme motif essentiel. Le massif est censé devoir son nom à la victoire que Marius remporta sur les Teutons en 102 avant J.-C., devenant par là le témoin du triomphe de l'ordre romain sur la barbarie. Avec l'évangélisation de la Provence, la montagne Victoire devint Sainte-Victoire.

Provence, et ce par la couleur. Comme s'il suffisait d'être né dans ce pays (*« Mais quand on est né là-bas, c'est foutu, rien ne vous dit plus… »*, prétendit au contraire un jour le peintre), de regarder un paysage étendu devant soi naturellement (*« donner l'image de ce que nous voyons, en oubliant tout [ce] qui est apparu avant nous »*, proclame-t-il) pour peindre un Cezanne !

Est-ce à dire que l'œuvre de Cezanne est à décrypter de manière privilégiée en Provence, si possible sur les chemins de Sainte-Victoire dans une confrontation des motifs et des peintures ? A lire Bernard Dorival, oui ! Ce dernier n'écrivit-il pas en 1948 qu'il suffisait d'ouvrir la fenêtre, certes en choisissant un bon cadrage : le paysage provençal, parce que provençal, est déjà une peinture en soi. Il suffit de le transposer sur la toile. A croire alors que le tableau est d'ores et déjà dans la nature… Et Dorival d'écrire (dans son livre *Cézanne,* 1948) : *« Plus que jamais, la nature provençale le touche, au point qu'il "provençalise", si je puis dire, les autres régions qu'il lui arrive de peindre : Ile-de-France ou Savoie. »*

Question alors : ils sont des dizaines de peintres à avoir vu les mêmes collines, les mêmes rochers (comme Loubon, Guigou, Ravaisou…). Pourquoi fallut-il un certain Paul Cezanne né le 19 janvier 1839 pour enfin révéler picturalement ce qui était là, sous les yeux, avec évidence ?

La difficulté augmente car Cezanne lui-même paraît confirmer cette lecture si l'on en croit le collectionneur allemand Karl Ernst Osthaus qui fera une relation de sa rencontre avec le maître d'Aix en 1906 : *« A la fin de la visite à l'atelier, le maître porta des chaises sur la terrasse devant la maison, d'où l'on a une vue splendide sur la ville entourée de montagnes. Nous parlâmes longuement de la beauté du paysage et des racines qui relient son art à ce pays plein de soleil. »* Quel dommage qu'Osthaus n'ait pas enregistré

cette conversation ! Nous eussions eu, de la bouche même de Cezanne, la réponse à nos interrogations.

En tout cas une problématique s'impose : Cezanne doit une part essentielle de son art au pays d'Aix sans que jamais cet attachement ne rende compte de ce qui nous est donné : *une peinture de Cezanne,* laquelle, par un juste retour des choses, renouvelle notre propre regard sur le monde.

Peindre en Provence ou « *faire du Poussin sur nature* » ?

Joachim Gasquet reprendra cette intuition (*Cézanne,* 1921) selon laquelle Cezanne doit son art à la Provence : « *Ce n'est qu'ici, en Provence, qu'il se débarrassera de ce romantisme qui le disperse.* Il peint devant la mer classique. *Ces vagues ont apporté la civilisation aux vieilles forêts celtiques, l'ordre, la mesure, la sagesse. Ces routes sur lesquelles il s'en va, le chevalet au dos, on les doit au grand réalisme de Rome.* » Et Cezanne d'emprunter ces routes qui le conduiront à Sainte-Victoire, comme un motif « classique ».

Un rappel s'impose concernant le nom et par là le symbolisme de la montagne, car Cezanne n'a pas dû être indifférent à ces données : la montagne (nommée à l'origine, selon les Celto-Ligures, *Ventur*) est censée devoir son nom à la victoire de Marius contre les Teutons en 102 avant J.-C., précisément dans la vallée de l'Arc, au pied de la montagne. Victoire de la romanité contre la barbarie ! Christianisée, la Provence verra alors la montagne être baptisée en « Sainte-Victoire ». On ne saurait oublier qu'en 1903, dans une lettre à Vollard, Cezanne se comparera au chef des Hébreux, inquiet de rejoindre la Terre promise alors qu'il a reçu sur le Sinaï les tables de la Loi. Et d'aucuns montreront combien Cezanne, attaché à cette lecture historique, demandera à la montagne de manifester la victoire de tout ordre contre tout désordre. « *Faire du Poussin sur nature* » devient alors un programme, Poussin incarnant le peintre au fondement du paysage classique et Cezanne, nouveau Frenhofer, de se désigner comme « *le primitif d'un art nouveau* » !

Dans cette logique, le choix que fait Cezanne de peindre Sainte-Victoire est loin d'être neutre. Déjà en 1878, dans une lettre à Zola, il traduit son enthousiasme : « *En passant par le chemin de fer près la campagne d'Alexis, un motif étourdissant se développe du côté du levant : Ste-Victoire et les rochers qui dominent Beaurecueil. J'ai dit :* "quel beau motif". » Commence alors la confrontation du peintre et de la montagne : je l'avise, et elle m'avise, aurait pu dire Cezanne qui choisit un point de vue depuis la colline de La Constance, de 1882 à 1890 (mais alors la montagne est lointaine), un point de vue sur la route vers Château Noir, entre 1896 et 1904 (mais alors la montagne, quoique déjà plus proche, est rendue inaccessible), un point de vue au-dessus de l'atelier des Lauves, vers 1902-1906 (la montagne est en face du peintre dans un face-à-face absolu).

© ARTOTHEK/LA COLLECTION.

LE MAÎTRE D'AIX
Ci-contre : *Portrait de l'artiste,* par Paul Cezanne, vers 1875 (Paris, musée d'Orsay). Il faut attendre la rétrospective que lui consacre le jeune marchand d'art Ambroise Vollard en 1895 pour que Cezanne, qui a cinquante-six ans, soit lancé. On fait alors le pèlerinage à Aix pour s'entretenir avec le maître, réputé misanthrope.

SAINTE-VICTOIRE, LE *LIEU* DE LA PEINTURE ?

Une phrase de Cezanne lui-même s'impose à nous aussitôt : *« Pour finir, je vous dirai que je m'occupe toujours de peinture et qu'il y aurait des trésors à emporter de ce pays-ci, qui n'a pas trouvé encore un interprète à la hauteur des richesses qu'il déploie. »*

Est-il aveu plus fort, de la part d'un peintre, pour reconnaître son enracinement dans un pays spécifique, non pas seulement pour la raison que ce lieu est son pays natal, mais encore parce que le pays en question, par sa structure, sa couleur, sa matière, détient le secret même de la nature et donc, partant du principe que la peinture imite la nature, de son art ? L'artiste n'a aucune subjectivité à exprimer, mais il doit se soumettre à la réalité du paysage : *« On n'est ni trop scrupuleux, ni trop sincère, ni trop soumis à la nature »,* non comme une carte postale, mais comme une présence qui se « déploie », c'est-à-dire surgit, s'offre et se donne. Cezanne, pour sa part, reste viscéralement attaché à la nature : *« J'étudie toujours sur nature, et il me semble que je fais de lents progrès »,* écrira-t-il un mois avant sa mort.

LA LEÇON DE SAINTE-VICTOIRE

Il devient urgent alors de suivre Cezanne sur les chemins de Provence, de l'accompagner, de marcher vers la montagne Sainte-Victoire, et mystérieusement de le surprendre. Bien d'autres ont entrepris ce pèlerinage avant nous, qu'ils s'appellent Léo Marchutz, John Rewald, Maurice Merleau-Ponty, Liliane Brion-Guerry, Jacqueline de Romilly, Pavel Machotka, Philip Conisbee pour ne parler que de prédécesseurs déjà disparus (et en oubliant ceux qui furent compagnons de route un temps de Cezanne lui-même).

Un poète, Peter Handke, s'impose prioritairement à nous pour un livre (paru en 1980) au titre emblématique, *La Leçon de Sainte-Victoire (Die Lehre der Sainte-Victoire).*

Frappé par un tableau de Sainte-Victoire de Cezanne vu à Paris en 1978, le poète vient à Aix-en-Provence et, laissant la ville derrière lui, emprunte la route du Tholonet pour marcher vers la montagne. *« Oui, c'est au peintre Paul Cezanne que je dois de m'être trouvé entouré de couleurs en ce lieu dégagé entre Aix-en-Provence et Le Tholonet et que la route asphaltée me soit apparue comme une substance colorée. »* Le regard fixé sur la fracture dont il a décelé la présence dans le tableau de Cezanne, Peter Handke n'a de cesse de devenir *« invisible », « d'être absorbé par ce qu'il voit dans l'effort du corps en marche vers la montagne »...*

Il s'engage donc sur cette route même qu'empruntait le peintre pour se rendre à Château Noir, une route classée par Malraux en 1959 sous le nom de « route Cezanne ». Deux tableaux portent le même titre, *La Montagne Sainte-Victoire au-dessus de la route du Tholonet,* de 1896-1898 et 1904 (le premier est à Saint-Pétersbourg, le second est à Cleveland), parce que peints au détour du même virage en direction du village. Dans les deux cas, la route longe un talus plus brûlant qu'une

© GRANDPALAISRMN (MUSÉE DE L'ORANGERIE)/HERVÉ LEWANDOWSKI

DANS LES PAS DE CEZANNE
Page de gauche : *La Montagne Sainte-Victoire et Château Noir,* par Paul Cezanne, vers 1904-1906 (Tokyo, Artizon Museum). Ci-contre : *Dans le parc de Château Noir,* par Paul Cezanne, vers 1898-1900 (Paris, musée de l'Orangerie). Dans un écrin de végétation, l'imposante bâtisse XIXe inachevée de Château Noir surplombe toujours la « route Cezanne », classée par Malraux en 1959, qui conduit d'Aix-en-Provence au Tholonet et que le peintre arpenta tant.

CHEVALET AU DOS

Ci-contre : Cezanne partant travailler sur le motif, souvent en compagnie de son ami Camille Pissarro, dans les années 1870, lorsqu'il séjourne à Auvers-sur-Oise ou à Pontoise. Dès 1866, Cezanne écrivait à Zola : *« Mais vois-tu, les tableaux faits à l'intérieur, dans l'atelier, ne vaudront jamais les choses faites en plein air. En représentant des scènes du dehors, les oppositions des figures sur les terrains sont étonnantes, et le paysage est magnifique. Je vois des choses superbes et il faut que je me résolve à ne faire que des choses en plein air. »*

lave, descend vers un petit pont, passe sous un arbre, et tourne. La montagne, pourtant éblouissante, comme projetée vers nous, reste interdite. Certes on peut s'en approcher encore en empruntant un chemin qui nous conduit au site de Château Noir. Il dépasse déjà la Maison Maria qui est là, sur le tableau, comme une certitude avec son mur si solide qui nous tient à distance. Le chemin s'éloigne, coupé par l'ombre menaçante d'un arbrisseau. Il vient buter sur un autre mur. Nous le savons être celui de Château Noir, derrière lequel se devine la ligne ascendante de la montagne Sainte-Victoire, présente mais invisible ! Peter Handke s'arrête alors sur un tableau correspondant à l'un de ces chemins qui, pour atteindre la montagne, nous fait accéder au plateau de Bibémus : *Dans le parc de Château Noir.* Le poète le décrit ainsi : *« les pins et les blocs de rochers m'étaient apparus en caractères d'écriture entremêlés, aussi nets qu'indéfinissables ».* Et c'est alors qu'il fait un aveu majeur : *« Cezanne, prié un jour de décrire ce qu'il entendait par "motif", rapprocha "très lentement" les doigts écartés des deux mains, les plia et les croisa. »* Sans l'expliciter, Peter Handke reprend une confidence de Cezanne à Joachim Gasquet alors qu'il faisait pour lui le geste de rapprocher les dix doigts, de les joindre, de les crisper et faire pénétrer ses mains l'une dans l'autre : *« Tout ce que nous voyons, n'est-ce pas, se disperse, s'en va. La nature est toujours la même, mais rien ne demeure d'elle, de ce qui nous apparaît. Notre art doit, lui, donner le frisson de sa durée avec les éléments, l'apparence de tous ses changements. Il doit nous la faire goûter éternelle. Qu'est-ce qu'il y a sous elle ? Rien peut-être. Peut-être tout. Tout, comprenez-vous ? Alors je joins ses mains errantes… »*

UNE CONCLUSION COMME UN ENVOI

Conclure cette promenade ? Nous reste à laisser la parole à Cezanne qui, à quelques jours de mourir, écrit ces mots : *« Arriverai-je au but tant cherché, et si longtemps poursuivi ? (…) J'étudie toujours sur nature, et il me semble que je fais de lents progrès. (…) je me suis juré de mourir en peignant ».*

Le 15 octobre 1906, travaillant sur le motif, le peintre est saisi par un orage. La nature a raison de lui, apparemment. On le ramène comateux chez lui. Il meurt dans la nuit du 22 au 23 octobre. Résiste une œuvre qui depuis plus d'un siècle nous interroge au pied de Sainte-Victoire. *Sainte-Victoire* de Cezanne est à Bâle, Londres, Zurich, Moscou, Saint-Pétersbourg, New York, Philadelphie, Tokyo. Mais nous, résidents au pays d'Aix, nous avons, selon un mot de Picasso, « l'original », comme un patrimoine géologique naturel, comme une histoire séculaire, comme une œuvre d'art fragile qu'un incendie peut ravager.

Je connais Sainte-Victoire du plus lointain de mon enfance. Dois-je l'avouer ? Mes premiers souvenirs ne renvoient pas à Cezanne. J'ai gravi le sommet (la Croix de Provence) par des chemins escarpés de la façade sud. J'ai dormi sous les étoiles au lieu-dit Saint-Ser au-dessus de Puyloubier, Pagnol en poche. Voilà qu'un jour d'août 1989, la montagne a brûlé. Je revenais de Forcalquier où je m'étais retiré quelques jours pour achever ce qui deviendrait mon premier livre sur Cezanne. La nuit était venue. Des buissons scintillaient de braises sur la falaise et des flammes montaient encore derrière la montagne comme si la

roche s'était enflammée. Spectacle d'une rare féerie. Combien de temps suis-je resté tétanisé par ce spectacle sur le bord de la route, associant l'incendie au manuscrit que je tenais en main. Je griffonnais ces mots : *« Au récif de mes jours, la montagne a flambé, sans plus attendre le souci de ma plainte ! Vent de pourpre et de noir sur fond bleu de mistral. La fenaison des feux a ravagé mes flancs. »*

A cette minute Sainte-Victoire devenait mienne. La presse du lendemain se faisait accusatrice, parlant d'offense faite à Cezanne, au lieu le plus emblématique de son œuvre, un lieu recouvert de cendre… Il ne restait au jeune conservateur de musée que j'étais qu'à construire une exposition dans le feu de l'émotion. Ce fut « Sainte-Victoire-Cezanne-1990 ». Une aventure qui permit de réconcilier John Rewald et Aix-en-Provence, de relancer une association nommée « Société Paul Cezanne » avec Philippe Cezanne, de rénover le musée Granet pour que l'établissement puisse s'associer avec la National Gallery de Washington en vue d'une exposition devenue légendaire, « Cezanne en Provence » en 2006.

Cette année-là, je devais monter à nouveau au sommet de la montagne, à plusieurs reprises dont une fois avec Philip Conisbee avec lequel j'avais réalisé l'exposition, une autre fois avec Philippe Cezanne, le 22 octobre, non sans avoir déposé une pomme sur la tombe du peintre au cimetière d'Aix au jour précis du centième anniversaire de sa mort.

Il est un lieu au-dessus de l'atelier des Lauves où la Ville d'Aix a fait aménager une terrasse (la Terrasse des peintres) à l'endroit précis où Cezanne a réalisé ses dernières *Sainte-Victoire.* Des reproductions en céramique à l'échelle 1 permettent de visualiser les tableaux. Mais loin d'avoir été positionnées pour permettre une comparaison entre le motif (l'original) et les œuvres de l'artiste, les reproductions ont été disposées en arc de cercle. La montagne tient lieu de chef d'orchestre, et les panneaux de céramique d'instrumentistes. Chacun indique une direction différente pour affirmer que, dorénavant, il y a *Sainte-Victoire* de Bâle, *Sainte-Victoire* de Philadelphie, *Sainte-Victoire* de Moscou, *Sainte-Victoire* de Zurich, etc.

Cezanne n'est plus seulement au lieu de Sainte-Victoire, mais plus aucun regard ne peut être porté sur la montagne qui ne soit cezannien…

Conservateur honoraire du patrimoine, chargé du musée Granet d'Aix-en-Provence de 1980 à 2008, Denis Coutagne préside avec Philippe Cezanne la « Société Paul Cezanne » qui a œuvré à la réouverture, cet été, du Jas de Bouffan, la demeure familiale du peintre. Il est le commissaire de l'exposition « Cezanne au Jas de Bouffan », présentée au musée Granet jusqu'au 12 octobre 2025, où sont réunies une centaine d'œuvres, dont des tableaux majeurs du peintre, qui illustrent l'influence profonde de cette bastide sur son travail.

POINTS DE VUE Dans sa longue confrontation avec la montagne Sainte-Victoire *(page de gauche, en bas, vue depuis la « route Cezanne » ; en haut, vue depuis le barrage Zola, construit par le père d'Emile Zola),* Cezanne a varié les points de vue au fil des ans : d'abord une montagne lointaine, peinte depuis la colline de La Constance ; puis plus proche, mais inaccessible, depuis la route vers Château Noir, et enfin, dans un face-à-face absolu, depuis le lieu, au-dessus de l'atelier des Lauves, aménagé aujourd'hui en Terrasse des peintres.

ORA ET LABORA

Ceinte de champs de lavande, l'abbaye de Sénanque, fondée en 1148, abrite toujours une communauté de six moines cisterciens, vivant suivant la règle de saint Benoît. Leur journée se partage harmonieusement entre prière, *lectio divina* et travail (culture du lavandin et des oliviers, apiculture).

© LUIGI VACCARELLA/SIME/PHOTONONSTOP.

Le silence de la terre

Par François-Joseph Ambroselli

Au cœur de la Provence, au fond de vallées isolées, les moines cisterciens du Moyen Âge érigèrent des « bibles de pierre », pour y appliquer un idéal spirituel d'une grande rigueur.

“A la recherche de vastes

« Mais si c'est être parfait que d'aspirer sans cesse à le devenir, c'est s'éloigner de la perfection que de cesser d'y tendre. (...) ne vouloir plus avancer, c'est effectivement reculer. » C'est par ces mots écrits en 1136 que l'abbé Bernard de Clairvaux, futur saint Bernard, avait proclamé avec feu l'idéal cistercien : se rapprocher sans cesse de Dieu par le labeur, la lecture et la prière. Ce nouvel ordre avait été fondé par le moine bénédictin Robert de Molesme qui, à la fin du XIe siècle, avait entendu revenir à la forme primitive de la règle écrite entre 530 et 540 par saint Benoît de Nursie, bafouée à ses yeux par certains moines de Cluny qui avaient délaissé la charrue pour la plume et avaient accumulé, pour leurs abbayes, des richesses. En 1098, avec quelques courageux compagnons, l'ascète avait fondé, dans le duché de Bourgogne, l'abbaye de Cîteaux, sur un terrain marécageux parsemé de roseaux nommés *cistels* en ancien français. Ces plantes pugnaces s'extirpant de la vase allaient inspirer le nom de la nouvelle communauté, et incarner sa vocation profonde : se défaire des vanités de ce bas monde, renoncer *« à tout ce qui est brillant et précieux »*, selon les mots de saint Bernard, pour s'élever vers le ciel.

Lorsqu'un candidat se présentait, le moine portier l'interrogeait en ces termes : *« Que demandes-tu ? »*, ce à quoi le postulant devait répondre avec foi : *« La miséricorde de Dieu. »* Un an après, jour pour jour, il prononçait ses vœux de pauvreté, de chasteté, d'obéissance et de stabilité, recevait la robe longue en laine blanche avec capuchon, et la tonsure, signe de renonciation au monde. Ses journées commençaient avant l'aube, étaient rythmées par le travail aux champs, à l'atelier, au *scriptorium*, à l'hôtellerie ou à l'infirmerie. Huit offices liturgiques se succédaient jusqu'au coucher du soleil et faisaient résonner, sous des voûtes fraîches toute l'année, de douces psalmodies. De laudes à complies, les religieux vivaient en commun, mangeaient en silence en écoutant l'Ecriture sainte, et dormaient dans un dortoir, chaussés et habillés, pour être prêts en cas de retour du Christ. La règle explorait les moindres recoins de la vie quotidienne, invitait le moine à tendre en permanence *« l'oreille de son cœur »*, et codifiait chaque geste, jusque dans la manière de se rendre aux latrines : le capuchon baissé et les mains croisées sur la poitrine.

Par son éloquence enflammée, sa foi communicative, son zèle infatigable, saint Bernard fut le principal artisan de la fulgurante expansion cistercienne : à sa mort, en 1153, l'ordre compterait environ trois cent cinquante monastères d'hommes. Ce développement remarquable devait aussi beaucoup à sa dimension conquérante : chaque abbaye, une fois qu'elle regorgeait de moines, envoyait, sous la conduite d'un abbé, douze des siens à la recherche de *« vastes solitudes »*, selon les mots du saint, pour vivre ailleurs leur vocation. La nouvelle abbaye devenait ainsi la « fille » de la première, qui était alors responsable de son développement et gratifiée du titre de « mère ».

Ce renouveau spirituel eut tôt fait d'atteindre la Provence et ses collines parcourues de chênes pubescents et de pins d'Alep. Elle avait été délivrée des Maures en 972 par le comte d'Avignon, Guilhem, qui avait mis fin à leurs raids sanglants : il fallait dorénavant prendre possession de son âme. Cette terre sauvage présentait toutes les qualités recherchées par des moines épris de silence : des vallons sombres, éloignés de toute civilisation, cachés du regard des brigands par un rideau de forêt, et traversés par des torrents imprévisibles qu'il fallait dompter. Si les Anciens avaient placé leurs temples sur des monts élevés, les moines cisterciens choisissaient de rejoindre Dieu dans le secret d'une vie laborieuse.

Le Thoronet, celle que l'on ne quitte jamais

En 1136, des moines de l'abbaye ardéchoise de Mazan mirent le cap vers le sud-est et fondèrent, dans le Haut-Var, l'abbaye Sainte-Marie-de-Florièyes, le long de l'ancienne voie romaine, la via Iulia Augusta. Mais après une vingtaine d'années de lutte, ils délaissèrent ce lieu inhospitalier – et pas assez isolé – pour s'installer, vers 1157, vingt-cinq kilomètres plus au sud, au creux d'une vallée enserrée par la forêt de la Darboussière : Le Thoronet.

Sobriété heureuse

C'est au creux d'une vallée enserrée par la forêt touffue de la Darboussière que fut posée, en 1160, la première pierre de l'abbaye du Thoronet *(page de droite)*, par des moines venant à l'origine de l'abbaye mère de Mazan, en Ardèche. Soixante-dix ans furent nécessaires à la construction de ce monastère où règnent, suivant la volonté de saint Bernard, le dépouillement et la sobriété des lignes, propices au repos des yeux et à l'élévation de l'âme *(en haut, l'église abbatiale)*.

solitudes. »

Là, dans cette cuve remplie d'arbres touffus, proche de deux sources et d'un ruisseau, ces hommes de Dieu allaient mettre en pratique l'idéal spirituel le plus haut de leur temps. Mais il fallut d'abord donner à leurs cœurs brûlants un écrin digne de ce nom. Après de longs mois de défrichages, de débroussaillages et de réflexion, la première pierre de l'abbaye fut posée en 1160. Commença alors un chantier qui allait durer soixante-dix ans.

Ces moines bâtisseurs n'avaient que le compas, l'équerre et le fil à plomb à leur disposition. Bien qu'ils aient amené avec eux une armée de carriers, de tailleurs de pierre, de charpentiers et de maçons, leurs moyens de terrassement, de transport et de levage étaient rudimentaires. Leur force résidait dans leur nombre et dans leur volonté. Ces « architectes » avant l'heure suivaient également un protocole strict, issu de savoirs anciens et empreint d'une symbolique aussi poétique que religieuse.

Le maître d'œuvre plantait un pieu à l'endroit où il souhaitait que soit érigée la future église, puis traçait autour un cercle qui délimitait la surface du chœur. Evoquant le royaume des cieux, ce cercle s'inscrivait dans un carré qui symbolisait, quant à lui, le monde terrestre et dont les côtés respectifs s'ouvraient sur les bras du transept, la nef et l'abside. Une fois les alignements tirés et les repères placés, l'ensemble devait former une croix qui dessinait les contours du bâtiment, et dont le sommet pointait vers le levant. Conformément à la tradition cistercienne, celle du Thoronet fut érigée sans aucune décoration superflue à même de détourner l'esprit de Dieu. Bernard de Clairvaux s'emportait en effet contre le luxe ostentatoire des ouvrages religieux, contre *« ces monstres ridicules, ces horribles beautés et ces belles horreurs »* qui encombraient les cloîtres. Mais cette frugalité ornementale suivait une logique précise : le dépouillement de l'architecture contribuait au repos des yeux et de l'âme ; la pureté des lignes devait rappeler celle des intentions qui montaient vers le ciel pendant les offices.

Cette « bible de pierre » s'offre aujourd'hui intacte à l'admiration du visiteur avec ses murs de roche nue, ses deux oculi et ses quelques baies qui laissent entrer une lumière timide dans la travée. Son acoustique exceptionnelle – chaque son résonne entre douze et quatorze secondes – fait également le bonheur des chantres de passage qui se plaisent à faire rebondir l'écho de leurs voix entre ses murs froids.

En même temps que l'église s'élevait vers le ciel, les moines construisaient leur dortoir, la bibliothèque, le chauffoir, mais surtout la salle capitulaire où ils délibéraient des affaires courantes, écoutaient chaque jour un chapitre de la règle, enduraient le sermon de l'abbé, et se confessaient en public, avant de se faire chapitrer par leur supérieur. L'un des motifs récurrents de cette pénitence au grand jour était d'arriver aux vigiles nocturnes *« après le* Gloria *du psaume 94 »*. Saint Benoît, charitable, précisait que ce psaume devait être *« chanté en traînant beaucoup et lentement »*.

© DANIÈLE SCHNEIDER/PHOTONONSTOP. © FIA. © WILFRIED LOUVET/ONLYFRANCE.FR

Un célèbre anachorète du IVe siècle, Evagre le Pontique, avait aussi décrit avec précision la faute insidieuse dans laquelle les postulants à la sainteté tombaient couramment : l'acédie, ou le découragement. Cette affection spirituelle avait été baptisée le « *démon de midi* » : « *il fait que le soleil paraît lent à se mouvoir, ou immobile, et que le jour semble avoir cinquante heures. (…) il dresse toutes ses batteries pour que le moine abandonne sa cellule* ». Ce combat contre la lassitude était si prégnant dans la vie monastique que saint Bernard comparait l'existence de ses frères à celle de « *guerriers sous la tente, cherchant à conquérir le ciel par la violence* ». Ses sermons passionnés étaient très attendus par les moines de l'abbaye de Clairvaux, qui se pressaient dans la salle capitulaire pour prendre des bains de lumière divine.

Pour se rendre dans celle du Thoronet, il faut pénétrer dans un cloître intact et arpenter ses galeries couvertes, voûtées en berceau, supportées par de lourdes arcades qui encadrent un jardin verdoyant symbolisant le paradis. Devant les trois marches qui descendent vers la seule salle où les moines avaient le droit d'enlever la « *garde* » qu'ils avaient postée devant leur bouche, un chapiteau orné d'une pomme de pin, symbolisant la recherche de la sagesse, et d'une langue bifide, évoquant le mensonge et la duplicité, rappelle au visiteur l'importance de peser chacun de ses mots, dont le flot conduirait inexorablement au péché.

Tout ici est fait à la mesure de l'homme, pour qu'il ne s'y sente ni trop grand ni trop petit. Et rien n'est laissé au hasard : le nombre d'ouvertures, de marches, de colonnes, de rangées de dalles correspond systématiquement à un chiffre saint, renvoyant notamment à la Trinité ou aux douze apôtres. Le monastère était ainsi devenu, selon les mots de saint Benoît, « *l'atelier où le moine s'exerce à l'art spirituel* » ; l'antichambre du ciel où les pierres murmurent le nom de Dieu.

Silvacane, les bras ouverts

Fondée en 1144 par des moines venus de Morimond, elle-même fille de Cîteaux, l'abbaye de Silvacane en est un autre exemple avec son église de pierre chaude campée sur un affleurement rocheux, son cloître orné de puissantes baies, et cette odeur céleste de tilleul qui chatouille les narines dès l'entrée.

Implantée au bord de la Durance, dans la commune de La Roque-d'Anthéron, elle doit son nom à la « forêt de roseaux » *(silva cannorum)* qui s'épanouissait à son emplacement avant l'arrivée des moines. Située non loin d'un gué fréquenté, l'abbaye devint, aux XIIe et XIIIe siècles, le centre économique et spirituel de la région avec ses champs irrigués et ses cinq granges gérées par les frères convers (vêtus d'une robe de bure marron, ces religieux non tonsurés étaient issus de la paysannerie et assistaient les « moines de chœur » dans les tâches manuelles : ils avaient leur réfectoire, leur dortoir et leur place attitrée dans le bas de l'église).

A l'hôtellerie, dont il ne reste aujourd'hui que le soubassement, les nombreux pèlerins étaient reçus « *comme le Christ* » et conduits immédiatement à l'église pour un temps de prière visant à déjouer « *les ruses du diable* ». Car les cisterciens devaient poursuivre la grâce à chaque instant, et ne pas « *donner d'occasion à l'esprit du mal* ». La viande des quadrupèdes était ainsi exclue de leur régime, sous le prétexte que ses vertus énergétiques ne facilitaient pas la lutte contre les passions. A l'image du premier Adam végétarien, ils se sustentaient avec des légumes, des laitages ou du pain, et ne s'accordaient qu'une hémine de vin (un quart) : le fruit de la vigne était accusé de faire « *apostasier même les sages* » et avait même été interdit avant 1150. A Silvacane, les moines prenaient leurs repas dans un vaste réfectoire remanié au début du XVe siècle, et dont l'on admire aujourd'hui l'éblouissante rosace, les trois hautes fenêtres

« L'atelier où le moine s'exerce à l'art spirituel. »

géminées de style gothique, mais aussi la chaire du lecteur et son escalier creusé dans la maçonnerie. Dans un silence complet, les religieux nourrissaient leurs âmes en écoutant des passages de l'Ecriture sainte, en même temps qu'ils apaisaient leur estomac endolori par des jeûnes fréquents.

Les lettrés avaient le privilège de travailler dans la seule pièce équipée d'une cheminée : le chauffoir. Sous ses imposantes voûtes sur croisées d'ogives, qui donnent au visiteur l'étrange impression de pénétrer dans une basse forêt, ils copiaient inlassablement des manuscrits d'astronomie, de médecine, de géométrie ou de musique, qui allaient ensuite garnir les étagères de l'*armarium*, petite bibliothèque voûtée creusée dans la première travée du cloître. N'en déplaise à saint Bernard qui disait en apprendre plus *« dans les bois que dans les livres »*, l'inventaire de la fin du XIIIe siècle recensera cent deux ouvrages *« de diverses sciences »*. Ces manuscrits ne résistèrent pas aux nombreux saccages du XIVe siècle, époque à laquelle la Provence fut ravagée par les gens de guerre, la peste noire – qui tua 30 à 50 % de la population européenne –, mais aussi les inondations, les gelées et les sécheresses. Au milieu du XVe siècle, les derniers moines, affaiblis moralement et physiquement, abandonnèrent Silvacane pour rejoindre Le Thoronet. Devenue, en 1514, l'église paroissiale du nouveau village de La Roque-d'Anthéron, l'abbaye fut pillée pendant les guerres de Religion, accaparée par les révolutionnaires (comme Le Thoronet), puis vendue à des fermiers qui transformèrent sa salle capitulaire en écurie et s'installèrent dans le cloître. Rachetée par l'Etat en 1846 et magnifiquement restaurée, elle a été exclue, au début des années 2000, de la liste des monuments nationaux : la République l'a ainsi reniée une seconde fois. Désormais à la charge de la mairie de La Roque-d'Anthéron, ce joyau du patrimoine, vaisseau de pierre qui s'échoua tant de fois sur les rivages de l'histoire, cherche des mécènes pour combler ses fissures.

SÉNANQUE, LA FOI VIVANTE

Couronnée de ses champs de lavande, l'abbaye de Sénanque est, elle, à l'abri des soucis économiques. Fondée en 1148, cette merveille de calcaire, coiffée d'une toiture en lauze et posée au creux de la vallée de la Sénancole comme une humble maison paysanne, attire chaque année quelque cent mille visiteurs qui explorent ses parties médiévales. Avec son abbatiale corsetée de hauts contreforts et sa coupole surmontée d'un clocher de pierre, elle demeure l'un des chefs-d'œuvre de l'art roman.

Le flot interminable de touristes tend à faire oublier que six moines cisterciens y vivent toujours selon les préceptes de saint Benoît.

UN AIR DE FAMILLE Surnommées « les trois sœurs provençales », les abbayes cisterciennes du Thoronet, de Silvacane *(ci-contre, l'abbatiale)* et de Sénanque témoignent du renouveau et de l'essor de la vie monastique au milieu du XIIe siècle. Page de gauche : avec ses galeries voûtées en berceau et ses arcades massives dans lesquelles s'inscrivent des baies géminées percées d'un oculus, le cloître de l'abbaye du Thoronet, cœur du monastère, frappe par son austérité. En haut : les moines apiculteurs de Sénanque.

“ Il y a ici une grâce de consolation

Relégués dans les bâtiments sud datant des XVIIIe et XIXe siècles, ils suivent leurs offices dans une chapelle aménagée dans l'ancien réfectoire (la messe dominicale est célébrée dans l'abbatiale), cultivent les collines qui encerclent l'abbaye, et accueillent, dans une hôtellerie contemporaine, les pèlerins en quête de miséricorde. Comme leurs pères, ils vivent du travail de leurs mains et produisent de l'essence de lavande et un miel crémeux qui ont un grand succès dans le magasin du monastère.

Mais cette prospérité est récente. L'abbaye échappa de peu à la barbarie. Après le décret du 13 février 1790 de la Constituante qui interdit les vœux monastiques et supprima les ordres religieux réguliers, elle fut confisquée par les autorités révolutionnaires puis vendue comme bien national en 1792. Elle dut son salut à Alex de Léouze, ancien officier de Louis XVI, qui l'acheta, l'entretint et la tira ainsi des griffes des défenseurs autoproclamés de la liberté : en 1854, elle fut réinvestie par les moines de la jeune Congrégation cistercienne de l'Immaculée Conception.

Chaque nuit, ces « chercheurs de l'absolu » quittent leurs cellules vers 4 h 30 pour l'office des vigiles, où ils veillent, comme leurs devanciers, en psalmodiant lentement, ne sachant pas *« quand le maître de la maison va venir »* (Marc, 13, 35). Au regard des anciennes coutumes de l'ordre, ils sont néanmoins bien lotis : les cisterciens du Moyen Age dormaient tous ensemble dans un dortoir sans cheminée, allongés sur de maigres paillasses jetées sur le sol. Cette « grande chambre commune », fraîche en toutes saisons, s'offre désormais à nos yeux comme la preuve par les pierres qu'il y a, chez l'homme, un courage que les siècles ont dissipé. Une trentaine de moines s'entassaient autrefois dans ce magnifique dortoir aux allures de coque de navire retournée, couvert d'une voûte en berceau brisé, et percé d'un oculus qui flamboie à la lumière du jour. Un tintement de cloche répété cent fois les arrachait à leur sommeil puis, s'étant réveillés mutuellement, ils rejoignaient l'église avec gravité et modestie par « l'escalier des matines » qui débouchait directement sur le transept ouest, et dont il ne reste aujourd'hui que la porte : au centième coup, ils devaient être postés, tels des soldats, dans cette abbatiale aux murs dépouillés, et faire monter jusqu'à la coupole, leurs prières mélodieuses pour le monde.

La grotte de la pécheresse

La tradition raconte qu'une célèbre femme aurait aussi prié avec abnégation pour la conversion des pécheurs, à toute heure de la journée, dans les ténèbres d'une grotte humide, nichée dans le flanc sud du massif de la Sainte-Baume : Marie Madeleine, l'apôtre des apôtres.

Après la résurrection du Christ, elle aurait pris la mer avec son frère Lazare, sa sœur Marthe, Maximin, Sidoine et d'autres disciples, dans un bateau sans voile ni gouvernail, que le souffle de Dieu aurait fait accoster sur les rives sableuses de Camargue, dans un endroit marécageux nommé désormais Saintes-Maries-de-la-Mer. Elle serait ensuite partie sur les routes de Provence pour répandre la Bonne Nouvelle, aurait participé à l'évangélisation d'Aix et de Marseille avant de remonter le cours de l'Huveaune pour arriver à la Sainte-Baume (qui signifie « sainte grotte » en provençal). Elle y aurait vécu comme un ermite pendant trente ans, en offrant ses larmes pour le salut du monde. Cette caverne existe toujours et attire chaque année près de cinq cent mille visiteurs : *« Il y a ici une grâce de consolation et de pardon »*, explique le frère

et de pardon. »

Patrick-Marie, prieur des dominicains en charge de la grotte, dont l'hôtellerie se situe dans la plaine, à la lisière de la forêt qui recouvre les pieds de la montagne.

Marie Madeleine est en effet connue comme étant la « grande pénitente », celle à qui le Christ a rendu sa dignité : elle console désormais ceux qui ont le cœur blessé. Son tibia et une mèche de ses cheveux roux sont présentés dans une chasse dorée, au fond de cet antre où elle pria pour le repos de ceux qui peinaient *« sous le fardeau »* (Matthieu, 11, 28).

Mais la Sainte-Baume n'attire pas que les âmes en peine. La majorité des visiteurs sont des touristes ou des randonneurs en quête « d'énergies » qui enlacent les arbres, et se promènent pieds nus pour se reconnecter à la terre : *« Un arbre est mort à force de se faire piétiner les racines »*, révèle le frère Patrick-Marie. Pour le jeune prieur, cet afflux d'énergivores est le signe d'un retour au paganisme des temps anciens : *« Ils disent que c'est un lieu puissant. Pour se justifier, ils prétendent que les chrétiens se sont installés dans tous les lieux énergétiques. Nous devenons ainsi des occupants indésirables »*, remarque-t-il avec ironie.

Près de deux mille ans après sa mort, celle qui donna sa vie pour la conversion des peuples idolâtres continue donc d'attirer à elle des foules d'incroyants : *« Tout le monde l'aime. Elle incarne quelque chose de l'idéal féminin qui transcende toutes les croyances »*, explique le père Florian Racine, recteur de la basilique Sainte-Marie-Madeleine. Situé à une vingtaine de kilomètres au nord de la grotte, à Saint-Maximin-la-Sainte-Baume, ce majestueux édifice gothique à la façade inachevée renferme un grand trésor : le crâne noirci de Marie Madeleine. La relique repose dans une crypte, sous la nef, dans un reliquaire de bronze doré qui imite son buste et sa chevelure abondante. Longtemps perdu, son corps fut en effet retrouvé en 1279 par Charles II de Provence, dans le sarcophage de son compagnon Sidoine, où il avait été caché au VIIIe siècle afin de le soustraire aux Sarrasins. Lorsqu'on en ouvrit le couvercle, une odeur mystérieuse s'en échappa : sans doute était-ce le parfum de cette femme aux cheveux longs, dont les fautes avaient été pardonnées puisqu'elle avait *« beaucoup aimé »* (Luc, 7, 47).

SAINTE GROTTE

Nichée dans le flanc sud de la Sainte-Baume *(ci-contre)*, la grotte naturelle dans laquelle Marie Madeleine aurait passé les trente dernières années de sa vie est devenue un haut lieu de pèlerinage *(page de gauche, en haut)*. Page de gauche, en bas : la relique du crâne de Marie Madeleine, dans la crypte de la basilique Sainte-Marie-Madeleine, à Saint-Maximin-la-Sainte-Baume.

Le Petit Chose

Page de droite, à gauche : le village de Sernhac, où Daudet *(ci-contre, photographié par Nadar)* situe sa première œuvre, *Audiberte.* Plus tard, s'inspirant de la légende qu'on lui raconte à propos de la chapelle Saint-Laurent, à Jonquières-Saint-Vincent *(page de droite, à droite)*, il écrira *Les Trois Messes basses.*

L'élixir du révérend père Daudet

Elle a la saveur de l'enfance, le parler chantant de ses paysans, le charme désuet du temps jadis. La Provence de Daudet est celle d'un enfant du pays qui, depuis Paris, en exalte les lumières comme les ombres. PAR MICHEL CARLY

On ne lit plus Daudet. Quel dommage ! Et pourtant, quelle langue lumineuse, quelle célébration radieuse, émouvante du Midi ! *Le Petit Chose, Tartarin,* le couard *« chasseur de lions »,* et surtout les *Lettres de mon moulin* avec leurs personnages attachants : le curé de Cucugnan, les Vieux, le père Gaucher ivre mort et l'Arlésienne qu'orchestra Bizet.

Obsolète ? Pas si sûr. L'erreur fut de classer Daudet parmi les auteurs pour enfants. Ou de le considérer comme un Parisien qui aurait saupoudré de galéjade une Provence factice. Rien de plus faux. D'ailleurs Daudet écrit dans *Le Figaro* du 16 octobre 1868, à propos des *Lettres de mon moulin* : *« J'ai du drame aussi quelquefois... »* Ombre et lumière du Sud...

LES PREMIÈRES ESSENCES

Daudet fut et restera un pur Méridional : *« Je suis né (...) dans une ville du Languedoc, où l'on trouve beaucoup de soleil, pas mal de poussière... »,* rappelle-t-il dans l'incipit du *Petit Chose.* C'est à Nîmes que l'on croise ses premiers pas.

Près de l'église Saint-Charles, boulevard Gambetta, s'ouvre une vie et commence notre voyage. Maison de prestance que ce n° 20 où le petit Alphonse ouvre les yeux, le 13 mai 1840. Peu d'amour derrière cette porte imposante : discorde entre la mère, Adeline Reynaud, douce, rêveuse, et Vincent, père colérique qui a repris le négoce paternel de teinturier et taffetassier. Le jeune Alphonse capte et respire ici des parfums d'étoffes, des froissements de tissus. Dans cette ville textile, Vincent se fait indienneur. Il dévale hélas d'échec en faillite. Débâcle financière, logements de plus en plus médiocres. A la fin, la famille habite dans la fabrique même, puis s'exile à Lyon.

Mais où le petit Daudet a-t-il puisé les premières essences de son Midi ? A l'ouest de la ville, quelques années auparavant.

Sa mère ayant décrété qu'elle mettrait ses enfants en nourrice, Alphonse a été envoyé à Fons, puis, trop chétif encore, il a pris, par l'ancienne route d'Avignon, la direction de Bezouce. Les parents déposent le bambin chez les Trinquier, un couple de braves paysans. Le petit apprendra à lire à l'école du village, mais ordre est

donné par les parents de ne jamais lui parler en provençal, en « *sale patois* ». Précaution inutile : Alphonse gobe les mots du Sud, batifole dans ces garrigues, cueille fruits sauvages et saveurs de liberté, pousse avec le père Trinquier jusqu'au village voisin…

Un village sans touristes mais pas sans Daudet

Pourquoi s'arrêter dans ce village sans touristes nommé Sernhac ? Parce que, d'abord, il est demeuré pareil à ceux qu'a découverts le garçonnet, ni dénaturé ni travesti, enroulé autour de son église. De plus, c'est ici que le Daudet de dix-neuf ans situera sa première œuvre littéraire, *Audiberte*, texte exhumé de la Bibliothèque nationale par des chercheurs locaux qui avaient repéré cette publication du *Paris-Journal* de 1859.

A Paris cette année-là – année où il commence à collaborer au *Figaro* –, Daudet rencontre Mistral qui a déjà publié *Mireille*. Révélation : ainsi ce Midi méprisé peut devenir un motif littéraire ! Daudet garde en lui ses impressions d'enfance sur les rives du Gardon. Alors, tout Sernhac entre dans le récit qu'il rédige, destinée d'une jeune fille qui délaisse son ami d'enfance pour un beau et riche propriétaire. Et qui, déçue, finit par aller mourir de chagrin près du pont du Gard. La dernière phrase du petit roman ne manque pas de lyrisme : « *Les filles de chez nous veulent toutes du soleil pour mourir.* » *Audiberte* se souvient ainsi de *Mireille* et annonce *L'Arlésienne*. Dans ce drame inspiré de l'histoire de François Mistral, le neveu de son ami, suicidé par amour pour une fiancée volage, Daudet versera même dans la tragédie : « *Ce matin-là, les gens du village se demandèrent qui pouvait crier ainsi, là-bas, du côté du mas d'Estève… C'était, dans la cour, devant la table de pierre couverte de rosée et de sang, la mère toute nue qui se lamentait, avec son enfant mort sur ses bras.* »

Avec ses coteaux chargés de vignes et d'oliviers, ses maisons anciennes comme celle d'Audiberte, sa place de l'église où dansent les jeunes filles et les beaux gosses de l'histoire, Sernhac ressemble encore à ce qu'en écrivait Daudet : « *Il a cela pour lui que sa campagne est de la vraie campagne.* » Montant vers l'église Saint-Sauveur, des restes de remparts et une porte Sarrasine vous évoquent l'ancienne petite place forte. Le village donne à voir ce qu'était le décor campagnard et rustique au temps de Daudet. Tout autour s'éparpillent mas et vieilles bâtisses comme cette ancienne auberge-relais de poste devenue hôtel de charme à l'enseigne du Domaine des Escaunes. Poussez-en le portail : s'arrêter dans ce quatre-étoiles, c'est arrêter le temps. Les pierres séculaires racontent le terroir natal de Daudet. On y mange sous les mûriers platanes d'une cour où s'arrêtèrent Catherine de Médicis et Charles IX, avant Richelieu.

Le Petit Chose sur la route des diligences…

De Nîmes, une autre route s'élance vers Beaucaire et Tarascon : la route des diligences. Belle occasion pour relire *Les Deux Auberges*, la plus émouvante des *Lettres de mon moulin*, dans laquelle le conteur dépeint le poignant face-à-face d'une auberge pleine de vie et d'animation et d'une autre délabrée, triste et comme éteinte, dans laquelle l'hôtesse raconte, avec sa « *pauvre figure de paysanne,*

LE VRAI DU FAUX Page de gauche : le château de Tarascon, édifié entre 1400 et 1435. Ci-dessus, à gauche : carte postale *Tarascon. La Villa Tartarin*, avant 1909. Cette demeure correspond en tout point à la description que Daudet donne dans son roman – *« à l'entrée de la ville, la troisième maison à gauche sur le chemin d'Avignon. Jolie petite villa tarasconnaise avec jardin devant, balcon derrière, des murs très blancs, des persiennes vertes »* –, à ceci près qu'elle appartenait à un avocat renommé, M. Barberin, et qu'elle ne fut en rien celle de *« l'intrépide Tartarin »*. La maison du « vrai » Tartarin, ou du moins de celui qui servit de modèle au mythique *« chasseur de casquettes »*, un cousin de Daudet, Antoine-Henri Reynaud, est à chercher à Montfrin. Ci-dessus, à droite : le palais des Papes à Avignon. La cité *« papale, orgiaque et sardanapalesque »* était pour Daudet prétexte à faire la noce en compagnie de Mistral. Lorsque, dans *La Mule du pape*, il décrit l'atmosphère qui régnait dans la ville au XIVe siècle, Daudet se fait lyrique : *« Qui n'a pas vu Avignon du temps des papes, n'a rien vu. »*

ridée, crevassée, couleur de terre », comment la vie s'en est allée de chez elle, *« depuis que les voisins sont venus s'établir »*, terminant le chapelet de ses malheurs.

Nombreuses ici furent les auberges à l'époque de Daudet. On entend piaffer les chevaux et grincer les pataches, ça sent le cuir et le crottin. A l'entrée de Redessan, à l'actuel n° 511, la halte se nommait encore il y a peu Domaine du Vieux Relais. Plus loin, au n° 2235, la diligence relâchait au mas d'Auphan. Mais à Jonquières-Saint-Vincent, c'est la superbe chapelle Saint-Laurent du XIIe siècle qui nous guide.

Daudet la découvre en plein hiver, début 1866. Son cousin Louis Daudet l'héberge dans son domaine, ce mas Saint-Laurent proche de la chapelle. La grille à deux battants du mas porte encore les initiales L-D de son parent. Le jeune écrivain a quitté Paris pour dénouer une pièce de théâtre inachevée. Mais c'est sans compter avec la proximité de sa Nîmes natale et de ses souvenirs de pion à Alès. A nouveau, son Midi frémit en lui, sa plume court spontanément sur de longues feuilles : Daudet commence l'écriture de son roman *Le Petit Chose*...

Le soir, il marche vers la chapelle romane qui prend pour lui des allures de légende inquiétante. Les paysans ne racontent-ils pas qu'elle est hantée par une messe des revenants dite par un prêtre impie dont le fantôme vient expier ses fautes passées ? L'image de cette chapelle l'obsède, il note dans son carnet ce sujet qui pourrait faire un excellent conte fantastique. Mais non, Daudet reste lui-même : il en fera une histoire amusante, déplacera la chapelle au sommet du mont Ventoux et nous contera le péché de gourmandise de dom Balaguère dans *Les Trois Messes basses* des *Lettres de mon moulin* !

À LA RECHERCHE DE TARTARIN

Tartarin de Tarascon : ce roman désopilant est paru d'abord en nouvelle en 1863, puis en feuilleton en 1870, tous deux dans... *Le Figaro*.

Pour retrouver les traces du *« tueur de lions »*, hâbleur et couard, excité par ses propres récits de chasses imaginaires, il faut faire un détour par Montfrin où l'on peut découvrir, au 47 de la rue Victor-Hugo, la dernière demeure d'un autre parent de Daudet : *« Dans cette maison a vécu Henri Reynaud, dit Tartarin, 1820-1895. »*

Cet Antoine-Henri Reynaud est un cousin maternel. Quand on apprend qu'il s'ennuie à Nîmes, comme le fait le héros du roman à Tarascon, qu'il collectionne les armes, qu'en tireur d'élite il extermine la volaille de la garrigue alors qu'il ne rêve que de grandes chasses dans la touffeur africaine, on comprend qu'il est le modèle vivant du personnage. Au cimetière de Montfrin, sa tombe s'élève sur un lopin vaste et aride, comme le Sahara de ses rêves...

Mais où trouver la vraie maison de Tartarin ? A Tarascon, chez M. Jean-Baptiste Cyprien Barberin, avocat renommé qui possédait une villa prestigieuse au numéro 2 de l'actuel faubourg Voltaire, chemin du Petit-Saint-Georges, face à la porte Condamine. On y retrouve tout le décor décrit par Daudet : une maison à main gauche, en entrant en ville quand on vient de la route caillouteuse d'Avignon ; le jardin débordant – le fameux « jardin du baobab » ; au fond, le cabinet avec l'armurerie féroce ; enfin, le seuil sur lequel Tartarin pose en lunettes bleues et costume algérien avant son départ héroïque pour l'Afrique.

« QUI N'A PAS VU AVIGNON DU TEMPS DES PAPES... »

Cette route caillouteuse d'Avignon nous mène vers le palais papal qui domine de sa vertu toute la ville. Cependant, il n'a guère sanctifié Daudet qui avait en ville des activités moins louables : Avignon est *« papale, orgiaque et sardanapalesque »*, scande-t-il. Mistral et lui y explorent les lieux de plaisir. Ils rencontrent ici les autres membres du Félibrige, pléiade qui se destine à redonner sa vraie gloire à la langue provençale. Avignon, pour Daudet, est prétexte à poésies, rigolades, sérénades, bamboche, libations et lupanées. Son Parnasse a les yeux coquins des belles filles qui se

MAISON BÉNIE Ci-dessus, à gauche : *La Diligence de Tarascon,* par Van Gogh, 1888 (Princeton University Art Museum). *« Te rappelles-tu dans* Tartarin *la complainte de la vieille diligence de Tarascon, cette admirable page ?* demande Vincent à son frère Theo dans sa lettre du 13 octobre 1888. *Eh bien, je viens de la peindre cette voiture rouge et verte, dans la cour de l'auberge. »* Ci-dessus, à droite : le château de Montauban, à Fontvieille, où sont nées les *Lettres de mon moulin,* même si elles ont été écrites à Paris. C'est dans ce mas flanqué d'une villa à l'italienne que Daudet venait se ressourcer au contact de ses cousins, les Ambroy, sa famille de cœur : *« Braves gens, maison bénie !... Que de fois, l'hiver, je suis venu là me reprendre à la nature, me guérir de Paris et de ses fièvres, aux saines émanations de nos petites collines provençales. »* Page de droite : le moulin Saint-Pierre ou Ribet, tout proche, dit moulin de Daudet bien qu'il n'ait jamais appartenu à l'écrivain.

laissent décoiffer. Ainsi déjà se profile la face tragique de Daudet qui mourra dégénéré par le tabès, point final d'une syphilis contractée très jeune en 1859, calvaire qui lui inspirera un pur chef-d'œuvre : *La Doulou.*

Loin de ces tumultes, *La Mule du pape* permet à son auteur de nous gratifier de deux pages exceptionnelles et d'une vision lyrique de la petite Rome : *« Qui n'a pas vu Avignon du temps des papes, n'a rien vu. Pour la gaieté, la vie, l'animation, le train des fêtes, jamais une ville pareille. (...) Ah ! l'heureux temps ! l'heureuse ville ! Des hallebardes qui ne coupaient pas ; des prisons d'Etat où l'on mettait le vin à rafraîchir. Jamais de disettes ; jamais de guerre... Voilà comment les papes du Comtat savaient gouverner leur peuple ; voilà pourquoi leur peuple les a tant regrettés !... »*

Cette *Lettre de mon moulin* demeure en tout cas un excellent prétexte littéraire pour se perdre dans le labyrinthe du pouvoir papal, plus grand édifice gothique du Moyen Age, bâti au fil du XIVe siècle. A la fois résidentiel, militaire et administratif, il permet toute circulation verticale et horizontale sans que le pontife doive croiser un seul de ses hôtes. Le conteur ne nous mène pas dans les vastes salles du palais ornées de tentures bariolées où le pape recevait ses hôtes, ni dans la ravissante chapelle Saint-Jean peinte à fresque ou celle des cérémonies solennelles, encore moins dans le bureau du pontife, décoré de scènes de chasse et de pêche. Daudet choisit un angle plus inattendu : il fait surgir cet ignoble Tistet Védène, futur moutardier papal qui s'amuse à faire grimper la mule terrorisée au sommet du clocher de la maîtrise, peut-être la tour Saint-Laurent destinée à être coiffée d'un jeu de cloches. C'est dans la célèbre cour bien connue des festivaliers que l'animal décoche au moutardier sa foudroyante ruade vengeresse.

Aucun pape d'Avignon n'a porté le prénom de Boniface choisi par Daudet. Quel pontife l'a inspiré ? Probablement Clément VII qui fera, le 20 janvier 1379, son entrée dans cet Avignon qui devait ressembler à la description que nous en donne Daudet. Le Saint-Père se ménagera des villégiatures à Sorgues, Villeneuve et Châteauneuf, sa résidence favorite. Il y embellit et entretient le château, il y vient à dos de mule et il y a fort à parier que de cette coutume sympathique est née l'histoire que nous conte Daudet.

FONTVIEILLE : LÀ OÙ TOUT COMMENCE, LÀ OÙ TOUT S'ÉCRIT

En revenant d'Avignon, la route jusqu'à Fontvieille nous convie dans le paysage le plus pur, le plus grec de toute la Provence : les Alpilles. Nous pénétrons surtout dans le terroir affectif de Daudet. Sans Fontvieille, pas de lettres ni de moulin, pas de séjours multipliés pour y retrouver sa propre moelle.

Revivre Fontvieille avec Daudet commence avenue Mistral, là où deux bâtiments se font face : la porte de l'un s'orne d'un farouche flibustier, l'autre correspond à l'hôtel Marion qu'a bien connu Daudet. On descend la *travesseto,* le long de l'hôtel, et, en bas, une plaque indique l'ancien terre-plein de l'établissement avec ses écuries où l'on attelait et dételait les chevaux de la malle-poste sur laquelle grimpait Daudet quand il filait vers le Rhône. C'est ici que naît le mythe de *La Diligence de Beaucaire, Lettre de mon moulin* qui contient la colère sourde d'un homme trompé. C'est ici que s'impatientait cet omnibus à deux services quotidiens Fontvieille-Tarascon-Beaucaire, tout en rouge et vert, tel que le peindra Van Gogh en octobre 1888. Fontvieille, il est vrai, ne se tournait pas vers Arles, mais dépendait de Tarascon et de sa gare ainsi que de Beaucaire.

Par la rue Léo Lelée, avec à gauche la montée Cornille et son puits du Lapin, on gagne le cœur du village et son église où se rend maître Cornille, *« un vieux meunier, vivant depuis soixante ans dans la farine et enragé pour son état. L'installation des minoteries l'avait rendu comme fou. Pendant huit jours, on le vit courir par le village, ameutant tout le monde autour de lui et criant de toutes ses forces qu'on voulait empoisonner la Provence avec la farine des*

minotiers. "N'allez pas là-bas, *disait-il* ; ces brigands-là, pour faire le pain, se servent de la vapeur, qui est une invention du diable, tandis que moi je travaille avec le mistral et la tramontane, qui sont la respiration du bon Dieu…" » Cet homme désabusé, privé de grain à moudre, se rend à l'église pieds nus, le bonnet troué, et s'y tient au fond avec les pauvres.

Montauban des souvenirs

Reste à découvrir le lieu le plus affectif, celui qui échappe au touriste pressé : par la Grand-Rue, on gagne à droite la montée vers le « château », ou plutôt le mas de Montauban.

Les *Lettres de mon moulin* sont nées ici, même si elles ont été écrites à Paris et environs. Daudet va y trouver une famille selon son cœur, celle qu'il n'a pas connue à Nîmes avec ses parents. Le mas appartient à la brave Mme Ambroy, encore une cousine, veuve entourée de ses quatre fils célibataires, dont Timoléon le viticulteur, devenu ami de Daudet. De 1864 à 1891, l'écrivain va revenir ici se ressourcer très souvent : *« Dans tout ce que je fais, il y a un brin de farigoule de Montauban »*, écrit-il à la veuve Ambroy.

Quand on regarde la façade du mas, on croit à un château à l'italienne : en fait il s'agit d'un décor plaqué sur le mas. Tout y rappelle Daudet : sa chambre, celle « du vent », à l'angle gauche de l'étage ; la grande salle à manger où il déjeune de quelques olives et d'un petit pain de Fontvieille ; à droite, l'entrée du mas avec son vieux puits et, dans une petite pièce voûtée, le lieu des veillées où il écoute les histoires contées par les gens du mas et du village, dont un certain Jean Seguin, éleveur de chèvres !

Chaque moulin est Daudet

S'il veut humer le vent, il monte aux moulins. Elle est encore là, cette montée, avec ses roches creusées par les roues des charrettes paysannes qui conduisaient là-haut le grain à moudre. Les moulins tournent encore à pleines ailes à cette époque, contrairement à ce qu'il affirme. Dans la montée surgit d'abord le moulin Tissot, son « cagnard », le plus proche, le plus secret, son préféré : il y grimpe avec Miracle, l'épagneul des Ambroy. Plus haut, le moulin Ramet, et enfin, au sommet, le moulin Saint-Pierre ou Ribet, celui qui, pour le monde entier, est l'officiel moulin de Daudet, celui que l'on visite et qui est le seul à posséder cette *« pièce du bas blanchie à la chaux »* qu'évoque l'écrivain. En réalité, chaque moulin de cette colline personnifie Daudet dans sa bulle de silence. En bas, les bergeries du mas de Montauban sont celles qui accueillent le troupeau dans *Installation,* les deux pages rayonnantes qui inaugurent les *Lettres de mon moulin,* cette rentrée des moutons et des chèvres des Ambroy qui s'avancent dans une gloire de poussière, rentrant de transhumance, avec les bergers, les agneaux et les chiens assoiffés.

Ici, Daudet a coïncidé avec son vrai Midi. Son ombre glisse toujours entre les pins du parc. Elle nous murmure ce qu'il répétait à son ami Auguste Marin : *« Ma Provence ! on demande si je l'aime et si je la regrette ? J'en crève ! »*

Michel Carly est l'auteur de *Cent chemins de Daudet en Provence* (Omnibus, 2006). Spécialiste de Georges Simenon, auquel il a consacré de nombreux ouvrages, il est consultant Simenon auprès des éditions Omnibus.

« PETITS SAINTS » Dans son atelier d'Aix-en-Provence, Emmanuel Fouque *(ci-dessus, à gauche)* modèle un nouveau santon. Ci-dessus, à droite : le créchiste Anthony Macciocu qui dirige avec son père L'Atelier de Fanny, à Aubagne, spécialisé dans les maisons et les accessoires de crèche. Page de gauche : Gitane des Santons Maryse Di Landro, figurant dans le « Village des santons », à Aubagne.

Un peuple d'argile

A l'approche de Noël, ils sont légion à reprendre le chemin de la crèche. Portée et renouvelée par des artisans passionnés, la tradition des santons a de beaux jours devant elle. PAR FRANÇOIS-JOSEPH AMBROSELLI

« L'*argile est aux mains du santonnier ce qu'est l'homme dans les mains de Dieu »,* écrivait Frédéric Mistral. Cela se vérifie dans les crèches des familles de France depuis plus de deux cents ans : bergers, pêcheurs, mendiants, rémouleurs, lavandières, chiffonniers, les santons de Provence forment un peuple de « gagne-petit » qui s'anime la veille de Noël. En marche vers l'étable du divin enfant, ils sont des « porteurs d'offrandes » qui viennent déposer le fruit de leur labeur devant la mangeoire.

Aussi surprenant que cela puisse paraître, la Révolution française et ses partisans précipitèrent l'avènement de la crèche familiale en Provence. En décembre 1793, alors que la « déchristianisation » battait son plein, que les presbytères étaient vendus aux plus offrants, et que les messes de minuit étaient interdites, de nombreuses familles de la région prirent l'initiative d'installer, au cœur de leur foyer, des Nativités peuplées de statuettes en bois, en cire, en terre cuite, en verre filé ou en mastic dit « mie de pain », pour résister spirituellement à la furie destructrice des défenseurs de la liberté. Dans les dernières années du XVIIIe siècle, l'usage de l'argile crue se généralisa : le *santon,* qui signifie « petit saint » en provençal, était né. Il allait connaître la gloire, au début du XIXe siècle, sous la houlette du célèbre santonnier Jean-Louis Lagnel qui eut la brillante idée de les fabriquer en série à partir de moules en plâtre.

En décembre 1803, les premiers exemplaires étaient vendus à l'angle du cours Meilhan à Marseille. Huit ans plus tard, en 1811, le maire de Marseille refusait à plusieurs marchands le droit de vendre leurs figurines à la foire : il y en avait déjà trop. La mode se répandit ensuite comme une traînée de poudre à Aix, à Toulon, à Aubagne puis dans toute la province.

Les artistes puisaient leur inspiration dans les nombreuses pastorales qui égayaient les Noëls de la région. Ces pièces de théâtre pleines d'humour et de tendresse, inspirées des crèches parlantes de la fin du XVIIIe siècle et de leurs marionnettes à l'accent chantant, mettaient en scène la naissance du petit Jésus en Provence à grand renfort de scènes cocasses. La plus connue d'entre elles fut composée en 1842 par Antoine Maurel : écrite en vers provençaux, elle raconte les aventures de bergers et de villageois qui, alertés par la trompette d'un ange nommé Boufarèu, se mettent en route vers l'étable. Après une halte arrosée à l'auberge et quelques péripéties avec des bohémiens malintentionnés, tous se prosternent finalement devant le divin *« pitchoun ».* C'est cette histoire drôle et émouvante qui inspira, en 1957, le journaliste Yvan Audouard : en une nuit, cet anticlérical forcené jeta sur le papier sa propre pastorale en français *« en souvenir de [s]on enfance »* et de sa mère qui l'avait élevé chrétiennement. Elle fut gravée sur disque et permit à la France entière d'écouter l'ange Boufarèu souffler dans sa trompette à s'en faire *« péter les veines du cou »*, de s'attendrir devant les *« larmes grosses comme des olives »* qui jaillissent des yeux de Joseph, de l'âne et du bœuf à la naissance du « petit ». Marcel Pagnol lui-même fut conquis par cette comédie tendre et mystique : *« Audouard n'a pas trahi l'esprit de la foi provençale. (…) A cause de ce petit ouvrage, il lui sera beaucoup pardonné, et je me demande si cet Arlésien si peu ascétique ne vient pas de gagner sa part de paradis. »*

Dès le XIXe siècle, les pastorales avaient donné aux santons leur identité. Elles continuent de vivre dans les crèches d'aujourd'hui.

FAIT MAIN
Ci-contre : dans les Ateliers Marcel Carbonel à Marseille, le maître mouleur « Doudou » apporte quelques retouches à un santon qui vient de sortir du moule. En bas : section du « Village des santons en Provence » d'Aubagne, où trônent les maisons de L'Atelier de Fanny.

Nous y retrouvons ainsi ce berger nommé Lou Ravi, qui lève les bras en signe de joie, ou ce couple de vieux nommés Grasset et Grassetto, qui marchent bras dessus, bras dessous, liés par l'argile et le souvenir d'une ancienne passion. On y croise aussi cet aveugle qui s'appuie sur l'épaule de son fils Simon, et qui recouvrera la vue auprès du « petit enfant », ou encore ce cabaretier aux joues rougies par le fruit de la vigne, qui apporte la morue séchée, ingrédient principal de l'aïoli.

Nommé Bartoumieu, cet aubergiste un peu trop porté sur la boisson fut la première création du célèbre santonnier Marcel Carbonel. Dans les années 1930, ce jeune taximan marseillais, inspiré par son père Victor qui vendait des crèches en liège à la foire de la ville, commence en effet à illustrer la pastorale Maurel avec des santons qui se distinguent par leur finesse et leurs couleurs vives. Très vite, les commandes affluent et il plonge dans le grand bain : élu président du syndicat des santonniers en 1947, cofondateur du Salon international des santonniers d'Arles en 1958, il organise des expositions dans le monde entier, et transporte ses « petits saints » jusqu'aux Etats-Unis et au Japon. Mort en 2003, il laisse derrière lui tout un peuple d'argile. Après son petit-fils, Philippe Renoux, qui perpétuait son héritage dans des ateliers de la rue Neuve-Sainte-Catherine, à quelques encablures du Vieux-Port, c'est Baptiste Vitali, qui préside désormais les fameux ateliers, à la tête d'une quarantaine d'employés, sans compter les renforts hivernaux, notamment les commerçants qui vont vendre les santons sur les marchés. Il en existe plus de neuf cents références avec deux cent cinquante couleurs de gouache différentes fabriquées dans les Ateliers Carbonel. Une rareté. Les santons Carbonel sont connus, entre autres, pour la finesse de leur regard : l'étape la plus difficile pour devenir décorateur de santon est précisément, chez Carbonel, l'aptitude à peindre le regard d'un trait à la fois ferme et fin.

Chaque santon est fabriqué à la main dans l'atelier : le maître mouleur, « Doudou », y est posté tous les jours sous une lampe qui reproduit la lumière naturelle. Ses gestes sont d'une précision chirurgicale : après avoir estampé l'argile par pression dans les deux parties d'un moule en plâtre, il passe le tout sous presse et enlève l'excédent de matière repoussé vers le socle. Lorsque l'argile est « prise », le santon est démoulé. Vient alors la partie la plus délicate : l'ébarbage. Muni d'un ébauchoir (un petit ciseau qui dompte la glaise), l'habile artisan retouche le sujet en prenant soin de faire disparaître les traces du moule. Une fois bien lissé, le santon doit sécher plusieurs jours ou plusieurs semaines en fonction de sa taille.

« Il faut être patient », lance Fayçal Labidi, l'ouvrier polyvalent de l'atelier. Cet homme à tout faire a la charge des deux grands fours électriques à résistance qui tapissent le fond du local. Chaque semaine, il y aligne environ deux mille cinq cents pièces tête-bêche qui cuisent sagement pendant douze heures : *« La température atteint progressivement les mille degrés, puis la porte reste fermée pendant vingt-quatre heures pour éviter que les sujets ne se fissurent à cause du choc thermique. »*

Peints à la gouache, les santons frais sont ensuite vendus dans une boutique située à deux pas de l'atelier, où ils sont alignés comme des soldats au garde-à-vous.

C'est un défi de rendre moderne un métier artisanal centenaire. Certains prônent l'abandon du lien des santons à Noël, au motif que les traditions religieuses se perdent, et que la marchande de lavande et le porteur de fagot pourraient vivre en dehors de la crèche, si on leur donnait la fonction de figurine.

Ce n'est pas l'avis du santonnier Emmanuel Fouque. Pour cet Aixois de cinquante-trois ans, les santons sont effectivement des

leur vocation originelle : *« Le monde des santons tourne autour de la naissance du Christ en Provence. C'est une tradition spirituelle qui est devenue culturelle. Cela ne s'adresse pas seulement aux catholiques pratiquants, certes, mais les santons sont tout de même créés pour êtres posés dans une crèche. »*

Gardien de *« l'âme du santon »,* Emmanuel baigne dans l'argile depuis sa tendre enfance : *« C'est une matière fabuleuse qui évolue pendant la création. Il y a des moments où il faut qu'elle soit souple, et d'autre fois où il faut qu'elle soit comme un savon pour pouvoir la travailler à l'outil. »* Ce savoir-faire, il l'a acquis auprès de son grand-père, Paul Fouque. Ce célèbre santonnier avait atteint la renommée en 1952 en créant le « Coup de Mistral », un santon figurant un berger qui lutte contre les éléments. Emmanuel a repris le flambeau et, dans la droite ligne de l'enseignement de son mentor, crée chaque année des pièces inédites. La collection 2025 propose comme nouveaux venus Tante Rose et ses porcelets ainsi que le contrebassiste.

A Aubagne, la capitale autoproclamée du santon, Anthony Macciocu, créchiste de quarante et un ans, travaille lui aussi d'arrache-pied pour défendre cette tradition ancestrale. Avec son père, Gilbert, il dirige L'Atelier de Fanny, entreprise spécialisée dans les maisons et les accessoires de crèche. A force de courage et d'audace, ils se sont peu à peu fait un nom : *« Il y a vingt-cinq ans, mon père arrivait dans les foires avec des maisons aux volets bleus et verts et tout le monde rigolait. L'année d'après, les gens le copiaient »,* explique Anthony. Désormais leur succès est tel qu'ils ont du mal à répondre à toutes les commandes.

Au lieu des masures sombres d'autrefois, le père et le fils proposent des maisons couronnées de tuiles orangées et aux fenêtres ornées de petits rideaux de dentelle. Leur catalogue se compose notamment d'un « bar à bla-bla » et sa bouteille de Ricard, d'une charcuterie corse, ou encore d'une distillerie de lavande d'où semble émaner le parfum précieux.

COUP DE GÉNIE Ci-dessus : le « Coup de Mistral », ce santon figurant un berger avançant avec difficulté face aux rafales de vent, a assuré en 1952 la renommée de son créateur, Paul Fouque. Chez les Santons Fouque, chaque année apporte son lot de nouvelles figurines : en 2025, c'est Tante Rose et ses porcelets ainsi que le contrebassiste.

Ces charmantes créations ornent une partie du « Village des santons en Provence » situé au cœur d'Aubagne. Dans une salle de deux cent trente mètres carrés, dix-sept santonniers et trois céramistes ont recréé une Provence miniature, avec ses hameaux perchés, ses collines rocheuses, ses calanques, ses garrigues, ses rivières furieuses, et son Garlaban coiffé de sa croix blanche. Ce paysage de rêve est peuplé d'environ trois mille sujets de toutes tailles, allant des « puces » de deux centimètres aux santons habillés de trente centimètres. L'on y débusque les personnages traditionnels des pastorales, comme ce meunier paresseux qui, le soir de la naissance de Jésus, fut pris d'une soudaine envie de travailler et alla porter au « divin petit » trois gros sacs de farine, ou encore ces « Boumians » au teint basané qui parcouraient jadis les routes du pays en volant les poules. L'on tombe aussi nez à nez avec l'Arlésienne et ses multiples jupons, le curé et son missel, ou encore ces porteurs de fagot qui ploient sous le bois mort.

Ces « marcheurs » ne savent néanmoins plus où aller : ils ne trouvent plus aucune étable où déposer leurs fardeaux. Les Nativités de chaque santonnier ont en effet été placées dans une pièce à part. La Mairie a tenu à faire respecter la laïcité, quitte à faire de cette foule de « petits saints » un peuple d'orphelins.

Nulle inquiétude à avoir, pourtant, pour les santons. Emmanuel Fouque leur promet un avenir radieux : *« J'ai des jeunes qui viennent apprendre le métier. C'est une tradition vivante à laquelle les gens sont de plus en plus sensibles. »* Lorsqu'on lui demande pourquoi, sa réponse fuse : *« Les santons nous racontent d'où l'on vient. »*

Les vins des papes et du soleil

De Châteauneuf-du-Pape à Gigondas, en passant par Beaumes-de-Venise, jusqu'au pied du Ventoux, la Provence des papes célèbre l'heureux mariage de l'histoire et de la viticulture.

PAR ISABELLE SCHMITZ

Sous le soleil de plomb des premiers jours d'août, chevaliers et saltimbanques, dresseurs de faucon et jongleurs arpentent ruelles et places, se livrent à des joutes et des danses, où les armures étincelantes se mêlent aux robes des gentes dames. Depuis bientôt quarante ans, la Fête de la véraison, de Bacchus à Clément VI, bat son plein et Châteauneuf-du-Pape revit l'heure de gloire où l'un des successeurs de Pierre la choisit pour lieu de villégiature. Deuxième pape d'Avignon, Jean XXII, élu en 1316, choisit ce village dominant le Rhône pour y construire sa résidence d'été, une forteresse défensive qui venait compléter les fortifications du XIe siècle. La tour massive qui monte la garde aujourd'hui, tout en haut du village, est la seule survivante des quatre qui couronnaient la résidence pontificale, assaillie par deux fois et brûlée par les protestants au XVIe siècle avant d'être dynamitée par les Allemands en 1944. La seule pièce intacte est, symbole révélateur, le cellier des papes, leur cave. C'est d'ailleurs le vin, renommé bien loin de son terroir, qui a donné son nom au village : en 1893, Châteauneuf-Calcernier fut rebaptisé Châteauneuf-du-Pape.

Le tout premier village avait été fondé bien en contrebas du château, ce dont témoigne aujourd'hui la charmante chapelle romane Saint-Théodorit. A de rares occasions, l'on peut y admirer les vestiges des fresques du XIIe siècle, une rareté, représentant les apôtres. Juste à côté a été posée une des bornes papales qui marquait, à environ cinq kilomètres de là, la limite de la principauté d'Orange et du Comtat Venaissin, ce territoire repris par le roi de France au comte de Toulouse en représailles pour son soutien aux albigeois, et donné à la papauté en 1274, bien avant qu'elle ne vienne s'installer à Avignon, en 1309. Avec les papes,

© MASSIMO RIPANI/SIME/PHOTONONSTOP.

AOC Page de gauche : le village de Châteauneuf-du-Pape que dominent les vestiges de l'imposant château, tout à la fois résidence d'été et poste de défense, que Jean XXII se fit édifier à partir de 1317. La commune est surtout renommée pour ses vins, *« les plus grands du monde »*, selon l'œnologue Robert Parker. Ci-dessus : le vignoble de Gigondas, au pied des Dentelles de Montmirail, avec, au fond, le mont Ventoux.

Châteauneuf connaît une expansion extraordinaire. La viticulture aussi, aidée par la diversité des sols qui permet la rarissime « symphonie des treize cépages », au sein de laquelle le grenache joue le rôle d'orchestre principal, tout en rondeur, adapté à toutes les partitions où alternent soleil, sécheresse et mistral : il constitue 70 % des trois mille deux cents hectares de l'appellation d'origine contrôlée. Si Châteauneuf-du-Pape fut la première AOC de France, dont le décret fut publié le 15 mai 1936, elle le doit à un juriste, le baron Le Roy, qui fonda le syndicat des producteurs de Châteauneuf, délimita soigneusement, sur cinq communes, les terroirs susceptibles de donner les meilleurs vins, en évitant les bords du Rhône, et en imposant une méthode de culture et de récolte à laquelle les trois cents vignerons de l'appellation sont tenus de se plier s'ils veulent produire dans les règles de l'art ces vins que le royal baron chantait avec lyrisme : *« Ici, Messieurs, génuflexion, s'il vous plaît… Rutilant dans sa pourpre cardinale, chaud de tout le soleil provençal, embaumé des arômes de ses garrigues, tout vibrant du chant de ses cigales, il termine en feu d'artifice les grandes appellations des collines rhodaniennes. »*

Un feu d'artifice que l'on n'obtient pas sans peine : tout doit être récolté à la main, que ce soit dans les vignes plantées en gobelet, qui laissaient passer les chevaux mais non les tracteurs aujourd'hui, ou dans les vignes palissées (d'habitude établies pour la récolte mécanique). *« Cette plantation traditionnelle, héritée des moines et ici des papes, a façonné nos paysages et représente un art de la viticulture classé au patrimoine immatériel de la France reconnu par l'Unesco »*, explique Sébastien Cuscusa, viticulteur heureux du Domaine la Consonnière et président de l'association du Site remarquable du goût de Châteauneuf, un label qui met en valeur un savoir-faire lié à un terroir. *« Quand le soleil se lève sur les Dentelles de Montmirail et que je suis à la vigne, vers cinq heures du matin, je ne donnerais pas ma place pour tout l'or du monde… mais c'est un combat. »*

Au cœur du village, l'énergique Michel Blanc, directeur de la fédération des syndicats de producteurs de châteauneuf-du-pape, évoque le musée du vin, « la Vinothèque », qui a ouvert ses portes fin 2020 et raconte l'histoire

DANS LES DENTELLES Ci-dessus : le village de Gigondas et une parcelle des quelque mille deux cents hectares de vignoble cultivés au cœur des Dentelles de Montmirail. Avec l'obtention de l'appellation Gigondas Cru des Côtes du Rhône, l'année 1971 constitue une consécration.

de l'appellation, la géologie propre au lieu, avec son alternance de sable, de calcaire, de galets roulés, les différents types de vins produits à Châteauneuf. *« Notre appellation est l'une des plus usurpées, on fait du châteauneuf-du-pape jusqu'en Chine ! »* déplore-t-il.

Le Saint-Graal de la région est-il vraiment à Châteauneuf ? Robert Parker, l'un des papes de l'œnologie, le pensait, qui en 1990 affirma : *« Les plus grands vins du monde sont ici »*, ouvrant pour Châteauneuf deux décennies viticoles exceptionnelles. Une promenade sur la route des vins, le long des collines qui moutonnent en pente douce ou se dressent brusquement, entre le Rhône et le Ventoux, pourrait bien, néanmoins, remettre en cause ce dogme, tant la qualité des vins qu'on y trouve, d'un domaine à l'autre, subjugue.

LE VIN DES COLLINES

Marcel Pagnol avait chanté l'histoire tragique de l'eau des collines, celle du vin tiré de leurs vignes est plus heureuse, de Courthézon à Gigondas, de Suzette à Beaumes-de-Venise et du Barroux aux pentes du Ventoux.

Village voisin de Châteauneuf, en contrebas, Courthézon, où se réfugia le prince d'Orange Philippe-Guillaume de Nassau après avoir été chassé de sa principauté par le gouverneur en 1604, a l'allure fière de ses trois portes, dont la porte du Prince, et de sa spectaculaire ceinture de murailles, bâtie au XIIe siècle, l'une des rares à avoir été préservée. Le village revendique l'honneur de posséder les premières traces d'agriculture en Europe. Au Domaine Saint-Laurent, une colonne néolithique témoigne de ces temps immémoriaux où l'homme se mit à travailler la terre. Au cours des périodes du miocène et du pliocène (entre huit et trois millions d'années), les alluvions du Rhône avaient formé l'une des collines truffées de galets roulés, sur laquelle, depuis cinq générations, la famille Sinard cultive une partie de ses vins. *« Le galet roulé réverbère les rayons du soleil, garde la chaleur, mais aussi la fraîcheur de la nuit et l'humidité du sol »,* explique Nicolas Sinard, ancien contrôleur de gestion revenu à la passion familiale aux côtés de son frère Laurent et de leur père, le débonnaire Robert-Henri Sinard, au langage fleuri, aussi chaleureux que le sont ses vins. *« La sécheresse,* précise le patriarche, *est plutôt une aubaine. La vigne est comme l'homme : il faut qu'elle souffre un peu pour donner le meilleur d'elle-même. »* Le meilleur d'elle-même, on le goûte quelques instants plus tard dans la cave du domaine dont les murs présentent un authentique petit musée de l'agriculture ancienne, avec les instruments dont se servaient leurs ancêtres pour vendanger : mention spéciale au Papé Plume blanc, riche en arômes, vanille, tilleul, miel…, et aux tanins soyeux de la Passion des Anges, clin d'œil poétique à cette part des anges qui s'évapore, et à ce qui reste aux mortels que nous sommes.

LE NECTAR DE BEAUMES

Avec son nom sorti d'un poème d'amour courtois, Beaumes-de-Venise fait rêver à quelque onguent venu de la Sérénissime. Il n'en est rien : *baume* signifie « grotte » en provençal, et Venise dérive de *Venaissin.* Il n'empêche : la belle provençale séduira le marcheur, l'amateur de vieilles pierres comme celui de muscat. L'histoire se manifeste à lui un peu avant l'entrée du village, par la splendide chapelle romane Notre-Dame d'Aubune, dont le campanile se dresse devant des falaises de roches grises : elle aurait été construite par Charles Martel ou Charlemagne, en ex-voto d'une victoire remportée à l'aube contre les Sarrasins. A l'intérieur, les consuls de Beaumes ont offert, quant à eux, un tableau pour remercier la Vierge et saint Roch d'avoir été épargnés de la peste en 1628. Ce dernier eut droit à sa propre chapelle, qui lui fut bâtie par les habitants de Beaumes, à la croisée des chemins, tout comme saint Sébastien et sainte Anne. Le sentier qui grimpe de Notre-Dame d'Aubune sur le plateau des Courens mène à l'un des premiers témoignages du christianisme en Provence, la chapelle Saint-Hilaire, édifiée au VIe siècle, et rebâtie grâce à l'association La Route de l'Europe chrétienne. L'on peut redescendre ensuite de l'autre côté vers le magnifique Domaine de Durban, et arriver dans le centre du village, jusqu'à la Cave des Bernardins. L'ancien vignoble des moines cisterciens fut acheté par une famille d'éleveurs de vers à soie. Romain Hall en incarne la sixième génération. En 1945, son arrière-grand-père, Louis Castaud, écrivit le cahier des charges pour l'appellation Muscat, afin de sauver ce cépage à petits grains planté par les Romains, et développé du temps des papes. Le terroir de Beaumes a ceci de particulier qu'il est l'un des plus chauds de la vallée du Rhône, protégé du mistral par les Dentelles, et que son sol est fait d'anciennes dunes de sable sous-marines. *« Notre défi est d'obtenir une acidité suffisante pour garder la fraîcheur du vin et sa légèreté »,* explique le jeune vigneron. Pour ceux qui croient encore qu'un muscat est forcément très sucré, lourd et peu subtil, l'antidote est à découvrir d'urgence au Domaine des Bernardins !

Les vins du bout du monde

Il y a quarante millions d'années, la poussée pyrénéo-provençale nord-sud, combinée avec la « faille de Nîmes », qui cisailla le sol sur huit kilomètres de profondeur, fit émerger, peu à peu, de gigantesques blocs calcaires, découpés, de loin, comme de la dentelle, et affleurer un millefeuille géologique de sols calcaires, de sables, de gypse, de trias, qui constitue une alternance unique et conditionne des vins bien différents…

Parmi eux, ceux de Gigondas. *« L'âme de Gigondas vibre dans la plaine, et son esprit dans la montagne »,* écrit Georges Truc, géologue passionné de l'histoire de ces terroirs peu communs. Historiquement, le site de Gigondas avait été occupé dans la plaine dès l'âge du bronze, sur les rives de l'Ouvèze, mais au Moyen Age, quelque temps après l'invasion sarrasine à laquelle avaient mis fin Charles Martel en 737 à Avignon puis, un peu plus tard, selon les chansons de geste, Charlemagne et Guillaume au court nez, la population grimpa sur les hauteurs pour se protéger des intrusions, et le village s'agrippa aux deux collines, s'adossa aux Dentelles, et fit face à l'adversité.

Bergère de son petit troupeau aux toits de tuiles, l'église Sainte-Catherine-d'Alexandrie, au clocher ajouré qui lui tient lieu de coiffe provençale, veille sur le village depuis le XIe siècle (elle fut rebâtie au XVIIIe), point culminant de ces ruelles escarpées, d'où l'on contemple la vallée du Rhône. Sur son flanc droit, les hospices accueillaient et soignaient gratuitement les pauvres. Par volonté des papes, chaque village du Comtat Venaissin était doté d'un tel lieu de charité vivante et anonyme, dispensée par des religieuses. Celui de Gigondas est désormais propriété du syndicat des vignerons, et a gardé la tradition de la gratuité pour proposer un atelier sensoriel de découverte des vins, de leurs arômes, et de l'incroyable formation géologique des Dentelles.

A la tête du plus important domaine viticole privé (cent trente-sept hectares qui représentent 11 % des vignobles de l'appellation) de Gigondas, fondé sur la commune par son grand-père Pierre, en 1929, l'un des premiers à mettre son vin en bouteille et à partir le vendre loin, exportant ainsi le nom de Gigondas, Pierre Amadieu évoque la pugnacité de

En famille En haut : la chapelle Notre-Dame d'Aubune, joyau de l'art roman, se dresse peu avant l'entrée de Beaumes-de-Venise. Ci-contre : depuis trois générations, la famille Amadieu *(ci-contre, de gauche à droite, Henri-Claude, Marc-Pierre, Claude, Maguelone, Jean-Marie et Pierre)* déploie son savoir-faire pour faire rayonner le vin de Gigondas.

Gigondas pour se faire reconnaître. « *Jusque dans les années 1950, c'était un terroir pauvre, reculé. Châteauneuf avait son port fluvial et sa réputation, mais nous étions au bout du monde, perchés sur nos restanques.* » Pline avait eu beau vanter, au Ier siècle, la qualité des coteaux de l'Ouvèze pour le vin, et les princes d'Orange faire venir leur vin de Gigondas, il fallut une bataille de vingt ans contre le puissant baron Le Roy, de Châteauneuf-du-Pape, pour que les viticulteurs de Gigondas obtiennent, en 1971, l'appellation Gigondas, pour les vins rouges seulement.

Dans un accent chantant et un large sourire, Pierre Amadieu se souvient des troupeaux qu'il menait, enfant, sur les chemins des Dentelles, jusqu'à la vieille ferme de Romane et à la vigne de la Machotte, les plus hauts vignobles de Gigondas, accrochés à la crête de Saint-Amand, à 732 mètres. « *En France, l'artisanat local a presque disparu, à part cette agriculture qu'on ne peut délocaliser, et qui nous donne les vins, les fromages, l'huile d'olive. La vigne marque nos paysages, nos terroirs, elle façonne notre identité.* » Un inestimable trésor que la famille Amadieu s'ingénie à protéger et à transmettre, dans les vieux foudres à bière de 1880 achetés par son ancêtre aux Chemins de fer et dans les cuves dernier cri qui peuplent ses deux magnifiques caves, l'une dans la plaine, l'autre sur les sommets. Le fruit de cette sagesse se déguste dans leurs excellents Romane Machotte, Domaine Grand Romane et Le Pas de l'Aigle, des vins à la fois charpentés et fruités, plus frais que ceux de Châteauneuf.

Nature et découvertes

Les amateurs d'escalade s'attaqueront au Saint-Amand pour passer de l'autre côté des Dentelles, les autres emprunteront la petite route qui redescend vers Beaumes-de-Venise et monteront vers Suzette. Là, au Domaine de la Ferme Saint-Martin, les attend la vue d'un paysage à couper le souffle, où l'homme a œuvré de concert avec la nature pour piqueter les collines de cyprès, les coiffer d'un hameau modeste aux tuiles roses, garnir ses pentes de festons de vignes. Travaillant lui aussi dans le sillage de son grand-père, au terme d'un an de compagnonnage dans toutes les régions viticoles de France, auprès des adeptes de la vinification naturelle, Thomas Jullien applique à la viticulture cette philosophie respectueuse, sobre et élégante. Il cultive ses vingt hectares de vigne, répartis en petites parcelles, sur les appellations de Beaumes-de-Venise et des Côtes du Ventoux, et tente de laisser s'exprimer dans ses vins la minéralité des sols, le trias, qui donne un vin des Terres Jaunes au goût poivré et épicé, les argiles, qui modèlent des vins plus profonds et volumineux, les éboulis calcaires en altitude, des vins en finesse et légèreté. « *A l'origine, il existait en Europe trois mille huit cents cépages ; après 1945, on en a replanté moins de 10 %, ce qui a considérablement réduit la palette du goût. Nous cherchons ici à sauvegarder les vieux cépages, ceux qui sont en sursis, comme le cinsault à petits grains, le piquepoul noir, inclus dans l'appellation du Ventoux.* » Autour de leurs vins nature, aptes à séduire les plus sceptiques, lui et sa femme, Sophie, organisent dans les vignes des soirées théâtre, cinéma, jazz et une curiosité : la dégustation sous hypnose, qui décuple les senteurs et les arômes.

L'alpha et l'oméga

Quelle que soit la route des Dentelles que vous empruntez, le paysage vous réserve des splendeurs qui semblent avoir été disposées là pour la palette des peintres, le chant des oiseaux et la crécelle des cigales. Les chemins serpentent parmi le vert franc des vignes au début de l'été, les notes jaunes des genêts et des tournesols, la terre rouge, les blés dorés et frémissants… Perchés sur leurs promontoires, les villages de Séguret et du Barroux vous attendent, avec leurs murailles,

© AGENCE ORKIDÉES. © LENAIN HERVÉ/HEMIS.FR

leurs églises romanes, les ruelles au milieu desquelles passe une calade, cet escalier aux marches minuscules taillées pour le sabot d'un âne, leur lavoir, les vues époustouflantes qu'ils offrent de leur point le plus haut. Sentinelle de pierre installée au sommet du village depuis le XIIe siècle, agrandie au XVIe, le château du Barroux domine la plaine.

C'est derrière le village que nous attend la dernière étape de cette route des vins. Elle nous renvoie au début de l'aventure du vin des papes : quand Clément V, ancien archevêque de Bordeaux, élu en 1305, décida de venir s'installer dans le Comtat Venaissin. Il fit du couvent bénédictin du Groseau sa première résidence d'été, et, dans ce « jardin de ses délices », il planta une vigne. Près de sept siècles plus tard, les moines bénédictins de l'abbaye du Barroux décidèrent, en s'installant non loin de là, de continuer l'histoire de ce premier vignoble pontifical, et de valoriser le terroir fantastique qu'ils se mirent à cultiver, en tentant de redorer le blason des vins du Ventoux, éclipsés par Châteauneuf et Gigondas. Ils proposèrent ainsi aux vignerons des parcelles voisines des leurs de s'associer à eux pour faire, ensemble, de grands vins. Quatre-vingts petits producteurs du Ventoux font donc partie du projet Via Caritatis, lancé en 2016, qui renoue avec la dimension civilisatrice des abbayes. *« Les moines ont fait l'Europe, mais ils ne l'ont pas fait exprès,* disait dom Gérard, notre fondateur. *De fait, trois sur huit des localités de France ont une origine monastique »,* raconte le frère responsable de l'agriculture du monastère (où l'on cultive aussi des oliviers). Interrogez ce professeur d'exégèse sur la symbolique du vin, vous ne serez pas déçu de la réponse : *« Le vin est le grand signe de l'amour de Dieu pour l'humanité. Dans la Bible, le premier acte de Noé après le Déluge, lorsque Dieu renouvelle son alliance avec l'humanité, est de planter une vigne. Israël est présenté comme la vigne de Dieu et le vin, coulant à flots des montagnes, annonce les temps messianiques. Accomplissant les prophéties, dans les collines de Cana, le Christ fait de son premier miracle un signe de joie : il transforme six cents litres d'eau en "bon vin". Avant de verser son sang, Jésus annonce qu'il ne boira plus désormais du fruit de la vigne, avant qu'il ne le boive, nouveau, avec les siens dans le royaume de Dieu, son Père. Il a choisi le vin pour signifier son sang versé par amour pour l'humanité : on est là au sommet de la symbolique du vin. »* C'est dans cet esprit que, depuis leurs collines, les moines désireux de faire couler à flots la joie de Dieu-Charité sur le monde prennent très au sérieux leur travail de vignerons, pratiquant une « haute couture vigneronne » sur ces terrasses plantées entre 350 et 600 mètres d'altitude, travaillées à la main. Une autre version de la charité ? Sur le coffret en bois de cinq bouteilles de Via Caritatis est pyrogravé l'inoubliable hymne à la charité, de saint Paul.

Ce pourrait n'être que des mots. Une évidence émane toutefois du verre dans lequel vous dégustez les trois types de vin, baptisés Vox, Pax et Lux, et déclinés en rouge, rosé et blanc : autrefois méprisés, ces vins du Ventoux ont gagné un caractère, une saveur, une longueur en bouche qui en font des vins d'exception, dont la hauteur n'est pas seulement spirituelle ! Alors président de l'Académie du vin de France, Jean-Robert Pitte, qui parraine ce projet, célébrait le *« profil franc et net »* des vins de Via Caritatis, et ce voyage du visible vers l'invisible auquel ils invitent, qui rappelle *« ce que chantent les moines depuis plus d'un millénaire :* "Ubi caritas et amor, Deus ibi est." »

IN VINO CARITAS

Parmi les splendeurs que réserve la route des Dentelles de Montmirail, on trouve, perchés sur leurs promontoires, les villages du Barroux *(en haut)* et de Séguret *(page de gauche, en haut, la fontaine des Mascarons datant du XVIIe siècle).* Page de gauche, en bas : moines bénédictins de l'abbaye du Barroux et vignerons du Ventoux se sont associés pour mener à bien le projet Via Caritatis, avec pour objectif de faire de leurs vins des ambassadeurs de la Charité.

LE PETIT TRIANON DE PROVENCE
Petit bijou du classicisme, le château de Sauvan fut édifié à partir de 1719 pour Joseph de Forbin-Janson sur les plans de l'architecte avignonnais Jean-Baptiste Franque. Il a été magnifiquement restauré et remeublé par ses propriétaires, Jean-Claude et Robert Allibert.

© MDL

D'un château l'autre

PAR GEOFFROY CAILLET

Témoins des heures de gloire de la noblesse provençale, les demeures seigneuriales d'Aix et de sa région revivent aujourd'hui grâce à des propriétaires exigeants et passionnés.

“Un mirage descendu de Versailles

A l'est d'Aix-en-Provence, le Haut-Var égrène son chapelet de collines flanquées de villages pittoresques et paisibles. Soudain il apparaît dans un repli de la route, couronnant le joli bourg de La Verdière de ses murs formidables, tout juste égayés d'innombrables fenêtres. *« Trois cent soixante-cinq ouvertures, en comptant les portes ! »* précise Frédéric Champavère avec l'autorité du connaisseur. Ce chef d'entreprise originaire du Forez les a restaurées une à une depuis qu'en 2003, il est devenu le propriétaire de ce château de cinq mille mètres carrés – le plus grand de Provence en mains privées. De la forteresse médiévale, alors propriété de la famille de Castellane, attestée en 980, ne subsiste guère que la position surplombante. Passé par mariage aux Forbin en 1613, le château fut entièrement remodelé par eux au milieu du XVIIIe siècle pour prendre sa physionomie actuelle.

Impossible de faire un pas dans une demeure seigneuriale, une chapelle ou un cimetière provençal sans rencontrer le nom de cette puissante dynastie aux multiples ramifications, dont la devise « *Regem ego comitem, me comes regem* » (« J'ai fait le roi comte, le comte m'a fait roi ») plonge ses racines dans l'antique comté de Provence. Conseiller de la maison d'Anjou puis de Louis XI, Palamède de Forbin, fils d'un armateur et consul de Marseille, avait en effet négocié la réunion du comté au domaine royal en 1482, après la mort du roi René puis de son neveu Charles V d'Anjou. En récompense, Louis XI le fit grand sénéchal, gouverneur et lieutenant général de Provence et de Forcalquier. Ses descendants et collatéraux s'illustreront comme premiers présidents au parlement de Provence, prélats ou officiers généraux.

La Verdière

Propriété des Forbin d'Oppède, le château de La Verdière revint en 1932 à une branche éloignée, les Forbin La Barben, qui finirent par le vendre en 1985. Dépouillée depuis des années par des antiquaires sans scrupules avec la complicité des propriétaires, réduite à un état de délabrement effrayant par des travaux aussi parcimonieux que catastrophiques, c'est une ruine vivante que visite Frédéric Champavère pour la première fois, un jour pluvieux de l'automne 2002. Dans le vestibule circulaire où l'on pénètre depuis un angle de la cour d'honneur, il désigne le majestueux escalier, éclairé par une verrière, qui part à l'assaut du premier étage : *« En fait d'escalier, c'était un torrent : l'eau ruisselait sur les marches ! »* se souvient-il encore, décrivant, ici, les plafonds effondrés sur trois étages ; là, l'herbe et les centaines de pigeons envahissant les salons d'apparat. Pendant cinq ans, un chantier colossal l'a occupé, qui a commandé l'achat de près d'un kilomètre d'échafaudages, indispensables pour restaurer toitures effondrées et façades cimentées par le précédent propriétaire… Avant le patient remeublement de chaque pièce.

Aujourd'hui, le résultat est bluffant. A l'étage, on rencontre d'abord un cabinet de curiosités dédié à Auguste de Forbin, peintre et directeur général du Louvre après Vivant Denon, dont l'imposant buste en plâtre veille sur des bibliothèques grillagées à incrustations de marbre, remplies de coraux, fossiles ou minéraux. Dans le salon Violine qui suit, de délicates gypseries imitant fleurs et feuillage déploient leurs arabesques aux murs et au plafond. Orgueil de La Verdière, ces décorations de plâtre moulé et sculpté typiquement provençales ont été restaurées dans les règles de l'art par l'un des derniers gypiers de France. Elles sont partout dans cette aile bâtie et décorée par Louis-Roch de Forbin d'Oppède au XVIIIe siècle : dans l'ancienne salle à manger d'un éblouissant jaune soufre, peuplée de petits amours virevoltants, dans la bibliothèque aux corniches ornées de guirlandes de fleurs ou dans le grand cabinet à chinoiseries de Madame, sur un fond bleu céleste qui fait ressembler à des porcelaines de Wedgwood leurs dizaines de tableautins.

Au gré de ses recherches, Frédéric Champavère a pu racheter certaines pièces du mobilier d'origine de La Verdière, comme ces deux tapisseries qui ont retrouvé leur emplacement sur les murs nord et sud du salon d'Hiver. Pour la chambre de parade de Madame, il a déniché un somptueux lit à la turque et l'a fait retapisser d'un tissu de soie à motifs du XVIIIe siècle. Dans la chapelle, où une tribune seigneuriale permet d'assister à la messe de l'église paroissiale accolée au château, il a fait poser une tenture brodée fleurdelisée du XIXe siècle, qui s'accorde à merveille avec les lambris muraux en noyer. La concession la plus contemporaine concerne

dans le Luberon."

les robes de son ami le couturier Franck Sorbier, dont il a habillé des mannequins parsemés dans le château.

Frédéric Champavère est un récidiviste : déjà propriétaire du château de Cornillon, dans la Loire, il cherchait, de son propre aveu, « *un château à restaurer au soleil* ». La Verdière est-elle sa danseuse ? « *Mon ballet, plutôt !* » réplique-t-il en riant depuis l'immense terrasse orientée au sud, d'où l'on découvre une vue panoramique époustouflante sur la Basse-Provence. Reste à trouver un successeur pour garder le rythme, car Frédéric Champavère a finalement décidé de mettre en vente La Verdière. Espérons que son futur acquéreur continue de l'ouvrir à la visite chaque année au mois d'août pour faire connaître un patrimoine et une résurrection exceptionnels.

Sauvan

Cinquante kilomètres au nord, dans les Alpes-de-Haute-Provence, on quitte la paisible route départementale peu avant le village de Mane et la petite ville de Forcalquier pour emprunter une longue allée bordée de platanes. A mesure qu'on la descend, une belle façade de pierre blonde aux travées régulières s'encadre à son extrémité et le château de Sauvan surgit dans la plaine en son classicisme tranquille, comme un mirage descendu de Versailles dans le Luberon. Ne l'appelle-t-on pas le « Petit Trianon de Provence » ?

Au sommet de l'élégante grille en fer forgé qui y donne accès, le blason des Forbin, où saillent trois têtes de léopard, arrondit sa panse. Chef de la branche de Janson (et grand-père maternel du Louis-Roch de Forbin d'Oppède, qui fut l'âme de La Verdière), Joseph de Forbin-Janson avait servi comme maréchal de camp dans les armées de Louis XIV. Veuf, il se retira dans sa terre de Mane et commanda en 1719 à l'architecte avignonnais Jean-Baptiste Franque la construction de Sauvan, qu'il finança avec son frère Michel, chevalier de Malte. L'inachèvement de la façade ouest, dont le fronton, les consoles du balcon et certaines clés de fenêtre sont restés vierges de tout décor sculpté, semble indiquer que les héritiers de ces deux Forbin, morts une décennie plus tard, délaissèrent Sauvan pour leurs autres propriétés. Le château fut de fait vendu en 1810 à l'abbé Sollier, vicaire général du diocèse d'Avignon, dans la famille duquel il demeura jusqu'en 1981.

PHOTOS : © MDJ.

RENAISSANCE Page de gauche, en haut : le château de La Verdière. Frédéric Champavère a redonné tout son éclat au plus grand château privé de Provence, qui appartint à la puissante famille des Forbin, parmi lesquels on compte le corsaire et mémorialiste Claude de Forbin *(page de gauche, en bas)*. Ci-contre : le château de Sauvan.

« ROCHER MISTRAL » Racheté par Vianney d'Alançon *(ci-contre)*, le château de La Barben *(ci-dessus)* a fait l'objet d'une restauration d'envergure pour accueillir le Rocher Mistral, un parc de loisirs consacré à l'histoire de la Provence et de la famille de Forbin.

Cette année-là, Jean-Claude et Robert Allibert, qui en sont tombés amoureux au premier coup d'œil, l'échangent contre leur propriété de Forcalquier et, vingt ans avant La Verdière, se lancent dans d'immenses travaux pour ressusciter cet autre château Forbin. Fenêtres murées rendues à la lumière, huisseries et parquets changés, pièce d'eau remise en état, parterres reconstitués, parc peuplé de statues, de paons et de cygnes… Sauvan reprend vie, corps et âme grâce à la passion de ces deux antiquaires, comme on le constate dès l'immense vestibule où trône, sur une console, un magnifique buste de marbre représentant Marie-Antoinette, retrouvé enfoui sous les frondaisons. La coïncidence n'est pas mince quand on sait que Sophie de Forbin-Janson avait trempé dans le complot de l'œillet, destiné à faire évader la reine de la Conciergerie, en s'offrant pour prendre sa place. La souveraine déchue avait refusé, mais Sauvan bruisse encore de la légende des deux mille pièces d'or, vestiges du pactole nécessaire au complot, que la courageuse châtelaine aurait enfouies à son retour ici…

On admire, au rez-de-chaussée, un charmant salon de musique, un grand salon qui a retrouvé le bleu d'origine de ses murs ou l'altière salle à manger, où est exposée une splendide collection de faïences provençales des XVIIe et XVIIIe siècles, qu'illumine un lustre en bronze et cristal. Du vestibule, on accède à l'étage par un escalier de pierre auquel les propriétaires ont restitué une ravissante rampe en fer forgé. Ici et là, Jean-Claude et Robert Allibert font remarquer les marches ébréchées : *« Sa dernière propriétaire était une originale qui avait l'habitude de le gravir à cheval ! »* s'amusent-ils. Sur le palier, une galerie aménagée au XIXe siècle traverse le château sur toute sa longueur de quarante-cinq mètres, desservant une série de chambres entièrement remeublées. Ici, un petit buste de Mirabeau fait allusion à une visite de l'illustre tribun à Sauvan. Là, un portrait du cardinal Toussaint de Forbin-Janson, grand aumônier de France sous Louis XIV, qui fit son légataire universel de son neveu Joseph, le bâtisseur du château.

La ténacité de Jean-Claude et Robert Allibert a payé : monument historique depuis 1957, Sauvan a vu son parc et ses dépendances obtenir le même classement en 2003, avant de recevoir en 2005 le label « Jardin remarquable ». Leur dernière idée, peut-être la plus ambitieuse de toutes, consistait à remettre en état les quatre hectares de jardins à la française projetés par l'architecte parisien Alexis Delamair et jamais entièrement réalisés. Mais, à plus de quatre-vingts ans, les deux propriétaires avouent une certaine lassitude. Les efforts qu'ils fournissent pour faire vivre Sauvan – ouverture au public la plus grande partie de l'année, location de deux gîtes et d'une grande salle aménagée dans l'orangerie pour des réceptions – sont insuffisants pour pallier l'absence de toute aide publique. Même leur proposition de léguer leur château au Conseil départemental des Alpes-de-Haute-Provence est restée lettre morte, si bien qu'ils se sont résolus aujourd'hui à mettre Sauvan en vente pour cinq millions neuf cent mille euros. La mémoire des Forbin serait-elle peu *bankable* ?

LA BARBEN

Ce n'est pas l'avis de Vianney d'Alançon, propriétaire du château de La Barben. Vingt-cinq kilomètres à l'ouest d'Aix, un éperon rocheux où pointent des tours crénelées domine un paysage grandiose, où la roche le dispute à des nappes de chênes verdoyants. Le portail s'ouvre et un escalier monumental permet d'accéder, deux étages plus haut, à une vaste terrasse dominée par une riante façade du XVIIe siècle. C'est là que ce trentenaire sympathique, l'esprit d'entreprise chevillé au corps, raconte l'histoire de l'un des plus anciens châteaux attestés en Provence, qui appartint aux Pontevès, puis au roi René d'Anjou, lequel le vendit en 1474 à

“Une demeure à l’âme intacte.”

Jean II de Forbin, propre frère de l’artisan de la réunion du comté de Provence à la France. Il demeura cinq siècles dans la famille, jusqu’à ce qu’Antoine de Forbin La Barben – celui-là qui céda La Verdière en 1985 – s’en sépare en 1963. C’est aux descendants de ce dernier acquéreur que Vianney d’Alançon l’a acheté en décembre 2019.

De la chapelle, ornée d’une Nativité du peintre aixois Jean Daret, au grand salon, avec ses portraits signés Rigaud ou Largillière, en passant par le cabinet des grisailles et les tableaux de Marius Granet, grand ami des Forbin, qui tapissent les murs et ont été pour certains peints à La Barben, c’est une demeure à l’âme intacte qu’a acquise Vianney d’Alançon. Dans un cabinet, deux grandes malles renferment les archives des Forbin, dont il a obtenu la cession avec le château et une partie de son mobilier. Passionné d’histoire, il évoque à plaisir la révolte fiscale des Cascaveous en 1630, les aventures du fougueux Claude de Forbin, corsaire de Louis XIV et auteur de piquants Mémoires, les amours d’Auguste de Forbin et de Pauline Borghèse, sœur de Napoléon, qu’aurait abritées La Barben.

Restauré pendant trois ans, le château est désormais le cœur du « Rocher Mistral ». Du mois d’avril à la Toussaint, ce parc de loisirs ouvert en 2021 propose aux visiteurs une douzaine de spectacles historiques joués par des comédiens professionnels et bénévoles : la moitié, « immersifs », se déroulent dans le château lui-même ; les autres, diurnes ou nocturnes, dans le parc de quatre cents hectares. Tous font défiler l’histoire de la Provence et des Forbin. Ne parlez pas de parc d’attractions à Vianney d’Alançon. Car le site historique exceptionnel que représente La Barben inverse ici la perspective. Comme à la forteresse auvergnate de Saint-Vidal, ouverte par d’Alançon en 2018, l’attraction demeure le château lui-même, serti dans des jardins à la française qui contribuent à la magie du lieu.

Ansouis

Quittant les Bouches-du-Rhône pour le Vaucluse, c’est cette magie qu’on retrouve, trente kilomètres au nord-est, à Ansouis. Juché lui aussi au sommet de ce pittoresque village du Luberon qui domine la plaine de la Durance, le château ne se livre qu’après une lente ascension à partir d’une allée de majestueux cyprès. Une fois en haut, on admire en contrebas un splendide parterre à la française avant d’être accueilli, devant la longue façade du XVIIe siècle, par Gérard et Frédérique Rousset-Rouvière, le couple d’Aixois gardien de ce trésor, acquis de la famille de Sabran-Pontevès. Aujourd’hui encore, ils n’en reviennent pas de l’avoir emporté inopinément un jour de janvier 2008 face à Pierre Cardin, déjà propriétaire du château voisin de Lacoste, lors d’une vente à la bougie dans la salle des Criées du tribunal de grande instance de Paris…

Forteresse du Xe siècle aux mains des comtes de Forcalquier, dont témoigne toujours l’à-pic vertigineux de sa façade nord, il passa aux Sabran deux siècles plus tard, avant d’être transmis par testament au XVIIe siècle à leur parent Sextius d’Escalis, premier consul d’Aix. C’est pour lui que Jean Lombard, l’architecte de nombreux hôtels particuliers de la ville, ceint en 1633 le château médiéval d’une nouvelle enveloppe. Au XVIIIe siècle, cette façade en pierre locale dorée est adaptée au goût du jour, comme en témoignent ses fenêtres désormais cintrées. A cette époque, le château appartient aux Villeneuve d’Ansouis. Leurs descendants le vendent en 1836 au dernier duc de Sabran, lequel le transmet avec son nom à la famille de Pontevès.

Frédérique Rousset-Rouvière, qui assure elle-même les visites d’avril à la Toussaint, est une guide hors pair. Dans le vestibule,

Sous le charme
Avec un goût sans faille, Gérard et Frédérique Rousset-Rouvière *(ci-contre)* ont rendu son faste au château d’Ansouis *(en haut)* en remeublant chacune de ses pièces *(au centre, la chambre de Madame).*

« Aix est un rêve de pierre blonde, tirée des carrières de Bibémus. »

elle fait remarquer comment, par une habile illusion d'optique, la voûte en berceau et à caissons qui surplombe l'escalier sur toute sa longueur semble incliner vers le haut pour inviter le visiteur à monter, alors qu'elle est en réalité parfaitement droite. Plus loin, elle montre comment Jean Lombard a juxtaposé le château médiéval, au nord, et le nouveau château de plaisance, au sud, en couvrant l'espace jointif. Là s'ouvre un spectaculaire puits d'évasion de trente mètres de profondeur, qui communique avec le village en contrebas, puis l'ancienne salle des gardes, transformée en chapelle au XVIIIe siècle. Dans l'escalier qui monte à l'étage noble, la propriétaire fait remarquer la rampe en ferronnerie typiquement aixoise, formée d'une alternance d'éléments droits et ondulés. Un détail qui signe l'identité d'Ansouis à partir du XVIIe siècle : *« C'était le château d'été de magistrats aixois, qui passaient le reste de l'année dans leur hôtel en ville. On retrouve donc naturellement les mêmes goûts et le même programme décoratif »*, souligne-t-elle.

A l'étage, l'enfilade de trente-six mètres de long rend justice à son explication. Du petit salon Rose, avec sa rare bibliothèque d'époque Régence en noyer massif, dont la partie médiane comprend une commode bureau ou scriban, au salon des Quatre Saisons, dont les délicates gypseries ont été restaurées ou restituées, en passant par la salle à manger, chaque pièce a été remeublée avec un soin méticuleux et un goût parfait. Fauteuils et lustres voisinent avec des rideaux à motifs d'époque ou des objets rares, comme cette table d'accouchée à usage de table de toilette. Mais le clou de la visite réside peut-être dans l'ermitage que Mme de Villeneuve fit bâtir au nord en 1770, avec un jardin suspendu pour elle et sa famille. Dans la chambre, peinte d'un bleu céleste, comme il était d'usage pour les pièces situées au nord et au nord-est, de charmantes gypseries illustrent les thèmes familiaux chers à la fin du XVIIIe siècle : *« Objets intéressants », « Consolation maternelle », « Satisfaction maternelle », « L'espoir paternel »*, peut-on lire sous chacune des scènes que ne renierait pas Rousseau. Une tradition familiale désormais assurée par les Rousset-Rouvière et leurs enfants.

Hôtel de Caumont, à Aix

C'est à Aix qu'une visite à Ansouis et aux châteaux alentour mène naturellement. La ville dont les quelque cent cinquante hôtels particuliers des XVIIe et XVIIIe siècles rappellent qu'elle fut pendant trois cents ans le siège du parlement de Provence et la résidence de ses riches magistrats est un rêve de pierre blonde, tirée des carrières voisines de Bibémus. La quasi-totalité de ces demeures étant devenues des appartements ou des locaux commerciaux, le visiteur doit se contenter d'admirer leurs somptueuses façades, identifiées par des plaques à caractère historique. De l'hôtel de Forbin à celui de Villeneuve d'Ansouis, on y lit tous les noms rencontrés dans les châteaux de plaisance de la région. Construit à partir de 1646 pour agrandir la ville, le quartier Mazarin – du nom de l'archevêque d'Aix, frère du cardinal, qui s'en fit l'ardent promoteur – accueillit bientôt la plus grande concentration d'hôtels le long de ses rues en damier et de son « cours des carrosses », devenu cours Mirabeau.

C'est au cœur de ce quartier que se dévoile soudain au promeneur, derrière la grille ouverte d'un portail en pierre de taille, l'éblouissante façade de l'hôtel de Caumont. D'emblée, la disposition toute parisienne de cette demeure, élevée à partir de 1715 pour François Rolland de Réauville, second président à la cour des comptes de Provence, sur des plans de Robert de Cotte, premier architecte du roi, saute aux yeux. Alors que l'hôtel aixois traditionnel est bâti à l'alignement de la rue, celui de Caumont est en effet précédé d'une cour d'honneur, qui laisse admirer son avant-corps central. Et pourtant, la comparaison entre les plans et la réalisation, assurée par l'Aixois Georges Vallon, montre que le projet de Robert de Cotte fut adapté pour donner à l'hôtel un tour plus provençal, tant dans sa décoration sculptée, inspirée de l'hôtel de ville d'Aix, que dans sa toiture provençale à quatre pentes faiblement inclinées, qui a remplacé le dessin initial de toit à haut faîtage avec lanternon et clocheton. *« Le jardin est en outre placé en quinconce par rapport à la cour d'honneur, soit à droite du corps de logis, contredisant l'hôtel parisien classique,*

INTIMITÉ En haut : le splendide parterre à la française qui s'étend en contrebas du château d'Ansouis. Page de droite : la chambre de Pauline, au premier étage de l'hôtel de Caumont, à Aix. Avec le portrait au pastel de Pauline de Caumont, au-dessus de la cheminée, le lit à la polonaise et le bureau à cylindre, cette pièce évoque l'intimité de celle qui hérita en 1796 de cette demeure érigée quatre-vingts ans plus tôt sur les plans de Robert de Cotte.

situé entre cour et jardin », fait remarquer Sophie Guérinet, responsable d'exploitation du lieu.

Au centre de la délicate ferronnerie du balcon, un cerf dresse son gracieux profil, évoquant le blason des propriétaires successifs de l'hôtel. Vendu en 1758 à François de Bruny, richissime armateur et banquier marseillais, il devint alors l'hôtel de La Tour-d'Aigues, du nom de la baronnie des Bruny, et connut ses heures de gloire avec son fils Jean-Baptiste Jérôme, prestigieux président à mortier au parlement de Provence et amateur d'art et de sciences. Il changea encore de nom lorsque Pauline, fille de Jean-Baptiste Jérôme, qui avait épousé le marquis de Caumont, en hérita en 1796. Le couple resta sans enfant et, devenue veuve, la marquise y mourut en 1850 dans une solitude de roman. Racheté en 2013 à la ville d'Aix par Culturespaces, l'hôtel a rouvert ses portes sous le nom de Caumont Centre d'Art en 2015, soit trois siècles exactement après la pose de sa première pierre. Chaque année, cette institution culturelle de premier plan y accueille deux grandes expositions artistiques, mais aussi des événements faisant alterner musique, danse, cinéma et littérature.

Dès le vestibule, deux atlantes – l'un jeune, l'autre vieux, qui évoquent la fuite du temps – rendent justice au caractère méridional de l'hôtel de Caumont. Improbables dans une demeure parisienne, ces statues d'hommes musculeux soutenant une corniche, qu'on trouve au portail de plusieurs autres hôtels d'Aix comme le pavillon de Vendôme, sont directement inspirées de celles sculptées en 1657 par Pierre Puget pour l'hôtel de ville de Toulon. Au rez-de-chaussée, une enfilade de quatre salons témoigne de la spectaculaire restauration menée par Culturespaces pour rendre à l'hôtel de Caumont son lustre du XVIIIe siècle. Délicats décors de gypseries, qui illustrent notamment les vertus cardinales, « R » des Réauville entrelacés dans les angles du plafond, mobilier et tableaux, papier peint à la main pour le salon chinois... De là, on accède de plain-pied à un jardin haut avec ses parterres de pelouse et de buis boule, puis à un ravissant jardin bas, dont le parterre de broderies s'inspire du dessin de 1715.

On gravit ensuite l'escalier, éclairé par une fenêtre ouverte sur le mur du fond, pour accéder, à l'étage, à deux autres pièces reconstituées avec un résultat exceptionnel. Dans le salon de musique, avec ses tommettes d'origine, ses boiseries constellées de gypseries dorées à l'or fin, sa harpe et son clavecin, le goût de l'élite aixoise d'antan se trouve miraculeusement ressuscité. Dans la chambre de la marquise, un portrait au pastel de Pauline de Caumont, un spectaculaire lit à la polonaise ou un secrétaire à cylindre font plonger le visiteur dans l'intimité du dernier témoin des heures de gloire de l'hôtel. Ici comme ailleurs, on ne peut se défendre d'un frisson à retrouver ce même sentiment, cultivé à plaisir par la noblesse provençale dans ses hôtels et ses châteaux, et qui a pour nom la volupté d'être.

- **Pour visiter les châteaux et l'hôtel de Caumont : chateaudesauvan.fr ; rochermistral.com ; chateauansouis.fr ; caumont-centredart.com**
- **La route des châteaux et des jardins en Provence : laroutedeschateauxenprovence.com**

Le « voyageur immobile »

De Manosque *(page de droite, vue du Mont d'Or),* sa ville natale qu'il ne quittera qu'en de rares occasions, Jean Giono *(ci-contre, dans les années 1950)* fera le portrait dans *Manosque-des-Plateaux*, publié en 1930, en marge de ses premiers romans de la « trilogie de Pan ». Dans une succession d'images virgiliennes, Giono évoque le monde de plateaux et de collines qui s'offre à la contemplation depuis la petite ville provençale.

Un de Manosque

Aux antipodes de Mistral, Daudet et Pagnol, Jean Giono s'est servi de la Provence *« comme d'une lunette d'approche pour regarder des paysages imaginaires »* et des caractères hors normes. PAR BRUNO DE CESSOLE

« I*l n'y a pas de Provence. Qui l'aime aime le monde ou n'aime rien »*, affirmait abruptement Jean Giono, qui renâclait devant l'étiquette d'écrivain régionaliste comme un pur-sang devant l'eau trouble d'un abreuvoir. Il disait encore : « *J'ai beau être né dans ce pays et l'avoir habité sans interruption pendant près de soixante ans : je ne le connais pas.* » De fait, ce prodigieux arpenteur de mondes – qui aimait se définir comme *« voyageur immobile : où je vais (...) personne n'ira. J'y vais seul, le pays est vierge et il s'efface derrière mes pas »* – n'a quasiment jamais quitté son pré carré provençal. A l'exception de déplacements forcés (dus à la guerre) ou professionnels (pour discuter avec ses éditeurs parisiens), ce casanier – qui ne savait pas conduire – ne se sera aventuré que rarement loin de chez lui : en Italie, pays de ses aïeux ; en Ecosse, patrie de son âme ; en Espagne et aux Baléares, sur la recommandation de son médecin... Hormis ces quelques escapades, il aura, comme le cerf lancé par les chiens, battu et rebattu sans trêve son territoire, inventorié ses richesses et ses ressources, reconnu ses forts et ses refuites. Soixante-quinze ans après avoir vu le jour à Manosque, c'est dans cette petite ville de Provence qu'il dira adieu à la terre, une terre dont il aura plus que tout autre célébré les richesses, dit les sortilèges, et exalté le tragique.

A l'époque où l'écrivain y naquit, en 1895, Manosque était une bourgade des Basses-Alpes de quelque cinq mille habitants, à l'écart des grandes routes et du monde moderne. Giono y vécut une enfance pauvre et fastueuse. Pauvre, car fils unique d'un cordonnier d'ascendance piémontaise, et d'une repasseuse d'origine picarde, il ne connut jamais l'aisance et grandit dans une maison délabrée, ouverte à tous les vents, percée comme une écumoire, mais *« où dormaient, dans de mystérieuses ténèbres, des échos fantastiques et des chuchotements divins »*. Fastueuse, car très tôt il sut convertir en richesses intérieures les trivialités et les misères du quotidien, de l'humble labeur de son père, dont il hérita le goût du travail bien fait, jusqu'aux gestes et aux coutumes sans âge d'un monde rural qui ignorait les « bienfaits » de la civilisation du progrès. Ayant dû quitter précocement l'école, c'est en autodidacte qu'il se forgera une culture et nourrira une relation familière et féconde avec les classiques, sans la médiation, souvent calamiteuse, des

programmes scolaires. A leur contact, et sur le mode buissonnier, ce lecteur insatiable aiguisa les dons magnifiques de conteur et de styliste, qu'il avait reçus des dieux. A seize ans, afin d'aider à la subsistance de sa famille, il entre comme employé au Comptoir national d'escompte de Manosque et c'est là, tandis qu'il copie des adresses et aligne des additions, que prend corps sa vocation de poète et d'écrivain. Elle s'épanouira, après le tragique intermède de la Grande Guerre, qui convertira Giono à un pacifisme intransigeant, avec le succès de ses premiers livres, *Colline, Un de Baumugnes, Regain* (la « trilogie de Pan »), publiés en 1929 et 1930, et grâce au soutien de son ami Lucien Jacques, peintre, typographe, graveur, berger, qui l'initia à la connaissance des arts plastiques, comme de la musique, et le révéla au milieu littéraire parisien.

Le premier paradoxe de Giono est d'avoir été, comme Virgile ou Thoreau, Flaubert ou Maupassant, Yeats ou Mauriac, un écrivain universel tout en étant enraciné dans son terroir. Des hauts plateaux et des collines, des vallées et des plaines, qui s'étendent des Bouches-du-Rhône aux Alpes-de-Haute-Provence, et du Var au Vaucluse, il fit le théâtre d'un monde en soi, marqué de son sceau, âpre, violent, démesuré, flagellé par les vents et les orages, crucifié par les flèches d'un soleil ardent, un monde où fermentent des passions sauvages : l'avarice, l'envie, la colère, la haine, mais qui sait dispenser, aussi, les leçons d'une sagesse immémoriale, héritée des Grecs et des Romains.

Un poncif qui a la vie dure voudrait qu'il y ait deux manières ou deux périodes dans l'œuvre et la carrière de Giono : aux romans, aux récits et aux essais, composés entre 1929 et 1941, de *Colline* à *Triomphe de la vie,* en passant par *Naissance de l'Odyssée, Solitude de la pitié, Le Chant du monde, Le Serpent d'étoiles, Que ma joie demeure, Batailles dans la montagne,* chroniques ou panégyriques d'un monde rural imprégné de panthéisme, rebelle à la modernité et au machinisme, où la nature et la vie communautaire sont encore rédemptrices, où le tragique se concilie avec la joie, textes écrits dans un style lyrique et prolixe, auraient succédé, après la guerre, deux autres cycles, celui des *Chroniques romanesques (Un roi sans divertissement, Noé, Les Ames fortes, Les Grands Chemins, Le Moulin de Pologne, Deux cavaliers de l'orage, Ennemonde, L'Iris de Suse)* et celui du « Hussard » *(Angelo, Mort d'un personnage, Le Hussard sur le toit, Le Bonheur fou)*, hantés par le pessimisme et la violence, centrés non plus sur la nature mais sur des caractères humains, et rédigés dans un style plus sobre, inspiré de la sécheresse stendhalienne. En réalité, les frontières ne sont pas si tranchées ; des traits anciens ou clairsemés se sont accentués ou deviennent prédominants après la guerre et les épreuves traversées par l'écrivain.

Ainsi des paysages et des personnages brossés par Giono. De l'entre-deux-guerres à l'après-guerre, ceux-ci évoluent certes vers toujours plus d'âpreté, de rudesse, de sauvagerie. L'écrivain avait en horreur la platitude photographique de la réalité, que son imagination sans limites transfigurait en univers fantastique. Même lorsqu'il répond à une commande et fait le portrait de sa ville natale dans *Manosque-des-Plateaux*, il trouve moyen d'inventer une cité fictive, que l'office du tourisme local serait bien en peine de reconnaître. La Provence de Giono est semblable à celle de Van Gogh : visionnaire, hallucinée, sans attaches avec la géographie, la topographie, et même le climat… C'est une région intérieure, qui se confond avec un « *Haut Pays* » ou un « *arrière-pays* » immémorial et tragique.

Les hommes et les femmes qui composent la comédie humaine de ces romans et de ces récits, bergers, paysans, maquignons, trimardeurs, artisans, aubergistes, assortis de quelques spécimens de bourgeois cultivés et d'aristocrates surannés, sont des « *âmes fortes* » et des « *caractères* » bien trempés, susceptibles de captiver les amateurs de beaux monstres. La plupart ne seraient pas déplacés dans les tragédies de Sophocle et d'Eschyle, parmi les personnages de Machiavel, les *Chroniques italiennes* de Stendhal, ou les drames

Transfiguration Page de gauche : la montagne de Lure. Pour Giono *(en bas)*, qui l'a tant de fois parcourue, elle est *« la montagne libre et neuve qui vient à peine d'émerger du déluge »*. Il la rêvera et la recréera dans ses romans, en particulier dans *Colline* et dans *Présentation de Pan*, et avouera qu'elle *« est toujours restée pour [lui] ce pays mystérieux, invraisemblable, la terre des dieux et des aurores »*. Ci-dessus : le Rocher d'Ongles. Ce hameau, perché sur un rocher, est l'un des sites qui jalonnent la « route Jean Giono ». Longue de cent cinquante-deux kilomètres, celle-ci permet de faire le tour de la montagne de Lure et de découvrir en une vingtaine de haltes littéraires le *« Haut Pays »* que l'écrivain avait réinventé et métamorphosé, pour lui donner une dimension homérique.

de Shakespeare, l'écrivain qui, selon lui, avait le mieux décrit la Provence ! Rien de commun, donc, avec l'humanité bonasse ou comique que l'on rencontre chez Alphonse Daudet et Marcel Pagnol. La seule proximité serait avec l'univers de son voisin du Luberon, Henri Bosco, que Giono, conscient d'une rivalité de talent, se garda de fréquenter et de citer.

Pas davantage l'écrivain, qui n'aimait pas Mistral et ne parlait pas le provençal, ne saurait se rattacher au régionalisme du Félibrige. Pour ce prodigieux inventeur d'univers, la réalité n'était qu'un matériau brut à embellir, un tremplin pour sauter dans l'inconnu, une échelle de Jacob pour escalader le ciel et cueillir les étoiles. Si les *« noms de pays »*, à l'instar de Proust, eurent le don de faire naître chez lui des histoires et des personnages – surgis, souvent, d'une rêverie devant les cartes géographiques de l'IGN et dont ses carnets de travail égrènent la litanie –, les unes et les autres relèvent davantage du merveilleux ou du fantastique que de la prosaïque réalité, que Giono méprisait. Conséquemment, le second paradoxe de l'auteur qui passe pour le chantre emblématique de son pays natal est qu'il l'a réinventé et transfiguré, tout comme Faulkner a créé de toutes pièces, avec son comté de Yoknapatawpha, un Sud imaginaire, plus véridique que son Mississippi ancestral. Certes, le familier de la Provence reconnaîtra, au fil de la lecture de ses romans et nouvelles, des noms de lieux – de Marseille à Manosque, d'Aix-en-Provence à Forcalquier, de Saint-Maximin à Gréoux, de Rians à Digne, de Cadarache à Ginasservis, d'Oraison à Sault, et des paysages bien connus, des plaines de la Crau aux hauts plateaux qui annoncent le Dauphiné, du mont Ventoux à la montagne de Lure, de la vallée de la Durance à celle de l'Ubaye. Mais l'écrivain métamorphose la physionomie des lieux réels, crée des noms et des itinéraires purement fictifs, imagine des solitudes et des distances formidables, tout comme il peuple ces lieux d'une faune et d'une végétation fantastiques, hêtres gigantesques, rouvres millénaires… Sous sa plume, tout prend une dimension homérique et épique, cosmique et tragique : les montagnes sont plus vertigineuses que le Tibet, les déserts rivalisent avec le Kalahari, les vallées sombrent sous une chaleur violette, des orages grommellent dans les fonds, des nuages couleur de vin s'effilochent sur les rocs, les crépuscules ne sont pas rouges mais verts, le soleil est noir, et le ciel couleur d'outre-mer, l'outil le plus usuel n'est pas la bêche mais le fusil, *« qu'il s'agisse de chasse ou de réflexions, disons philosophiques ; dans un cas comme dans l'autre, il n'y a pas de solution sans coup de feu »*. Tout se passe comme si l'écrivain avait voulu tordre le cou aux clichés, au pittoresque extérieur, aux images de cartes postales d'une Provence qui, pourtant, n'était pas encore devenue celle de Peter Mayle et autres fabricants de poncifs couleur lavande, parfumés au pastis, et bruissant du crissement des cigales. De son Sud, Giono, il faut bien l'admettre, s'est servi *« comme d'une lunette d'approche pour regarder des paysages imaginaires »*.

Ce *« Haut Pays »* intérieur, apocalyptique, panique, et panthéiste, il est paradoxal que l'écrivain l'ait conçu et mis en forme dans son ermitage paisible et lumineux de Manosque. En 1929, Giono, confiant dans ses capacités créatrices, franchit le pas et démissionne de la banque. Sans fortune personnelle, ni emploi fixe, le voilà contraint au succès. Il prend la décision d'acheter une maison à Manosque, proche du bastidon de son enfance. A quelques centaines de mètres de la vieille ville, au bout d'un chemin de terre dont l'inconfort le protégera des importuns, la maison surplombe les toits de Manosque, dans un paysage encore virgilien et d'un calme absolu : un mince canal d'irrigation, des vergers, des oliveraies, pas de voisins… Un jardinet abrite un bassin, *« grand comme un chapeau »*, une fontaine, un palmier, un laurier, un abricotier et quelques pieds de vigne. Lorsque l'écrivain y emménage au printemps 1930, elle se

LE REFUGE Ci-dessus, à gauche : la maison du Paraïs, où Giono vécut de 1930 à sa mort, en 1970. *« Voilà ma maison,* disait-il. *Je ne me suis pas servi de cette maison dans mes livres, mais elle y a son rôle puisque c'est dans cette maison que je les ai presque tous écrits. »* Au fil du temps et des agrandissements, Giono changea à plusieurs reprises son bureau de place *(ci-dessus, à droite, le cadre chaleureux du bureau, au second étage, dans lequel il travailla de 1948 à 1964).* Page de droite : transhumance entre Oppedette et le Contadour. C'est dans ce hameau que, de 1935 à 1939, Giono anima les « Rencontres du Contadour », réunissant un groupe d'intellectuels.

révèle trop petite pour accueillir une famille nombreuse : Jean et Elise Giono, leur fille Aline, puis Sylvie, qui y naîtra en 1934, la mère de Jean, Pauline, et son frère Marius, ancien ouvrier imprimeur, sans compter les chiens et les chats qui s'y succéderont.

Peu à peu, elle gagnera en hauteur et en largeur, sans perdre pour autant son caractère modeste. Un pavillon indépendant sera d'abord relié à la maison par une pièce qui deviendra la bibliothèque. Il sera le premier bureau de l'écrivain puis son dernier, lorsqu'il ne pourra plus monter jusqu'à son belvédère sous les toits. En 1935, deux étages seront ajoutés à la bâtisse ; ils abriteront le refuge et l'atelier de Giono, son belvédère dans le bleu du ciel, où il écrira la plupart de ses livres.

Au Paraïs, l'écrivain mène une vie toute de simplicité et de labeur, relativement solitaire, et sans confort excessif : la maison ne possède pas le chauffage central, mais des cheminées, et ne sera dotée d'une salle de bains qu'en 1952. A l'étonnement de ses visiteurs, qui le trouvent petitement logé, il ne voudra jamais quitter son refuge, compensant par des achats imaginaires d'autres maisons, en Bretagne, à la montagne, la modestie de sa demeure.

En homme du Sud, né à la fin du XIXe siècle, Giono se laisse servir par les femmes de la maison, ne s'occupe ni des courses, ni de la cuisine, ni du jardin, et témoigne d'une parfaite inaptitude au bricolage. En revanche, il assume la paperasserie et les factures, et organise avec soin son travail quotidien. Comme pour tout écrivain, les livres sont *« enfants de la solitude et du silence »*, mais, à rebours de nombre de ses confrères, il n'interdit pas sa porte lorsqu'il travaille. Sa gentillesse naturelle, sa générosité foncière, font qu'il n'hésite pas à l'ouvrir aux admirateurs inconnus qui, à l'improviste, débarquent au Paraïs, et qu'il prend la peine de recevoir, d'écouter, et même, lorsque l'entretien se prolonge, d'inviter à partager son repas. La visite achevée, il reprend la page où il l'a laissée et continue comme si l'interruption n'avait pas eu lieu. Bienfaits d'une verve romanesque inépuisable et d'une imagination sans limites. En digne héritier d'Ulysse, Giono invente sans cesse et son mensonge – jamais intéressé – enveloppe d'une tunique sans couture le réel et l'imaginaire. Menteur, Giono ? Non, mais affabulateur, et préservant sa liberté par ses fables. *« La réalité,* a-t-il écrit, *est une matière presque inutilisable pour moi. J'en reçois des exemples ou des reflets, que je transforme après. La réalité ne me sert que par reflet. »* Et encore : *« J'aime mieux prendre du plaisir avec un mensonge que de bâiller devant de laides vérités. »*

Rien d'étonnant s'il n'a jamais voulu quitter sa modeste maison, que son imagination transformait à sa guise en palais des *Mille et Une Nuits*. Peu de demeures d'écrivains ont, il est vrai, un tel charme, et évoquent aussi fortement la personnalité et la présence d'un homme. Actuellement en travaux, elle sera rénovée à l'identique pour le printemps 2026. Grâce à Sylvie Giono, qui a voulu que Lou Paraïs reste en l'état où l'écrivain l'avait laissé, et grâce à la ferveur de l'association des Amis de Jean Giono, qui en font bénévolement les honneurs et prodiguent les anecdotes sur l'écrivain qu'ils ont connu, cette maison n'a rien d'un musée. Elle vit et respire l'amour que Giono inspira et qu'il donna, sans compter. L'environnement, certes, n'est plus aussi agreste que du temps de l'écrivain : une laide résidence moderne et des villas cossues bordent la montée des « Vraies Richesses ». Mais on accède toujours au Paraïs par le même chemin de terre, bordé du canal le long duquel il aimait se promener. La porte franchie, un petit vestibule carrelé, orné de répliques de tableaux de Lucien Jacques, ouvre sur le jardin et la bibliothèque. Celle-ci fut une des premières pièces que Giono aménagea pour y installer ses chers livres, *« la somme de [s]a joie, et subsidiairement [s]on orgueil »*. Sur les rayonnages s'alignent les classiques, grecs et latins, auteurs français, anglais, espagnols, auxquels se joindront, par la suite, auteurs asiatiques et historiens. Sur le mur de gauche, une fresque de Lucien Jacques montre l'écrivain et sa famille environnés par l'univers de ses livres. Dans une niche, le buste de l'écrivain. Sur la cheminée, une étrange sculpture, une tête de facture presque amérindienne, qui ornait le fronton d'une grange de la Drôme. Le paysan qui la possédait ne voulait pas la vendre, mais accepta de céder la grange… Giono aimait poser la main sur cette tête de pierre, de sorte qu'une auréole plus sombre marque son

empreinte. Un tableau de chevaux mongols révèle la prédilection de l'écrivain, qui ne savait pas monter, pour le cheval, dont il parle si bien dans le « cycle du Hussard ». La pièce suivante est le premier, et dernier, bureau de Giono, qu'il réoccupera dans ses dernières années, lorsqu'il aura du mal à grimper l'escalier jusqu'aux combles. Des étagères couvertes de livres, dont un ensemble consacré à Machiavel, un secrétaire de bois marqueté, un canapé recouvert de velours rouge, une petite table sur laquelle un manuscrit s'offre au regard, parmi les objets familiers : encrier, œufs de pierre, qu'il aimait faire rouler dans sa main… On a l'impression que Giono vient de quitter la pièce pour aller se promener…

L'impression est plus vive encore au second étage, dans le principal bureau de l'écrivain, sous les toits. Sur le palier, une autre bibliothèque est veillée par une grande sculpture de bois, à la peinture écaillée, qui ornait autrefois la poupe d'un navire. Carrelée de tomettes, ornée de tapis orientaux, la pièce est sous les combles et ouvre par trois fenêtres sur les toits de Manosque, le jardin, et la colline du Mont d'Or. A gauche, en entrant, un canapé de velours brun accueille les chapeaux de Giono et une peau de mouton. A droite, un fauteuil de cuir fatigué est bordé par les rayonnages dédiés aux romans policiers dont Giono était friand. La cheminée, en angle, est flanquée d'un autre fauteuil de cuir et son manteau accueille une collection de petites sculptures. Le bureau est une table de bois fruitier aux pieds tournés, recouverte d'un tapis de velours rouge. Par piété filiale, Giono y avait déposé le marteau de cordonnier de son père, à côté d'un cendrier accueillant ses pipes et d'un bol où se chevauchent ses porte-plumes. Des carnets à spirale, où l'écrivain engrangeait les matériaux de ses livres, voisinent avec de petites sculptures asiatiques et le moulage de la main de l'écrivain, les doigts crispés sur un porte-plume imaginaire. Un bureau dos d'âne et un porte-gravures débordant de cartes IGN de la région flanquent la table de travail derrière laquelle un grand fauteuil accueille le plaid rouge et blanc dans lequel Giono se drapait pour combattre le froid.

Nul effort d'imagination pour « voir » l'écrivain au travail. On l'imagine monter l'escalier, le matin, vers neuf heures, après avoir bu son thé et fumé sa première bouffarde, se caler dans son fauteuil, jeter un coup d'œil sur ce qu'il a écrit la veille, se saisir de son léger porte-plume, en tremper la plume d'acier dans l'encre noire, et commencer à écrire, lentement, sans ratures, de sa belle écriture d'artisan probe, dont il disait qu'elle lui donnait *« un plaisir esthétique après [lui] avoir donné une joie d'exécution »*. Vers midi, après avoir décacheté son courrier et répondu à quelques lettres, Giono descendait de son « phare » pour déjeuner en famille, entouré des chats et du chien, puis allait se promener, ou faire un peu de sieste, avant de revenir, vers quatre heures, poursuivre son travail, ces trois pages d'écriture quotidienne, qui en faisaient cinq ou six imprimées. Tout à son divertissement de roi qui, à son tour, ferait sourdre la joie et rayonner le bonheur chez des milliers de lecteurs éblouis. En 1967, dans *Provence perdue*, album de photos commentées, en face d'un panorama provençal sous la neige, avec la montagne de Lure à l'horizon, Giono, désabusé, écrivait : « *Provence perdue, intelligente, grise, cachée, silencieuse, solitaire, loin de tout. Tant pis !* » Comme Proust, l'écrivain savait que tout vrai paradis est un paradis perdu.

A lire : *Provence*, de Jean Giono (Gallimard, « Folio »), et *La Provence de Giono*, de Jacques Chabot (Edisud).

A visiter : • Maison de Jean Giono, Lou Paraïs, 04106 Manosque. Actuellement fermée pour travaux de restauration, la maison rouvrira au printemps 2026.

• Le Centre Jean-Giono, 3, boulevard Elémir-Bourges, 04100 Manosque. Balades littéraires, spectacles et rencontres sont organisés cet été. Rens. : centrejeangiono.com ; 04 92 70 54 54.

Au creux des gorges
Construit en arc de cercle au bord de la falaise, à 634 mètres d'altitude, Moustiers-Sainte-Marie possédait les ingrédients nécessaires à la fabrication de la céramique : l'eau, le bois et une terre argileuse.

DE GÉNÉRATION EN GÉNÉRATION Fille de céramiste, Michèle Blanc *(ci-dessus, à gauche)* a créé son propre atelier en 1977. Avec 'entrée de sa petite-fille dans l'entreprise familiale, ce sont désormais trois générations qui y exercent. Ci-dessus, à droite : à l'Atelier Soleil, le maître faïencier Franck Scherer crée chaque saison de nouvelles pièces. Toutes les étapes de fabrication sont réalisées à la main *(ici, après estampage).*

Moustiers, terre de feu

A Moustiers-Sainte-Marie, dans les Alpes-de-Haute-Provence, une poignée d'artisans prolonge l'histoire de l'un des plus grands centres de production faïencière du Grand Siècle. PAR SOPHIE HUMANN

Lorsque, après des études de gestion, sa petite-fille s'est inscrite à l'Ecole de céramique d'Aubagne, Michèle Blanc a été troublée. Aurait-elle les moyens de plonger, à son tour ? De rejoindre ses parents, grands-parents, arrière-grands-parents, dans cette longue chaîne d'artisans, ces faïenciers, dont la famille Clérissy a porté, au Grand Siècle, si haut les couleurs ? Le nom de leur rude village, Moustiers-Sainte-Marie, accroché à ses falaises de chaque côté du torrent de l'Adou, avait alors brillé jusqu'à la cour du Roi-Soleil. Mais, quand Mélissa a reçu la médaille d'or du meilleur apprenti, les craintes de la faïencière se sont apaisées. La petite y arriverait, elle était douée en décor, et puis elle possédait l'agilité numérique nécessaire pour développer la clientèle au-delà des touristes de passage qui voient aujourd'hui en Moustiers une simple halte entre les gorges du Verdon et la pause Instagram sur le plateau de Valensole, au milieu

Place Pomey, au cœur du village, trois générations travaillent donc dans le petit atelier familial, à estamper, tourner, couler, cuire, émailler, décorer, recuire, assiettes, vases, pieds de lampe et autres objets, réalisés dans la tradition. Seule l'argile ne provient plus depuis longtemps des carrières locales. Le gendre de Michèle Blanc va en chercher à Aubagne, ou il prend à Salernes de cette terre rouge et grasse qui donne des carreaux si chaleureux, mais sèche lentement.

Ils sont encore une poignée de faïenciers qui vivent ici de leur art et racontent aux visiteurs ces gestes immuables, de cette terre pétrie à la main, à la première cuisson dans le four à mille vingt degrés, du tour de main pour plonger l'assiette dans l'émail et l'en sortir aussitôt, au pinceau qui n'a pas le droit à l'erreur, jusqu'au deuxième four à neuf cent soixante degrés… Ce sont les artisans de la maison Serrailler, ceux de l'atelier du Barri, dont les sobres plats blancs ont des allures de bou-

appris le métier avec sa mère à l'atelie Ségriès. Son Atelier Soleil, en bas du village travaille avec La Bastide d'Alain Ducasse ou la Japonaise Junko Miyoshi…

C'est aussi Isabelle Bondil, qui habite juste de l'autre côté de la place Pomey, au-dessus de sa boutique, regagnée chaque matin après sa promenade sur les chemins caillouteux qui paraissent fuir le village. Ici, l'âpreté du terrain qu'on retrouve jusque dans la priante sobriété de l'église Notre-Dame voisine, a cédé à la chaleur de la faïence, disposée avec soin sur les étagères et buffets de bois fruitier. Certains motifs sont contemporains, tels ces gracieux iris qui fleurissent un peu partout ou ce décor de papillons et pistils rehaussés d'or, retrouvé sur plusieurs vases et pieds de lampe. Les artisans de la maison Bondil sont surtout passés maîtres dans la reproduction des formes et des motifs des XVIIe et XVIIIe siècles. Isabelle Bondil connaît l'histoire de chacune des pièces. *« Regardez la forme de ce drageoir. I*

Le cercle évoque le spirituel, le carré rappelle la matière. Et vous voyez cette épicière, avec ses trois compartiments ? Elle peut contenir trois épices : le poivre, le clou de girofle et la noix de muscade qui favorisent la digestion. On la posait au centre de la table, elle soignait les convives pendant tous ces repas trop riches. » La faïencière montre aussi ce rafraîchissoir à verres, aux masques d'inspiration maya et nez en fleurs de lys, ou la corbeille à fruits ajourée dont l'estampage est particulièrement long et délicat… Les lettrines des pots à pharmacie ne doivent rien au hasard. On retrouve l'*Hypericum,* autrement dit le millepertuis, réputé en Provence pour soigner les dépressions, l'orviétan, un antidote contre les poisons, ou la mandragore cultivée comme le cannabis pour ses vertus thérapeutiques.

Reine Bondil, la mère d'Isabelle, accompagne toujours les ouvriers de l'atelier qu'elle a fondé avec son mari en 1980. « Entreprise du patrimoine vivant » comme l'Atelier Soleil, l'atelier Bondil fait encore vivre cinq artisans confirmés. Anna Viera et Elsa Fernandez estampent et émaillent. Hannah André tourne. Frédéric Scannapieco et Nadine Maura peignent les décors. Reine Bondil se réserve comme autrefois la préparation des couleurs, avec les oxydes. L'oxyde d'antimoine pour les ocres, celui de cuivre pour le vert, de manganèse pour le mauve foncé, et enfin, celui de cobalt pour les bleus. « *Pour le rouge,* précise-t-elle, *on utilise aussi la poudre de Cassius. Le bleu ancien est très difficile à obtenir parce qu'on n'a plus le droit d'ajouter de plomb. Je mélange plusieurs bleus pour m'en approcher le plus possible. C'est comme pour l'émail. L'émail de notre atelier est fabriqué à base d'étain. Il décompose la lumière et donne donc une grande profondeur à la couleur.* »

A leurs débuts, Reine et Jean-Pierre Bondil, suivis de leurs enfants Isabelle et Philippe, qui a été longtemps tourneur à l'atelier, ont passé des heures à étudier les faïences de l'âge d'or de Moustiers, dans les musées de Provence et, en particulier, dans celui du village inauguré le 15 septembre 1929 par la jeune Académie de Moustiers.

Celle-ci avait été créée à l'initiative de Marcel Provence, sans lequel l'art des faïenciers aurait bien risqué de se perdre. Lorsque le poète et écrivain était arrivé, en 1926, il ne restait en effet plus un seul atelier, les derniers ayant été fermés après la guerre de 1870. Marcel Provence fit rallumer les fours, alla chercher des céramistes et fit renaître la faïence à Moustiers…

Dans ce village né là où les moines des îles de Lérins avaient occupé au Ve siècle des grottes, la présence de potiers remonte au XVIe.

La faïence, née en Italie et dans les pays du Maghreb, se développa quant à elle en France au XVIIe. Elle fit son apparition sur les tables royales après que le Roi-Soleil eut fai fondre son argenterie pour financer ses guerres. Rouen, Nevers, Montpellier étaient alors déjà de grands centres. Le petit village de Moustiers-Sainte-Marie allait bientôt deveni aussi célèbre qu'eux.

Il y avait ici tous les ingrédients pour fabrique de la céramique : de l'eau et du bois en abondance, une terre argileuse. La plus agile famille de potiers sut s'allier aux meilleurs peintres Pierre Clérissy (1651-1728) fut le premier a devenir « maître fayencier ». Son frère Joseph partit pour Marseille où il créa la fabrique de Saint-Jean-du-Désert. Il est possible que Lazzaro Porri, prieur du monastère de l'ordre italien des Servites, lui ait transmis la formule de l'émail, ce glaçage blanchi par l'étain qu enrobe le biscuit et donne à la faïence son identité. François Viry était maître peintre a Riez et il avait travaillé dans l'atelier de Jean Baptiste de La Rose à Toulon. Il fut engagé pa les Clérissy en 1682, à l'âge de soixante ans Lui et ses enfants transposèrent sur des plats et grandes assiettes les scènes de chasse du Florentin Antonio Tempesta, et ils ornèren les aiguières, bassins, saupoudreuses, de décors inspirés d'Herculanum que Jean Bérain, ordonnateur des fêtes de Versailles avait mis à la mode. La transparence de l'émail, la douceur des dégradés de bleus, la

PHOTOS : © OT MOUSTIERS. © RMN-GRAND PALAIS/MARTINE BECK-COPPOLA.

DE TOUTES LES COULEURS
Reine Bondil *(page de gauche, en haut, avec sa fille Isabelle devant leur magasin)* a fondé son propre atelier où les artisans d'art reproduisent des pièces historiques inspirées des premiers décors polychromiques introduits par le faïencier Joseph Olérys en 1737 *(page de gauche, en bas)*. Moustiers était déjà célèbre pour les décors à la Bérain de Clérissy comme celui de ce plat datant de la première moitié du XVIIIe siècle *(ci-dessus)*.

rondeur des formes, la justesse du pinceau des Viry n'avaient pas d'égal. La faïence sortie de l'atelier des Clérissy fut vite connue dans tout le royaume. Pendant près d'un demi-siècle, l'atelier régna sur Moustiers.

En 1737, Joseph Olérys, un « peintre de fayence » formé en Espagne, à Alcora, et marié à une jeune femme de Moustiers, fonda sa propre manufacture avec son beau-frère Jean-Baptiste Laugier. En Espagne, Joseph Olérys avait appris à manier les émaux de couleurs. Les bleus de Moustiers s'accompagnèrent désormais de quelques verts et surtout d'ocres nouveaux, qui se déclinaient en frises, en guirlandes, dans de gracieux médaillons évoquant des scènes mythologiques, ou dans des galeries d'Indiens, nains, singes et autres grotesques. Lorsque Joseph Olérys mourut, en 1749, son ancien apprenti, Joseph Fouque, créa à son tour un atelier avec Jean-François Pelloquin, fondant une troisième dynastie de faïenciers. Il popularisa le décor rehaussé de drapeaux et d'accessoires militaires, racheta la fabrique des Clérissy en 1783 et forma son fils, Gaspard, qui lui succéda jusqu'en 1848.

Louis et Jean-Baptiste Ferrat, enfin, introduisirent dans la seconde moitié du XVIIIe siècle la technique de la cuisson dite « du petit feu » permettant l'utilisation de couleurs plus variées et plus vives. On leur doit ces bouquets et ces scènes champêtres où les pourpres rivalisent avec les verts les plus profonds. Dès le début du XIXe siècle, malheureusement, les ateliers de Moustiers commencèrent à péricliter : le filon d'argile s'épuisant, les sels de verrerie et le plomb étaient devenus hors de prix à cause du blocus continental. Le développement de la porcelaine (une nouvelle céramique, venue de Chine et d'Allemagne, plus fine, à base de kaolin) eut raison des dernières manufactures qui fermèrent leurs portes entre 1845 et 1870. Il fallut donc attendre Marcel Provence et son Académie en 1929, pour que rouvrent quelques ateliers dont ceux d'aujourd'hui sont les héritiers. Depuis, on entend toujours au village le son que rendent les pièces, lorsque l'artisan les fait sonner pour vérifier qu'elles ne sont pas fêlées. *« La faïence de Moustiers a son accent,* écrivait Marcel Provence, *touchez-la avec l'ongle, elle fait entendre un bruit cristallin, un peu grave, frais, un peu comme des cloches pascales en montagne. »*

Do you, do you Saint-Tropez

Qui donc a fait Saint-Tropez ? Comment un petit port de pêcheurs est-il devenu le lieu incontournable où venir faire la fête au soleil de Méditerranée ?

PAR MARTIN PELTIER

Les Anglais ont découvert Biarritz, et Nice, où ils ont toujours leur promenade, mais Saint-Tropez ? Qui l'a mis à la mode ? Paris, bien sûr : et Paris créa Saint-Tropez ! Les chronologies ne manquent pas pour l'établir. En 1887, le yacht de Guy de Maupassant, le *Bel-Ami,* entre dans le golfe que bordent les collines des Maures, ajoutant au caractère de sa calme splendeur. Cinq ans plus tard, c'est au tour de l'*Olympia* de Paul Signac de mouiller dans le port. Dans tout ce bleu, ces jeux de reflets, la vieille tour Suffren et la citadelle offrent à la lumière de quoi s'accrocher fortement, produisant une douceur sans égale quand le soleil se couche. Signac prend terre. Il s'achète une villa, La Hune, où il invitera ses amis.

Les écrivains ont donc précédé d'un poil de martre les peintres, mais ceux-ci vont s'y établir en force dans les dernières années du XIXe siècle et les premières du XXe. C'est l'époque où la peinture chassée par les photographes tente de se renouveler avec des « ismes » de toute sorte. Signac y met au point son « divisionnisme ». Le village lui sert plusieurs fois de modèle. Témoins *Saint-Tropez, l'orage* ; *Le Clocher de Saint-Tropez,* ou *Tartanes pavoisées à Saint-Tropez.* A l'été 1904, Signac attire à Saint-Tropez Matisse, qui va loger tout près de La Hune, à La Ramade, un cabanon situé au-dessus de la plage des Graniers, où il peint *La Terrasse.* Signac en critique la touche, trop large selon lui ; Matisse se fâche, et part pour la plage son chevalet à la main. J'y suis descendu, en venant de la citadelle, par une calade où poussent le fenouil et l'acanthe. On se change entre le chemin des douaniers et un rideau de cannes de Provence. Il faut traverser un mince cailloutis pour entrer dans l'eau, mais la crique

UNE PALETTE DE COULEURS Page de gauche : pointus traditionnels dans le vieux port de Saint-Tropez. Quelques pontons plus loin, c'est un concours de yachts de luxe. Ci-dessus : le village de Saint-Tropez, vu depuis la citadelle. Le clocher de Notre-Dame-de-l'Assomption, avec ses couleurs ocre et terre de Sienne et son élégant campanile, est l'un des emblèmes de la ville.

s'ouvre joliment sur le golfe. Matisse y a peint *Le Goûter,* première grande toile fauve, dont il a tiré ensuite *Luxe, calme et volupté* – qu'achètera d'ailleurs Signac. Le fauvisme est né. Bien d'autres peintres, nabis ou pointillistes en particulier, sont venus à Saint-Tropez, et le musée de l'Annonciade, installé dans l'ancienne chapelle des Pénitents blancs, en porte la trace : on y trouve entre autres des toiles de Seurat, Vuillard, Maurice Denis, Dufy, Derain, Braque, Van Dongen, Rouault, Suzanne Valadon, Utrillo, Picabia, et Pierre Bonnard que la Méditerranée a ébloui si fort à Saint-Tropez qu'il se fixera pour toujours sur la Côte d'Azur.

En 1925, Colette achète une villa sur la baie des Canebiers, un peu après les Graniers en poursuivant vers la pointe de la Rabiou. A cause du raisin qui y pousse à foison, elle la nomme La Treille Muscate. Elle y reçoit ses amis, Kessel, Carco. On y mange à l'huile, à l'ail et à l'ombre, on y écrit : *« Rien n'est pareil à ce golfe, à ces terres heureuses, à leur verdure sans effort. »* Elle va dîner à Ramatuelle, au château Volterra, chez son ami Léon, richissime entrepreneur en spectacles, où fréquentent aussi Joséphine Baker, Raimu, Jean Cocteau, Louise de Vilmorin, Arletty. Volterra occupe le fauteuil de maire de Saint-Tropez de 1935 à 1941. Le monde du cinéma et le gratin international commencent à se promener sur le port. On croise Errol Flynn, Anaïs Nin, Henry Miller, Louis Jouvet, René Clair, Mistinguett. Des fêtes nocturnes sont données. Colette, qui a l'oreille fragile, fuit ce tapage naissant et revend sa villa à Charles Vanel en 1939.

Saint-Tropez est la première ville libérée lors du débarquement de Provence le 15 août 1944, mais le paye au prix fort. Elle est dévastée par les combats et manque de subir une reconstruction façon Toulon. L'après-guerre voit les zazous prendre possession des lieux et les caves de Saint-Germain se déverser au soleil. Dès 1949, Boris Vian y joue de la trompette, accompagné de Juliette Gréco. Prévert, Daniel Gélin, Picasso, Françoise Sagan viennent s'y dorer. Maurice Merleau-Ponty achète ses ninas au bar de La Ponche. Sartre et Simone de Beauvoir manigancent quelques petites complications de lit et de table

VUES DIVERGENTES
Ci-contre : *La Terrasse, Saint-Tropez,* par Henri Matisse, 1904 (Boston, Isabella Stewart Gardner Museum). Théoricien du divisionnisme, Signac, qui avait invité Matisse à venir passer l'été en famille à Saint-Tropez, jugea la touche de cette toile trop large. Matisse persévéra toutefois dans cette manière de peindre par aplats, qui donnera naissance au fauvisme.

avec leur ami Claude Lanzmann. Tous ces braves gens éprouvent à propos de Saint-Tropez un vif sentiment de propriété. Françoise Quoirez, dite Sagan, révolutionne l'édition parisienne en 1954 avec *Bonjour tristesse,* elle n'a pas dix-neuf ans, traverse la nuit en conduisant pieds nus, s'arrêtant juste pour faire le plein et vient prendre son premier café sur les quais. Le soir, elle boit jusqu'à pas d'heure à L'Esquinade *(« Je ne vais pas commencer à vivre comme un croûton parce que je suis soi-disant une intellectuelle. »).*

Curieux, chez les intellectuels, ce besoin de faire des phrases. Las, l'impression de puissante liberté que leur inspira Saint-Tropez se changea vite en amertume. La rhétorique en est connue : c'était mieux avant, Saint-Tropez n'est plus Saint-Tropez, l'argent gâche tout. Dès 1956 Sagan regrettait le temps où *« nous [étions] seuls à user et abuser de la mer, de son sable, de sa solitude et de sa beauté ».* C'est fantastique le Paradis, on le dit aux copains, l'année d'après tout Paris se radine, quelle horreur ! Et s'il n'y avait que Paris ! Mais le monde entier s'est parachuté sur ce bout de Provence. Avant Capri, Ibiza, Gstaad, Marrakech ou Cortina d'Ampezzo, ce fut le premier prototype du village global, avant que McLuhan n'invente le mot. Le monde entier est venu y parler de la même pluie et du même beau temps et s'y donner en spectacle. Envahissants mais nécessaires, ces nomades descendus du ciel avec leurs hélicoptères et leurs yachts. Comme il n'y a pas de célébrité sans spectateurs, les congés payés côtoient la jet-set. On est en République, après tout. Marie-Antoinette partage le Hameau avec ses visiteurs. La question à Saint-Tropez n'est pas de savoir qui y est venu, on pourrait faire du *name-dropping* long comme la *Patrologie* de Migne, mais qui n'y est pas passé. Même les Pompidou s'y baladaient en espadrilles. Seul le général De Gaulle a manqué. Je crois.

Quelques décennies ont passé. Je suis arrivé par Sainte-Maxime, après une longue descente dans la violence des genêts et la douceur des valérianes par une belle forêt de chênes-lièges, dont certains sont fraîchement démasclés. Vue enchanteresse sur le golfe avec, dans les fonds, de nombreux peupliers blancs et des frênes. La Garde-Freinet, où fut enfin vaincu voilà dix siècles l'envahisseur sarrasin, vient du latin *fraxinus,* le frêne. Les Maures, à la saison, offrent d'amples cueillettes de têtes de nègres et d'amanites des Césars, la plaine à leur pied est grasse et bonne. Du temps du *Gendarme,* un panonceau signalait l'entrée de la ville, Saint-Tropez : s'y ajoute maintenant Sant-Troupès. Telles sont les joies de la régionalisation. L'hôtel Les Palmiers est calme, on y boit frais parmi les jasmins étoilés. Le port est à deux pas.

Si l'on tient vraiment à savoir qui a fait Saint-Trop' il suffit de marcher jusqu'à la place Blanqui, c'est tout près. S'y trouvent le musée de la Gendarmerie et du Cinéma, et, devant la façade, une Brigitte Bardot dorée sur une conque qui fait socle. Manara s'est inspiré pour la dessiner de *La Naissance de Vénus* de Botticelli. Tout est là. Le Gendarme et BB ont fait Saint-Trop' : l'un y a mené la France, l'autre l'univers.

Brigitte Bardot a acheté en 1958 La Madrague, un cabanon les pieds dans l'eau que l'on peut voir en continuant après les Canebiers vers la pointe de la Rabiou. Ceux qui y sont entrés n'y ont rien vu d'ostentatoire. Cela révèle une vérité de Saint-Tropez. Malgré le Byblos, les yachts, Gunter Sachs déversant une pluie de roses de son hélicoptère, les soirées riches, les nuits démesurées, La Madrague est une maison au bord de l'eau où une femme qui vit d'avoir été vue des hommes se cache avec ses bêtes.

Certains mots travestissent la réalité. Jet-set. People. Mais les débordements de certains n'altéreront pas la simplicité du lieu. Quand on voit Sacha Distel courir en noir et blanc avec BB sur le port vers les marins du *Basque* qui l'avaient invitée en 1958 (l'armée l'aimait, elle avait visité des blessés de la guerre d'Algérie), ils se savent pris en photo, mais ils s'amusent vraiment. Cette fraîcheur rattrape les excès.

BB a montré ses jambes et un peu plus dans ses films, comme elle afficha plus tard ses convictions. Chaque époque a ses transgressions et ses pudibonderies, la nôtre paraît plus pesante. Simone de Beauvoir a publié dans *Esquire* une longue disserte sous le titre *« Brigitte Bardot and the Lolita Syndrome »,* dont elle a tiré un livre qu'elle a eu le bon sens de ne pas traduire en français. Il y avait un côté spontané, franc, dans la vie de Saint-Tropez dont BB était le symbole qui ne se laisse pas réduire au discours enturbanné d'une féministe avariée.

D'ailleurs une autre figure féminine domine Saint-Tropez à l'époque, celle de Sœur Clotilde, la bonne sœur en cornette qui terrorise Louis de Funès avec sa 2 CV et sa joie de vivre. Le beau visage sympathique de France Rumilly reste dans la mémoire des Français d'un certain âge celui de la France d'alors, traditionnelle et fofolle. Ses embardées rappellent que la France venait de fermer, avec l'indépendance de l'Algérie, la porte d'une série de guerres commencées en 1914. Le vichy à carreaux puis le bikini y triomphaient, mais on suivait malgré Vatican II la messe de saint Pie V dans des églises pleines. Le monde entier chantait *Brigitte Bardot, Bardot* que le Smyrniote Dario Moreno avait mise à la mode ; Nimier, Coty et Marilyn Monroe mouraient ; le *France* menait *La Joconde* à New York ; les

© WILLY RIZZO @ARCHIVES PARIS MATCH.

ouvriers de Renault avaient conquis leur quatrième semaine de congés payés ; un pays confortable pansait ses blessures au soleil, et le maréchal des logis-chef Cruchot, défilant sur le port de Saint-Tropez à la fin du film, rêvait d'endosser la vareuse du général De Gaulle.

Saint-Trop' a prospéré ainsi pendant douze ans, du tournage de *Et Dieu... créa la femme* en 1956 à celui de *La Piscine* en 1968, film qui mit un terme à son innocence. Pendant douze ans, Henri Salvador et Eddie Barclay

PARRAIN ET MARRAINE
Dans les années 1960, deux personnalités ont fait Saint-Trop' : Brigitte Bardot *(en haut, photographiée par Willy Rizzo en 1958 dans les ruelles de la ville),* qui y attira toute la jet-set dans sa propriété de La Madrague, et le Gendarme *(ci-contre, la partie de pétanque entre Michel Galabru, Louis de Funès, Christian Marin et Jean Lefebvre, dans* Le Gendarme de Saint-Tropez, *réalisé par Jean Girault en 1964).*

régnaient sur la pétanque, et tout ce que la planète comptait de connu a défilé dans la ville. Laissons en paix *« tous ces noms dont pas un ne mourra »*, comme Edmond Rostand fait malicieusement dire à l'un de ses personnages au début de *Cyrano* à propos d'académiciens oubliés. Johnny Hallyday jouait au baby-foot avec BB ; Gilbert Bécaud, Charles Aznavour et Michel Polnareff écrivaient leurs chansons en buvant un verre ; Liz Taylor, Richard Burton, Duke Ellington, Richard Anthony, Alain Delon, Mireille Darc, Romy Schneider ne faisaient rien de notable, pas plus que Darry Cowl, Thierry Le Luron, Eddy Mitchell, Michel Piccoli, Catherine Deneuve, ou Nicholson. Annabel Schwob rencontrait Bernard Buffet qui venait de quitter Pierre Bergé, envolé pour Yves Saint Laurent. En 1963, en pleine guerre de la langouste avec le Brésil, BB suivit son camarade de l'époque, Bob Zagury, à Búzios, à l'est de Rio de Janeiro, où ils lancèrent le Saint-Trop' local.

Des fêtes éblouissantes, la ville en a connu plus tard, par exemple le mariage de Mick Jagger avec Bianca, avec pour invités d'honneur les Beatles. Mais quelque chose a fini en 1968, le cœur du mythe de Saint-Trop'. La démographie nous le dit : depuis, la population décroît. Sacha Distel l'a senti, en chantant *Allez donc vous faire bronzer sur la plage de Saint-Tropez*. L'interprète de *L'Incendie à Rio* mettait à sa manière un point final à la grande rigolade en y insinuant de l'ironie. Johnny aussi, qui resta faire des canulars au maire de l'époque, pendant que les événements enfumaient Paris. Nul lieu ne fut moins soixante-huitard au monde que Saint-Trop'. Pas parce qu'on y votait à droite et que l'argent y coulait : parce qu'on y vivait en grande liberté. Ni la ceinture de sécurité ni le principe de précaution n'étaient encore inventés. Il arrivait qu'on se tue en voiture ou qu'on tente de se suicider. On y faisait la fête et l'on y consommait à sa convenance. La transgression, le carnaval n'étaient pas devenus une obligation morale, sociale, quasi scolaire. Le souvenir de cette France heureuse, imperméable à la mauvaise conscience, contribue peut-être à la persistance du charme du lieu.

Aujourd'hui Saint-Trop' ne se dit plus, Saint-Tropez reste. L'Amérique existait avant Christophe Colomb. La ville est bien autre chose que le charmant port de pêche qu'y virent quelques Parisiens. La mer est à la fois un trésor et un danger. Sous des douceurs fleuries se cachent les fortifications qui subsistent des rêves de conquêtes et des combats pour la liberté. La statue du bailli de Suffren, qui manqua donner les Indes à la France, le rappelle. La Bravade fêtée le 15 juin célèbre la victoire de la citadelle sur vingt et une galères espagnoles en 1637.

Tout près de l'hôtel de ville s'ouvre un passage qui donne sur un étroit chemin de pierre et de béton longeant la côte. D'un quai des adolescents descendent à l'eau. Les filles chantent je ne sais quoi. C'est l'heure chaude. Pas une voiture soudain sous le soleil plombant. L'accélération frénétique que Pierre Etaix et Jacques Tati ont saisie dans les années 1960, qui stressait le Gendarme de Saint-Tropez, a cessé. On est n'importe où sur le bord de la Méditerranée, revenu au temps de *Bambino* ou d'Homère. Les Celto-Ligures rappellent les Ioniens. Au cimetière marin, le gardien parle politique avec ses copains. La feuille vernie des pittospores géants donne une ombre salutaire. La pierraille grésille, les liserons roses s'élancent sur les pentes de la citadelle. Là-haut, le musée d'Histoire maritime nous apprend qu'on construisit des trois-mâts dans cette eau avant que les vacanciers ne s'y trempent.

Attendons demain et le mauvais temps pour quitter ce temple du soleil. Le chemin de Saint-Tropez à Pampelonne traverse vignobles et grands arbres avant de rejoindre la route des plages. Piquons sur la mer. Sur le sable poussent cinéraires, immortelles et lis des sables. Des pêcheurs ont planté leurs cannes face aux vagues dont quelque vent froid blanchit la crête. Par terre, pas de crustacé, mais quelques coquilles de coquillages.

BON PERDANT

Page de gauche, en haut : le 26 août 1966, Saint-Tropez l'emporte sur Cannes dans un concours de pétanque. Henri Salvador *(accroupi à gauche)*, perdant la coupe « Eddie Barclay » qu'il détenait depuis trois ans, lance bravache à ses partenaires *(de gauche à droite, le compositeur Hubert Giraud, le tennisman Jean-Noël Grinda, le producteur Eddie Barclay et le chanteur Jean-Claude Massoulier)* : *« Puisque vous manquez d'adresse, achetez-vous le bottin ! »* En bas : le café Sénéquier, sur le quai Jean-Jaurès, véritable institution de Saint-Tropez. Ci-contre : plage du cap Taillat, au sud de la presqu'île de Saint-Tropez.

Vue sur mer

Fondée vers 600 avant J.-C. par des colons grecs venus de Phocée, Massalia s'est développée au creux des collines qui la bordent au nord. Sa position géographique fait d'elle une porte de l'Orient dès l'Antiquité, mais surtout à la fin du XIXe siècle, quand le port de Marseille connaît son apogée économique grâce au commerce avec les colonies de la France.

Le regain de Marseille

Par Marie Zawisza

L'ancienne colonie grecque est entrée dans le XXIe siècle en entamant une profonde mutation. En quelques années, Marseille a réussi à tenir le pari de changer de visage pour devenir capitale européenne de la culture en 2013.

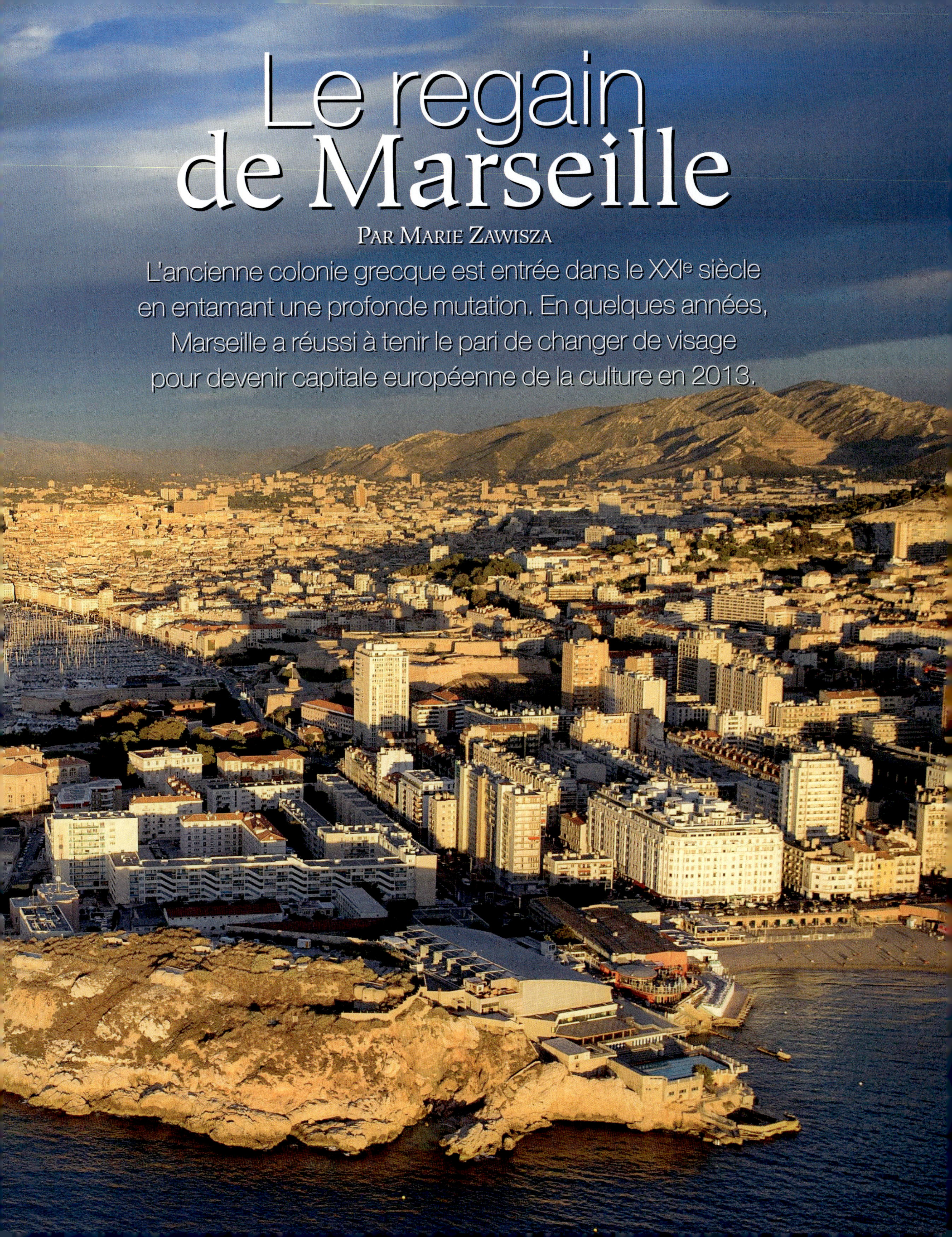

« L'air de rien, Marseille s'est refait

Si d'aventure vous croisez le recteur de Notre-Dame-de-la-Garde, le père Spinosa, peut-être vous autorisera-t-il à monter dans le clocher… jusqu'à l'intérieur de la statue de cette Vierge que les Marseillais appellent « Bonne Mère » ! En regardant à travers ses yeux comme on regarde à travers un masque, on aperçoit les bateaux du Vieux-Port, autour duquel Marseille s'est développée. Mais il faudra redescendre un peu pour contempler l'étendue de la ville construite sur des collines comme un amphithéâtre face à la mer, et dont la façade maritime s'étend sur cinquante-sept kilomètres, des Calanques au port de l'Estaque, peint par Cezanne, Braque, Derain ou Dufy. Marseille a souffert de l'immensité de son territoire – d'importants quartiers avaient été laissés à l'abandon dans la seconde moitié du XXe siècle : aujourd'hui encore, la ville est connue pour sa multidélinquance, la montée de l'islamisme, dues à une immigration incontrôlée, l'insécurité qui règne dans des cités telles que La Castellane ou La Paternelle tristement célèbres pour leurs violences liées au narcotrafic. Mais, capitale européenne de la culture en 2013, la Cité phocéenne a décidé de se composer un nouveau visage pour reconquérir certains quartiers perdus et entrer dans le XXIe siècle. Le Vieux-Port qui éblouit Tartarin de Tarascon et où s'aimèrent avec un accent chantant les personnages de Pagnol s'ouvre ainsi désormais sur le Mucem, premier grand musée national consacré aux civilisations de l'Europe et de la Méditerranée : il est le phare de cette capitale qui se réinvente.

Pourtant, Marseille a su garder son âme. Au large, lorsqu'on aperçoit le château d'If, Edmond Dantès n'en finit pas de s'évader sous nos yeux… ou dans nos songes ? Les songes de cette ville où mourut Arthur Rimbaud et où Fernandel chanta le mistral ne cessent de s'épancher dans les monuments, les rues, les reflets du soleil sur la Méditerranée. Même les pierres y semblent de chair. D'ailleurs, édifiée entre 1853 et 1864 par l'architecte marseillais Henri Espérandieu, Notre-Dame-de-la-Garde en témoigne : n'est-elle pas cette « Bonne Mère », vivante et présente, à qui les marins offrent des maquettes de bateaux pour la remercier de sa protection ? Nul ne passe à Marseille sans monter la prier ou l'admirer. Au-dessus de l'autel, resplendissant d'autant plus que cette basilique de style romano-byzantin fut restaurée entre 2001 et 2008, une mosaïque où un bateau vogue sur une mer houleuse, apaisée par la présence de l'étoile de Marie, exprime cette confiance. Elle évoque, aussi, cet Orient dont Marseille est la porte depuis l'Antiquité. On sent en effet dans la Cité phocéenne *« je ne sais quoi d'oriental, on y marche à l'aise, on respire content, la peau se dilate et hume le soleil comme un grand bain de lumière »*, comme l'écrit Flaubert en 1840, quelques années avant l'édification de la basilique. On se retourne et, par les portes ouvertes, voici justement cette mer – la mer, la mer, toujours recommencée !

C'est par elle que sont arrivés les Phocéens vers 600 avant J.-C. La légende raconte qu'ils fondèrent la ville par le mariage merveilleux d'un jeune Grec aventurier de leur cité avec une belle princesse celte, Gyptis. *« Et l'archéologie semble attester la légende ! En tout cas, les archéologues ont retrouvé des maisons grecques du VIe siècle avant J.-C., avec un mobilier gaulois »*, s'amuse Fabrice Denise, directeur du musée d'Histoire de Marseille, qui retrace l'évolution de la ville de l'Antiquité à nos jours.

Ce lointain passé, les pierres de Marseille l'avaient quelque peu oublié. Il a surgi de terre au cours du XXe siècle, pour prendre aujourd'hui sa place dans la ville. A l'occasion de la construction d'une cité administrative et d'un centre commercial dans les années 1960, les vestiges du port antique ont été exhumés. Le musée d'Histoire de Marseille a été bâti autour. Après un important chantier pour requalifier le site archéologique, achevé fin 2019, on y entre désormais par la voie romaine et on descend par un escalier monumental, porte de la cité. Cette dernière semble renaître sous nos yeux : ici, ce sont les vestiges des remparts qui furent pris d'assaut par Jules César en 49 avant J.-C. ; là, les quais du port antique ! Et des maquettes de bateaux reconstitués à partir des épaves grecques exposées à l'intérieur du musée semblent sur le point de débarquer des trésors venus de toutes les rives de la Méditerranée.

Au fur et à mesure que le port antique s'est envasé au fil de l'histoire, des édifices sont sortis de terre, et il faut marcher quelques minutes pour atteindre le Vieux-Port actuel. L'âme de Pagnol y plane encore. Les femmes des pêcheurs y vendent des poissons

Dans les mailles du filet

En haut : l'âme de Pagnol plane encore sur le marché aux poissons du Vieux-Port de Marseille, à l'entrée duquel se dresse le fort Saint-Jean *(page de droite)*, construit sous Louis XIV à l'emplacement d'une ancienne commanderie des Hospitaliers de Saint-Jean de Jérusalem du XIIe siècle,

une beauté. »

qui seront sans doute cuisinés en bouillabaisse – car « *tout le monde croit que les Marseillais (…) se nourrissent de bouillabaisse et d'aïoli, en disant "bagasse" toute la journée* », dit l'écrivain : ne dérogeons pas à cette croyance. On se balade. On boit aux terrasses entre amis ou en famille. Et voilà que des rires, des éclats de voix viennent frapper nos oreilles. Serait-ce Marius, César ou Fanny, sortis tout droit de la trilogie de Marcel Pagnol ? Non. Pourtant, leur bar, celui de la Marine, est bien là – qui restitue le décor de Pagnol. Comme si le temps s'était arrêté.

Toutefois, remontant la Canebière, cette avenue qui va du Vieux-Port à l'église des Réformés, qu'arpentait le jeune Pagnol et où Charles Trénet fit ses débuts dans les années 1930, on tourne quelques rues et voilà qu'on se retrouve au cœur du quartier populaire de Noailles. Dans la rue Longue-des-Capucins, flotte un parfum d'épices, et les langues qu'on entend sont celles du nord de l'Afrique. En plein jour, ce tableau qui nous transporte dans un souk de l'autre rive de la Méditerranée peut apparaître pittoresque. Mais on se rappelle aussi l'effondrement de deux immeubles vétustes rue d'Aubagne, à dix minutes de là, en 2018, qui témoigne de la face obscure d'une Marseille paupérisée, qui a gagné quelque trois cent mille habitants entre 1945 et 1975…

Aujourd'hui, au Vieux-Port, se croisent non plus seulement Marius et César, mais aussi des populations immigrées d'Afrique du Nord ou de l'Ouest ou des Comores. Les quais ont d'ailleurs été élargis pour laisser les piétons venant de la Canebière déambuler, et une ombrière géante en inox poli, signée Norman Foster, prodigue de la fraîcheur et amuse les enfants qui lèvent les yeux et jouent avec leurs reflets !

L'air de rien, Marseille s'est refait une beauté. Le majestueux palais Longchamp en témoigne, qui a retrouvé sa blancheur éclatante. Son architecte ? Le même que celui de Notre-Dame-de-la-Garde : le Marseillais Henri Espérandieu. Inauguré en 1869 pour célébrer l'arrivée de l'eau douce, et plus particulièrement celle de la Durance à Marseille grâce à d'importants travaux d'ingénierie, ce monument grandiose a été rénové en profondeur de 2005 à 2013 : bassins, fontaines, sculptures, escalier d'honneur et péristyle brillent comme un sou neuf. C'est désormais le grand parc qui l'entoure qui est, jusqu'en 2030, réhabilité et « renaturalisé », redessinant un superbe écrin de végétation méditerranéenne à cette bâtisse, qui abrite le musée des Beaux-Arts. De part et d'autre de son grand escalier, deux peintures monumentales de Puvis de Chavanne, *Marseille, colonie grecque* et *Marseille, porte de l'Orient*, continuent de se répondre pour célébrer la grandeur de cette capitale éternelle de la Méditerranée.

Naissance d'une capitale

Eternelle ? Au XIXe siècle, le trafic maritime devient trop intense pour les capacités du Vieux-Port : on construit plus au nord le grand port de la Joliette. Après les Trente Glorieuses et la décolonisation, les

quais et entrepôts, désormais surmontés par une autoroute urbaine, deviennent un quartier en déshérence. La prospérité portuaire de Marseille semble alors révolue. La Cité phocéenne apparaît comme une capitale de la mafia corso-italienne, puis comme le territoire d'une importante immigration afro-maghrébine, en même temps que le fief des trafics de drogue, des règlements de comptes entre bandes rivales, et des communautarismes. Pourtant, Marseille œuvre pour sortir de ces âges obscurs. Quand elle est désignée pour être la capitale européenne de la culture en 2013, l'impulsion est donnée. La ville quitte son voile de tristesse. Sous l'égide d'Euroméditerranée, gigantesque projet urbain qui redessine les quatre cent quatre-vingts hectares du cœur de la ville, la Cité phocéenne se donne les moyens d'être la capitale de la Méditerranée du XXIe siècle.

A l'entrée du Vieux-Port, face aux paquebots, les entrepôts abandonnés du quai J4 – jetée numéro 4 – ont laissé place au premier grand musée national consacré à la Méditerranée : le Mucem, musée des Civilisations de l'Europe et de la Méditerranée. Il a hérité de la collection du musée des Arts et Traditions populaires et de la partie « Europe » du musée de l'Homme, dont le volet « extra-européen » a rejoint le musée du Quai-Branly. A partir des années 2000, le concept des musées ethnographiques, créés pendant la période coloniale, paraissait dépassé. Il fallait inventer autre chose. Le Mucem participe à cet élan. Pour servir d'écrin aux collections, l'architecte Rudy Ricciotti a dessiné le navire amiral de ce pôle muséal qui englobe le fort Saint-Jean. Son édifice sombre, recouvert d'une mantille en dentelle de béton ciselée, domine la jetée dont il a pris le nom : « J4 ». Une passerelle entre ciel et mer le relie au fort Saint-Jean. Magnifiquement restauré, ce dernier, construit par Louis XIV, éventré par l'explosion des stocks de munitions allemands en 1944, se trouve ainsi relié à la ville pour la première fois depuis quatre siècles. Que ce soit sur les rampes du J4, par lesquelles on tourne autour de l'édifice en jouant avec le soleil à travers la dentelle de béton, ou dans les allées du fort, on se promène librement, tout en étant invité à visiter les expositions des différents espaces du Mucem. Cet été, l'exposition « Amazighes » dévoile parures et motifs d'Afrique du Nord, tandis que « Lire le ciel – Sous les étoiles de Méditerranée » explore, avec instruments et cartes célestes, l'observation et l'interprétation du ciel par les civilisations méditerranéennes. Enfin, le peintre Hervé Di Rosa établit « Un air de famille » entre ses créations et des objets issus des collections du musée qui les ont inspirées.

Après avoir exploré les horizons méditerranéens, le musée Regards de Provence, à deux pas du Mucem, nous invite à plonger au cœur de l'âme provençale. Ce bâtiment en béton, dont la silhouette évoque un navire, avait été construit après la Seconde Guerre mondiale par l'architecte Fernand Pouillon, contemporain de Le Corbusier. Il abritait alors une station sanitaire pour les personnes débarquant à Marseille, traumatisée encore par le souvenir de la peste de 1720, qui avait tué entre le tiers et la moitié de la population. *« Seule la façade était classée, mais nous avons choisi de conserver la salle des étuves, où les vêtements étaient désinfectés, et de donner à voir au public l'histoire de ce lieu étonnant »*, explique Adeline Dumon, directrice du musée et fille de Michèle et Pierre Dumon, qui ont constitué cette collection, riche de quelque neuf cent cinquante œuvres, présentées à travers quatre à cinq expositions par an. Cet été, le musée accueille les œuvres du peintre Laurent Mattio (1892-1965), maître provençal de la lumière. Rivages bordés d'écume,

villages baignés de lumière, scènes de vie locale, l'exposition déploie plus de cent cinquante œuvres qui illustrent, par leurs couleurs, l'éclat intemporel de la Provence et de la Méditerranée.

C'est d'ailleurs sans doute le roman de Giono *Regain* qu'il faudrait (re)lire en arpentant les quais de la Joliette. Son héros, Panturle, y fait revivre une terre qu'on croyait morte. Au loin, les tours construites par Zaha Hadid et Jean Nouvel témoignent justement du regain du quartier. Un centre commercial, les Docks, s'est invité dans les anciens entrepôts, et le Silo, théâtre qui conserve dans son nom la mémoire de sa fonction originelle, a échappé à la destruction. Si ses étuves ont été retirées pour construire la salle de spectacle et les bureaux, dans le hall d'entrée, les « mamelles » – ces cônes d'où tombaient les grains de blé pour être ensachés – évoquent le passé toujours vivant de ce quartier.

Ce regain se communique au quartier du Panier, tout proche du Vieux-Port. A partir des quais, on peut le rejoindre par une passerelle jetée entre le fort Saint-Jean et l'église Saint-Laurent ou encore par les rues qui montent de la cathédrale de la Major, dessinée notamment par Henri Espérandieu – encore lui ! – en surplomb du port de la Joliette : naguère contournée par l'autoroute urbaine, noircie par la pollution et presque inaccessible, la voici désormais d'une blancheur éclatante et donnant sur une grande place.

On arpente donc les ruelles du Panier, qui fut le site de la première colonie grecque, Massalia. Voici ce quartier populaire et cosmopolite, qui fut longtemps le secteur des petits métiers de la mer et le lieu d'installation des populations migrantes et ouvrières, redevenu l'un des cœurs battants de Marseille. Les habitants en fleurissent les rues, des artisans ont ouvert des échoppes, des artistes

SOUS LE REGARD DE BONNE MÈRE

En haut : depuis la seconde moitié du XIXe siècle, Marseille est sous la protection de la basilique Notre-Dame-de-la-Garde, œuvre de l'architecte du pays Henri Espérandieu, et que les Marseillais appellent affectueusement « Bonne Mère ». Ci-dessus : à l'entrée du Vieux-Port, se déploie depuis 2013 le Mucem, musée des Civilisations de l'Europe et de la Méditerranée. Une passerelle de béton y relie le fort Saint-Jean au J4, le navire amiral de ce pôle muséal, conçu par l'architecte Rudy Ricciotti et recouvert d'une résille de béton.

ornent de fresques les murs des maisons. Et surtout, l'art fait revivre son ancien hospice. Construit au XVIIe siècle pour accueillir les gueux de la ville, ce joyau architectural au centre duquel trône une chapelle ovoïde de style baroque, dessinée par le sculpteur Pierre Puget, avait été laissé à l'abandon après la Seconde Guerre mondiale. La végétation avait repris ses droits et ce lieu suscitait la mélancolie des ruines. Restauré en 1986, il est à présent le cœur de la vie culturelle du Panier, abritant désormais le musée d'Archéologie méditerranéenne, connu pour sa collection d'antiquités égyptiennes, le musée d'Arts africains, océaniens et amérindiens ou encore le Centre international de poésie de Marseille.

L'ÉTERNITÉ RETROUVÉE

Car désormais, la ville protège et valorise son patrimoine historique, mais aussi naturel. C'est que le territoire de Marseille s'étend au-delà de ses constructions urbaines. Ses calanques creusées dans les massifs de Marseilleveyre et du Puget sont protégées depuis 2012 par la création du parc national des Calanques. Sa particularité ? A la fois terrestre, marin et insulaire, il est aussi le seul parc périurbain d'Europe. *« Soumis à une forte pression, il abrite une biodiversité extrêmement riche. Il nous appartient de la préserver malgré la surfréquentation des calanques »,* explique Alain Mante, responsable du secteur littoral ouest et archipels du parc national.

En partant du village de Callelongue, le voilà sac au dos et jumelles à la main qui arpente les sentiers qui mènent à la calanque de Marseilleveyre. Sous le ciel, les falaises qui caressent le ciel viennent se jeter dans la mer. Au loin, les îles de l'archipel de Riou racontent, à qui sait l'entendre, les puffins et autres oiseaux protégés qui viennent nicher sur leurs terres, tandis que les flots tentent de garder secrets leurs poissons, leurs coraux et les histoires lointaines des hommes : celles de la grotte paléolithique ornée de Cosquer, dont ils ont englouti les sublimes peintures, ou du dernier souffle d'Antoine de Saint-Exupéry, dont l'avion se fracassa en 1944 près de l'île de Riou.

Sur les falaises, des plantes rares et étonnantes défient les embruns, le mistral, la sécheresse. *« On peut avoir l'impression d'un espace pelé, alors qu'il s'y trouve de nombreuses espèces protégées qui risquent d'être piétinées par inadvertance »,* explique Alain Mante. Certaines se dessèchent pendant l'été, avant de reprendre vie à l'automne ; parfois, on les arrache sans savoir qu'elles sont vivantes et ont mis une dizaine d'années à pousser. D'autres poussent en coussinet, imbriquées les unes aux autres, comme aiment le faire le lentisque et le romarin. Mais peut-être les plus étonnants sont-ils les pins, qui poussent au ras du sol comme s'ils n'avaient pas de tronc, au point que leurs aiguilles semblent des buissons ou des herbes hautes, et pourtant, pour peu que l'on contourne le sémaphore de Callelongue pour rejoindre l'autre versant du relief, les voilà qui prennent de la hauteur, abrités du vent, et nous protègent du soleil !

Tout au long du chemin, où fleurissent des plantes aussi rares que l'hélianthème de Syrie ou l'astragale de Marseille, une armée d'hommes veille sur cette biodiversité déplaçant des pierres pour rendre les sentiers confortables et inviter randonneurs, grimpeurs, plongeurs ou simples promeneurs – ils sont près de deux millions par an à visiter les Calanques ! – à ne pas s'écarter de la route, au risque de détruire la végétation. Les Marseillais sont nombreux à les interpeller : *« S'il vous plaît, prenez soin de notre paradis ! »*

Au bout d'une heure de marche sous le soleil, apparaît la calanque de Marseilleveyre, bordée de quelques cabanons. La plage, baignée d'une eau turquoise, n'est accessible qu'à pied ou en bateau. Au loin, les reflets du soleil valsent sur l'eau. Et soudain, surgissent à la mémoire les vers d'un poète de dix-sept ans qui ne sait pas encore qu'il mourra brutalement au bord de cette mer qu'il n'a encore jamais vue : *« Elle est retrouvée. / Quoi ? L'Eternité. / C'est la mer allée / Avec le soleil. »*

UN PETIT COIN DE PARADIS Page de droite : les calanques sont désormais protégées *(ici, celle d'En-Vau)* depuis la création du parc national en 2012. En haut : la cathédrale de la Major, à la lisière du Vieux-Port, de la Joliette et du Panier.

LE PAYS DE L'ENFANCE
En publiant, en 1957, *La Gloire de mon père* et *Le Château de ma mère,* Pagnol *(ci-contre en 1935, à quarante ans)*, chantre de la Provence gouailleuse, plongeait le lecteur, à travers ses souvenirs, au pays de l'enfance. Page de droite : La Treille, aujourd'hui paisible quartier de Marseille, était, à l'orée du XXe siècle, le village par lequel passaient les Pagnol pour gagner La Bastide Neuve. C'est là que le père de Marcel, dans un élan de vanité, se fit immortaliser en photo par le curé, posant avec la paire de bartavelles qu'il venait d'abattre.

La prise de la Bastide

Comment mieux s'immerger dans l'univers de Marcel Pagnol qu'en parcourant les collines du Garlaban, ses *Souvenirs d'enfance* à la main ? PAR DOMINIQUE GUIOU

Un après-midi ensoleillé et ensommeillé de juin 2004. Au fin fond du XIe arrondissement de Marseille, le village de La Treille est troublé, à l'heure de la sieste, par un petit groupe de promeneurs. Leur guide a la voix qui porte. Robert Zolfanelli, septuagénaire pétulant, accompagne un car de touristes dans un des hauts lieux de la mythologie pagnolesque : la fontaine de la place de l'église. Tout en fixant des yeux le mince filet d'eau qui s'écoule, il déclame : *« Au milieu de la place, la fontaine parlait toute seule. C'était une conque de pierre vive, accrochée comme une bobèche, autour d'une stèle carrée, d'où sortait le tuyau de cuivre. »* C'est par ces mots que Marcel Pagnol décrit la fontaine de La Treille dans *La Gloire de mon père*. N'étaient les voitures stationnées autour d'elle, on pourrait se croire revenus cent ans en arrière.

Un siècle. C'était alors précisément le temps passé depuis que le jeune Marcel Pagnol, alors âgé d'une dizaine d'années, était venu ici avec son père, Joseph, le patriarche admiré, Augustine la maman adorée, Paul le petit frère, l'oncle Jules, la tante Rose, mais aussi la sœur de deux ans, trop petite pour jouer avec ses frères et, par conséquent, simple figurante. Sans oublier le voisin des collines, l'irremplaçable ami, le jeune paysan surnommé Lili des Bellons. Ces noms sont devenus familiers aux millions de lecteurs qui, dans le monde entier, ont lu et aimé *La Gloire de mon père*, et *Le Château de ma mère*…

C'est en 1956, à plus de soixante ans, que Marcel Pagnol avait entrepris de se pencher sur son enfance. Presque malgré lui. Il y avait, en effet, été poussé par ses amis Pierre et Hélène Lazareff, au cours d'un déjeuner. Marcel, pour une fois, n'avait parlé ni de cinéma ni de théâtre. Il avait raconté un souvenir de ses tendres années, avec une émotion qu'il n'avait pas cherché à contenir. Une histoire où un garde zélé avait surpris ses parents en flagrant délit de violation de propriété. Rien de bien grave. Les Pagnol n'avaient fait qu'emprunter, sur quelques centaines de mètres, un sentier dans un domaine privé. Ce raccourci délictueux leur permettait de réduire considérablement la distance les séparant de leur maison de campagne. Mais le garde était un imbécile, abusant du pouvoir que lui conférait sa casquette, et Marcel un enfant. Cette scène

Les jours heureux C'est par une ode au Garlaban *(page de droite)* que Pagnol entame *La Gloire de mon père* : « *Je suis né dans la ville d'Aubagne, sous le Garlaban couronné de chèvres, au temps des derniers chevriers. Garlaban, c'est une énorme tour de roches bleues, (...) elle monte très haut dans le ciel de Provence.* » Ci-dessus, à gauche : le château de la Buzine. Alors qu'il l'acquiert en 1941, Pagnol comprend qu'il s'agit du château « *de la peur de [s]a mère* », la famille s'étant fait surprendre alors qu'elle traversait le parc sans autorisation pour gagner La Bastide Neuve *(ci-dessus, à droite)*, que les Pagnol louaient pour l'été dans le hameau des Bellons, après La Treille. « *Alors commencèrent les plus beaux jours de ma vie*, raconte Pagnol. *La maison s'appelait La Bastide Neuve, mais elle était neuve depuis bien longtemps.* »

marqua profondément le jeune garçon qui, pour la première fois, à l'âge de neuf ans, vit son père défait et piteux.

Les Lazareff furent touchés par le récit. Hélène, qui dirigeait alors le magazine *Elle*, demanda à Pagnol, dans un réflexe professionnel, d'écrire pour son journal ce qu'il venait de raconter. Marcel hésita. Il prétendit n'être qu'un auteur de théâtre. Il est vrai qu'il n'avait écrit, jusqu'alors, que des pièces et des scénarios. Il promit néanmoins de faire l'effort d'essayer. Quelques semaines plus tard, les lectrices de l'hebdomadaire féminin découvraient le premier épisode des aventures de la famille Pagnol.

La Gloire de mon père parut en librairie en novembre 1957, suivi très vite par *Le Château de ma mère*. Le Garlaban, et les autres massifs d'Aubagne, d'Allauch (prononcez allo), et de La Treille entraient dans la légende. A tel point que l'office du tourisme d'Aubagne propose, depuis des années, des « circuits Marcel Pagnol » dans les collines célébrées par l'écrivain. Mais on peut préférer n'avoir pour guide que les *Souvenirs*. Il est tout à fait possible, en effet, livre en main, de reconstituer avec précision l'itinéraire pris par la famille Pagnol pour aller de son appartement du centre-ville à sa maison de campagne, La Bastide Neuve, située au-dessus de La Treille. Ces trajets sont restés à jamais gravés dans la mémoire de l'écrivain comme des moments merveilleux, sacralisés par la nostalgie.

En 1905, il fallait d'abord prendre le tramway. Le « *bolide de fer et d'acier* » rapprochait certes les Pagnol de leur maison des champs, mais ne les y conduisait pas, tant s'en faut. Ils devaient le quitter « *dans l'extrême banlieue de Marseille, en un lieu nommé La Barasse* », tandis qu'il continuait « *sa course folle vers Aubagne* ». La gare était alors le point de départ d'une longue et pénible marche d'une dizaine de kilomètres, sur des chemins caillouteux et pentus.

La Barasse a aujourd'hui bien changé. Où est passée la « *petite route poudreuse qui fuyait la ville entre deux bistrots* » évoquée dans *La Gloire de mon père* ? On trouve bien sûr des cafés, où des habitués trompent leur ennui en regardant distraitement des vidéos musicales, ou en maltraitant des flippers fatigués. Mais en lieu et place de la petite route, s'étend à perte de vue le paysage désolant d'une zone industrielle : panneaux publicitaires, friches industrielles, grands bâtiments en tôle ondulée. Au loin, se détachent les hautes cheminées d'une usine fermée pour cause de délocalisation. Et le chemin, tout au long duquel le petit Paul chassait les lézards ? Disparu, lui aussi, depuis longtemps. « *Il était bien joli ce chemin de Provence. Il se promenait entre deux murailles de pierres cuites par le soleil, au bord desquelles se penchaient vers nous de larges feuilles de figuier, des buissons de clématites, et des oliviers centenaires.* »

Les Pagnol continuaient par la route de la Valentine. Les champs d'arbres fruitiers ont cédé la place à un centre commercial très prisé des Marseillais, où le consommateur de Rennes, de Lille ou de Clermont-Ferrand ne se sentirait nullement dépaysé. Quelques kilomètres plus haut, on atteint un carrefour. Le Bar-tabac de la Source s'est substitué au Bar des Quatre Saisons des *Souvenirs*. Les coteaux et les vallons du village se sont certes couverts d'une multitude de petits immeubles et de villas. Mais, en fermant les yeux, et en tendant l'oreille vers les quelques cigales qu'on entend au loin, entre les vrombissements des motos et des autos, on peut imaginer le ravissement du jeune citadin découvrant la musique et les parfums de la campagne provençale.

« *Après vingt minutes de marche, nous découvrîmes tout à coup un petit village, planté en haut d'une colline, entre deux vallons : le paysage était fermé, à droite et à gauche, par deux à-pics de roches, que les Provençaux appellent des "barres"...* »

La Treille. En 2004, j'avais eu la chance d'y rencontrer l'intarissable M. Zolfanelli. De Pagnol, il savait tout. La vie, dans les moindres détails. L'œuvre, qu'il pouvait réciter, sans trébucher, par pages entières. Le plus souvent, c'était lui qui formulait les questions que les touristes n'avaient pas posées assez vite. « *Savez-vous qu'à Marseille, aucune rue, place ou avenue ne porte le nom de Pagnol ? Celui qui a tant fait pour la notoriété mondiale de cette ville n'a droit qu'à un malheureux quai, uniquement accessible à pied, avec une plaque qui ne mentionne rien, ni date ni qualités...* »

Après être passés devant le petit cimetière où repose Marcel Pagnol, aux côtés de la douce Augustine, sa chère maman trop tôt disparue, nous avions traversé l'unique rue du village pour atteindre un chemin qui monte dans la colline, parmi les pins, les oliviers, les genêts, le thym, le romarin, le fenouil…

« On ne voyait pas de hameau, pas une ferme, pas même un cabanon. Le chemin n'était plus que deux ornières poudreuses séparées par une crête d'herbes folles, qui caressaient le ventre du mulet. »

Là, rien n'avait changé. Au milieu de la garrigue, nous étions subrepticement passés de Marseille à Allauch. Accrochée au sommet d'un poteau, signalisation urbaine incongrue dans cet environnement champêtre, une plaque bleue indique : Chemin du colonial David Magnan, dit Lili des Bellons, mort pour la France (1898-1918). Lili, qui initia Marcel aux mystères de la vie des collines, fut fauché sur le front de la Marne. *« Une balle en plein front avait tranché sa jeune vie, et il était tombé sous la pluie, sur des touffes de plantes froides dont il ne savait pas les noms. »*

Depuis La Barasse, plus de huit kilomètres avaient été parcourus sans difficulté, en quelques minutes, et… en voiture. Mais au début du XXe siècle, les chemins n'étaient pas goudronnés. Il fallait compter trois bonnes heures de marche.

Une dernière côte, très raide. Depuis La Treille, on s'était enfoncé d'un bon kilomètre dans le *« désert de garrigue »*.

« Alors mon père nous montra (…) une petite maison, sur le coteau d'en face, à demi cachée par un grand figuier. » C'était La Bastide Neuve, *« neuve depuis bien longtemps »*, avec son grand jardin, *« forêt vierge en miniature »*, que découvraient, émerveillés, Marcel et son petit frère Paul. La maison est encore debout, et aussi le figuier… Une plaque, apposée sur la façade de la bâtisse, indique simplement : « "Voilà La Bastide Neuve, voilà l'asile des vacances." *Marcel Pagnol.* »

Il est donc là, le grand paysage de sa vie. Le ciel est d'un bleu éblouissant. La Tête Rouge, le Taoumé (percé de la célèbre grotte du Grosibou), le sommet du Garlaban et les barres de Saint-Esprit s'y découpent avec netteté. Comme elle semble loin, la ville. Et comme elles sont belles, et miraculeusement préservées, ces terres sauvages que Marcel Pagnol a magnifiées dans des pages à la délicate mélancolie. Pour lui, et pour tous ceux qui ont été touchés par la grâce de sa poésie, ce sont les collines du bonheur.

• Actualités, lieux de mémoire, randonnées commentées, films restaurés… Retrouvez la vie et l'œuvre de Marcel Pagnol sur le site que consacre Nicolas Pagnol à son grand-père : marcel-pagnol.com

SENTEUR Le clocher de Notre-Dame-du-Puy veille toujours sur la vieille ville de Grasse *(page de gauche)*, mais les usines des fabricants de parfums sont parties plus bas dans la vallée. Ci-dessus, à gauche : à la suite de son père André, Philippe Garnerone y cultive roses et jasmin. Ci-dessus, à droite : Christophe Mège dans les Jardins du Musée international de la parfumerie, qu'il dirige, à Mouans-Sartoux.

Grasse, l'essence de l'art

Désormais inscrits au patrimoine culturel immatériel de l'humanité par l'Unesco, les savoir-faire liés au parfum sont aujourd'hui protégés dans le Pays de Grasse. PAR SOPHIE HUMANN

Il est à peine huit heures du matin et une odeur sucrée règne déjà sur tout le champ. Il y a neuf ans, Philippe Garnerone a commencé à planter là, dans la plaine, sept mille pieds de rose *centifolia*, cette fille de l'églantine et de la rose musquée, seule variété utilisée en parfumerie avec la rose de Damas. En cette toute fin de mai, la récolte est presque terminée. Philippe vient ausculter les rosiers qui se reposent une poignée d'heures en attendant une nouvelle journée de cueillette. Sur la colline au nord-est de l'exploitation, s'étagent les élégantes maisons des quartiers Saint-Christophe et Saint-Jean, construites à la Belle Epoque par les familles de parfumeurs de Grasse, et passées ces dernières années aux mains de nouvelles fortunes russes.

Le cultivateur est préoccupé. La récolte annuelle se réduit comme peau de chagrin : 2,2 tonnes en 2025, contre 3,2 tonnes l'année précédente, où il avait gelé en avril, et 5,2 tonnes en 2023. « *Il ne fait plus assez froid l'hiver et il n'y a plus de repos végétatif des plantes,* déplore-t-il. *Le rendement de production devient plus aléatoire. Sur le papier, notre métier reste idyllique, mais la réalité est tout autre. Les marques de parfums et cosmétiques investissent bien plus sur l'image que sur la production, malheureusement.* »

Les roses sont cueillies tôt, quand les fleurs viennent de s'ouvrir, par des femmes le plus souvent, qui déposent leur précieux butin dans une poche, et la vident dans de grands sacs de jute en fin de rangée. Les sacs sont immédiatement apportés après la cueillette sur le lieu de transformation, la maison Robertet en l'occurrence, un des fleurons de l'industrie du parfum de Grasse, avec laquelle Philippe Garnerone a signé un contrat d'exclusivité. La cueillette du jasmin, mûr en août, est encore plus délicate : pincer la fleur et la déposer dans le panier sans écraser les autres nécessite un vrai tour de main ! Chez les Garnerone, le jasmin, c'était l'affaire d'André, son père, qui faisait partie de la quinzaine de producteurs encore présents dans le Pays de Grasse. Un peu avant sa mort en janvier 2025, il nous avait expliqué : « *La fleur de jasmin, on la voit s'ouvrir sous les yeux. A nous tous, nous produisons trois tonnes par an, alors que, dans les années 1950, chacun ici en faisait autant ! Mon arrière-grand-père était né dans la montagne, à Roubion. Il est descendu à Grasse en 1892 et s'est lancé dans le jasmin. J'ai repris l'exploitation, à mon tour, au début des années 1960… mais tout est parti en Inde, en Egypte, et le marasme est arrivé. J'ai fait du maraîchage, mais j'ai toujours conservé un champ au cas où. Puis, en 1987, Chanel a signé un contrat avec la famille Mul, puis Dior a suivi, et maintenant, ça redémarre un peu, j'ai même fait cent quatre-vingts kilos de tubéreuse dont les parfumeurs ne voulaient plus, et qu'aujourd'hui ils redemandent.* » « *Ils sont aussi friands de jasmin* », confirme son fils Philippe qui a repris à sa suite la culture du jasmin. *Il faudrait en replanter dans le coin. Mais sa culture est difficile. On doit couvrir les pieds en mars, juste après la taille des rosiers, avant la démultiplication des tubéreuses… J'aurais de quoi employer un jardinier neuf mois par an ici. Mais je ne trouve personne de réellement motivé…* »

Intéresser les Grassois à leur passé de cultivateurs de plantes à parfum, éviter que les savoir-faire ne disparaissent, retisser les liens humains, protéger les paysages, voilà ce qui motive l'association Patrimoine vivant du Pays de Grasse. Elle a présenté la candidature des savoir-faire liés au parfum de Grasse au patrimoine culturel immatériel de l'Unesco, un projet soutenu par l'ancien maire de la ville e

ancien sénateur Jean-Pierre Leleux, qui dirigea de 2017 à 2020 la Commission nationale du patrimoine et de l'architecture. La poignée de producteurs qui se battaient pour survivre, les historiens locaux, des parfumeurs ont patiemment défendu pendant dix ans cette candidature. Avant de convaincre les ambassadeurs de l'Unesco, il fallait déjà que ce patrimoine immatériel soit reconnu au niveau national. Quand la bonne nouvelle est tombée en novembre 2018, les Grassois se sont sentis fiers, à nouveau. Toutes les familles ont encore l'un des leurs qui occupe un des cinq mille emplois liés au parfum.

« C'est ici, à Grasse, que fut inventée l'extraction par solvants volatils », rappelle Grégory Couderc, l'ancien directeur scientifique du Musée international de la parfumerie, lieu d'étude et de conservation de l'unique collection publique dédiée à la parfumerie, où il s'est exercé, en partenariat avec le master FOQUAL de l'université de Nice, à reconstituer d'anciens parfums, comme l'eau de la reine de Hongrie ou le vinaigre des quatre voleurs... Installé aujourd'hui dans un labyrinthe muséographique qui comprend l'hôtel de Pontevès, où séjourna la princesse Pauline Borghèse, l'ancienne parfumerie Hugues Aîné, un fragment des remparts de fortification de la ville, l'ancien immeuble Pélissier et le jardin des Orangers, le musée possède, entre autres, des *albarelli* Renaissance, de gracieuses boîtes bergamotes grassoises et un nécessaire de voyage avec lequel Marie-Antoinette s'enfuit sans doute à Varennes.

L'histoire de Grasse et des parfums remonte au XVIe siècle, quand une mode venue d'Italie poussa les gantiers de cette ville de tanneurs à parfumer leurs peaux. Ils se fournirent naturellement en huiles essentielles auprès des paysans qui distillaient les plantes aromatiques sauvages chez eux, dans les alambics servant à produire de l'alcool. Blotti au pied des Préalpes, d'où sourdent de multiples cours d'eau, protégé de l'air marin par le massif de l'Estérel, le lieu bénéficie d'un microclimat idéal pour la culture des fleurs. Au milieu du XVIIIe siècle, toutes les cours d'Europe s'entichèrent de parfums. Les gantiers disparurent de Grasse, tandis que, dans la ville qui a vu naître Fragonard, l'industrie naissante s'emparait du parfum, comme du reste. L'odeur était toujours extraite par distillation pour obtenir de l'huile essentielle, mais en usine. On utilisait aussi la technique de l'enfleurage, qui consiste à faire macérer les fleurs dans des corps gras. Soixante ans plus tard, jusqu'au pied des remparts de la ville, les restanques étaient couvertes de jasmins, rosiers, orangers, tubéreuses, jonquilles... On venait de toute l'Europe à Grasse admirer la vue de la place du Cours-Honoré-Cresp... soigner ses poumons fragiles et croiser des parfumeurs. L'invention d'un nouveau procédé d'extraction par solvants volatils en 1873 et la naissance des molécules de synthèse améliora considérablement la rentabilité des usines Chiris, Roure et des autres industriels grassois, dont les « nez » pouvaient désormais composer des parfums avec des senteurs de muguet, violette, chèvrefeuille ou pivoine, ces fleurs qui sentent si bon mais ne laissent pas capturer leur odeur. La culture des autres, celles qui s'offrent, les roses, les tubéreuses, les iris dont on broie les racines, les mimosas sur le sommet du Tanneron voisin, s'étendait, dans la première partie du XXe siècle, sur deux mille hectares. Entre 1900 et 1923, la récolte de jasmin passa de deux cents à mille trois cents tonnes par an. Les parfumeurs de Grasse importaient le vétiver, la vanille, le musc, l'ilang-ilang, le santal et autres matières premières naturelles du monde entier.

Installé à Grasse après la fin de la Première Guerre mondiale, Eugène Fuchs racheta les parfumeries Cresp-Martinenq et Muraour et créa sa propre marque dédiée à l'enfant célèbre de la ville, Fragonard. Les premiers touristes américains débarquaient sur la Côte d'Azur. Eugène Fuchs eut l'idée de leur faire visiter ses usines et de leur vendre ses parfums en direct. Le succès fut immédiat. Aujourd'hui, on peut toujours admirer, au cœur de la ville, les alambics et l'orgue à parfum de l'usine historique. En 1975, un musée riche d'une joyeuse collection de boîtes bergamotes fut installé au dernier étage, et la maison Fragonard a ouvert un second musée du Parfum, à Paris, près de l'Opéra, en 2015.

A partir des années 1960, l'irrésistible expansion de l'industrie chimique et la mondialisation n'épargnèrent pas la capitale du parfum. Les extraits de synthèse bon marché sont bientôt préférés aux extraits naturels, pour compenser les budgets dédiés au marketing et aux campagnes de publicité destinées à une clientèle élargie. Dans les années 1980, on se met à acheter les roses cultivées au Maroc et en Bulgarie, le jasmin en Inde et en Egypte... A Grasse, les villas, les ronds-points et les hypermarchés

remplacent les champs de fleurs. Les concentrations industrielles s'accélèrent.

Après être passée très près du désastre, la ville protège donc aujourd'hui son trésor. Grâce à l'inscription au patrimoine culturel immatériel, soixante-dix hectares ont été sanctuarisés pour que de nouveaux cultivateurs s'y installent. Les autres – dont la plupart sont réunis au sein de l'association Les Fleurs d'exception du Pays de Grasse –, Carole Biancalana, Armelle Janody, Joseph Mul et Fabrice Bianchi, Jean-Paul Joubert…, continuent à se battre pour conserver et transmettre leurs précieuses fleurs.

Avec les trois autres jardiniers, Christophe Mège, qui dirige les Jardins du Musée international de la parfumerie, à Mouans-Sartoux, véritable conservatoire des plantes à parfum depuis 2010, façonne jour après jour un paysage agricole devenu un paradis pour les insectes, les oiseaux et les humains, qui déambulent au milieu des oliviers, des immortelles ou des roses, traînent la main dans le parcours olfactif, sur les verveines, le ciste, ou la menthe poivrée.

Si, dans le centre de formation aux métiers du parfum, l'ASFO, Alain Ferro forme chaque année douze « nez » venus du monde entier, il passe de plus en plus de temps à sensibiliser les lycéens de la région à certains métiers techniques de la parfumerie pour lesquels les besoins sont réels, comme celui d'opérateur.

Quelques parfumeurs, enfin, dont la Belge Laurence Fanuel, renouent avec l'esprit artisanal du métier et se réinstallent dans le centre de Grasse déserté. Son doctorat de biochimie en poche, cette parfumeuse a d'abord exercé ses talents chez un géant américain des produits d'hygiène et dans un certain nombre de maisons de parfum, qu'elle a fini par quitter. *« L'argent est tellement concentré entre quelques mains qu'elles balayent l'âme des choses »*, dit-elle en guise d'explication. Laurence se consacre désormais aux cours qu'elle donne à l'école de parfumerie de Versailles (ISIPCA), et à ses travaux sur les correspondances entre le parfum et la création artistique, imaginant des scénographies olfactives pour des troupes de théâtre, des ateliers d'écriture autour du parfum, des expositions où dialoguent peintures et odeurs. Elle a ouvert, au cœur de la vieille ville, une galerie olfactive nommée Rosa Rose. *« Grasse doit se réinventer, mais je lui fais confiance. Comme Edmond Roudnitska, le créateur de Femme de Rochas, ou d'Eau sauvage de Dior, je crois que le parfum est un art véritable. »*

Conservatoire

En haut : les Jardins du Musée international de la parfumerie sont devenus un véritable conservatoire des plantes à parfum du Pays de Grasse. La plus délicate est le jasmin, cueillie ici dès l'aube dans le Domaine de Manon *(page de gauche en haut)*. Quelques-uns des plus grands parfums du XXe siècle ont été créés par des parfumeurs de Grasse. Le musée conserve les flacons qui ont fait leur célébrité autant que l'élixir lui-même *(page de gauche en bas)*. Aujourd'hui, des parfumeurs indépendants s'installent à nouveau dans la vieille ville comme Laurence Fanuel qui y a ouvert une galerie olfactive.

Luberon apprenant

Repaire de bobos et de célébrités en mal d'authenticité ou pépite pour amateurs de beauté ? Au-delà de son côté carte postale pour touristes, le Luberon recèle une multitude de trésors.

PAR MARTIN PELTIER

Pour cet été, envoyez donc vos cancres bronzer sur la Côte d'Azur et emmenez vos bons élèves dans le Luberon. C'est le lieu rêvé pour les « vacances apprenantes » prônées par certain ministre de l'Education nationale. Les plus attentifs savent déjà qu'il ne faut plus mettre d'accent aigu sur le « e » de Luberon : ils acquerront bien d'autres connaissances. Ce pays de drive fermiers et de laboratoire souterrain à bas bruit y invite. Ici, les produits locaux sont issus de l'agriculture biologique ou raisonnée, les agences immobilières discrètes, le chauffage au bois ou solaire, les marchés instructifs, les maisons de maître épargnées par le mauvais goût, ayant eu la chance d'être bâties avant 1848. Tout est pensé pour glisser les petits bonheurs du présent dans la coquille du passé, au point qu'on a parfois l'impression de se mouvoir dans un décor de théâtre. Exemple parmi d'autres, cet ancien lavoir de Saignon, sur les hauteurs d'Apt, où à défaut de battre le linge on peut, chaînon d'une chaîne de lecteurs de hasard, prendre un livre ou en déposer un : tels sont les avatars de la convivialité. Vos bacs + n seront comme des poissons dans l'eau, surtout s'ils sont écocitoyens.

Faites-les commencer par l'étude des noms qui font rêver, bonne introduction aux mystères du Luberon. Menez-les au village des Bories, près de Gordes. Ils y verront de curieuses constructions de pierre sèche dont les murs se rejoignent pour former toit selon la technique de l'encorbellement. Une sorte de hameau de Hobbits amateurs de pierrailles. Ces cabanons étaient les pied-à-terre de paysans venus d'ailleurs cultiver un lopin éloigné de chez eux. Jusqu'aux années 1970, les gens du cru les nommaient « cabanes », mais

Haut lieu touristique Page de gauche : perché sur une colline, le village de Saignon, que domine Notre-Dame-de-Pitié, son église des XIe-XIIe siècles, offre un superbe panorama sur la vallée et les montagnes du Luberon. Ci-dessus : la place Genty Pantaly à Gordes, classé parmi Les Plus Beaux Villages de France pour la richesse de son patrimoine, à laquelle participent les bories *(ci-dessous).*

des érudits ont réhabilité à leur intention le mot provençal *bòri,* relevé par Mistral dans son *Trésor du Félibrige,* terme péjoratif signifiant « masure » ou « cahute ». En 1970, le film de Jacques Doniol-Valcroze, *La Maison des Bories,* finit de lancer le mot et la chose : des gens graves se demandent d'où viennent ces bâtisses, certains faisant remonter leur origine au néolithique. Or aucune n'est antérieure au XVIIIe siècle et la plupart datent du XIXe. N'empêche que c'est une belle trouvaille de l'archéologie touristique. Les seuls lésés sont les chasseurs, qui s'en servaient de postes d'affût sous le nom d'*agachons.*

Vos vacanciers apprenants se mettront ensuite à la géographie. Le Grand et le Petit Luberon forment un massif de basse

Par monts et par vaux Ci-dessus : le pont Julien, édifié au Ier siècle avant J.-C., au nord de Bonnieux. Avec ses trois arches en plein cintre enjambant le Calavon, ce pont en gros appareil calcaire, long de quatre-vingts mètres, est le plus bel ouvrage encore visible de la via Domitia, qui reliait Turin à la péninsule Ibérique. Page de droite : vue aérienne du village d'Oppède-le-Vieux, au sommet d'un éperon rocheux, surplombé par les ruines d'un château médiéval.

montagne à l'ouest des Alpes à cheval sur les départements du Vaucluse et des Alpes-de-Haute-Provence. Il s'étend d'ouest en est sur une soixantaine de kilomètres entre Cavaillon (melons, cerises, ancienne cathédrale Notre-Dame-et-Saint-Véran) et Céreste, épais en moyenne de cinq kilomètres, et culmine au Mourre Nègre à 1 125 mètres d'altitude. Gorges et failles rocheuses assez sauvages l'entaillent. Un conseil, laissez tomber le GPS et achetez-vous la carte IGN. Chacun fera son itinéraire, avec son mode de locomotion et d'hébergement. Le vélo a ses adeptes, le camping et le camping-car les leurs, et tout est fait pour les accueillir. Pour ma part, j'ai rayonné en voiture autour de deux chambres d'hôtes pas trop chères et tranquilles, la Villa Lumières à Goult et le Mas Auroma près de Murs. J'ai bien aimé la route de Cucuron à Buoux, d'autres préfèrent vers Sivergues, il y a comme cela vingt vallées encastrées, où l'yeuse alterne avec les surplombs de pierre. Les routes de crête ne manquent pas non plus. Le regard y porte sans obstacle à trois cent soixante degrés sur la garrigue odorante ou le ciel pour se poser sur des lointains divers, plaine, monts de Vaucluse, ou Ventoux. L'une d'elles mène, entre Lourmarin et Bonnieux, sur un causse assez nu où foisonnent le thym et le ciste, à une belle forêt de cèdres du Maroc plantée sous Napoléon III, aménagée (trop ?) pour tous les promeneurs.

Au sud, le Luberon est bordé sur toute sa longueur par la Durance. Sa porte d'entrée s'ouvre à Pertuis, patrie d'une pomme de terre à chair jaune qui se plaît dans ses alluvions. Au nord, le Calavon coule plein ouest tout au long du versant le plus humide et le plus boisé. Il présente la particularité de changer de nom sur son cours inférieur, il prend celui de Coulon, comme le boulevard Blanqui devient l'allée des Platanes. Il fait un bout de chemin avec la via Domitia, l'un des grands axes routiers romains, qui reliait Turin à Narbonne et l'Espagne en passant par Briançon. Jules César y fonda Apt : un peu à l'ouest, la via Domitia traverse le Calavon sur un pont de pierre à trois arches. C'est un ouvrage d'art unique, il est resté en service jusqu'en 2005, symbole de l'extraordinaire continuité de nos ponts et chaussées et de la solidité du bâti romain. Vous pouvez l'emprunter, à bicyclette : la véloroute du Calavon passe dessus.

La géographie engendre deux filles, l'histoire et l'urbanisme. Ses petits bourgs ont fait la fortune du Luberon. Le promeneur y rencontre à tout bout de rue d'innombrables agréments de détail, porche, porte, arche, niche, Vierge, tête de lion, motif ornemental, renfoncement, cul-de-sac, passage, seuil, perron. Ici, la pierre est sèche et les villages sont perchés. Cela s'explique par une longue histoire guerrière. Cicéron, dans son histoire des orateurs romains dédiée à Brutus, appelait les Ligures qui peuplaient la région *castellani,* ce qui donne une idée de leur habitat, que confirme Oppède-le-Vieux, partie la plus haute d'un bourg, nichée sur un piton, avec son église Notre-Dame-d'Alidon où s'est marié Michel Leeb. Oppède vient d'*oppidum,* la colline fortifiée des Gaulois. Les belvédères d'aujourd'hui sont les refuges d'hier.

Or l'ennemi n'a pas manqué depuis que Marius, l'oncle de Jules César, défit les Teutons tout près d'ici, en 102 avant J.-C. Dans le coin, tout le monde a combattu tout le monde. Quand Arles devint la préfecture des Gaules, le Wisigoth fit du grabuge. Puis vint le Sarrasin. Plus tard, cela se compliqua. La Durance fit frontière entre les comtes de Provence et de Forcalquier. Certaines terres appartinrent à l'Empire, puis au pape en partie après le Grand Schisme d'Occident, les guerres de Religion furent dévastatrices. La région n'eut vraiment la paix qu'avec le rattachement du Comtat Venaissin à la France. Il reste de tout cela de grandes traces d'architecture militaire. Ansouis, Gordes, Lourmarin, Goult, Ménerbes, Oppède peuvent concourir au titre de la plus belle tour.

L'architecture religieuse, elle aussi, porte des traces des guerres. Les villages du Luberon comptent de belles églises romanes, larges de façade, massives, souvent accolées au château du lieu. L'été, c'est un refuge contre le bruit, la lumière trop vive et la chaleur. Il arrive que brillent dans l'ombre, tranchant sur la pureté romane, des ornements intérieurs baroques ; le portail, lui, est presque toujours dépourvu d'ornements, peut-être martelés.

L'histoire a une fille qui lui ressemble, la politique. Comme dans une vieille réclame de savon, on se demande quelle est la mère, quelle est la fille, et ce n'est pas leur teint qui vous le dira. Ici, on est républicain à fleur de peau. On s'est dressé en 1851 contre une révision de la Constitution qui aurait permis au prince-président d'être réélu. Et l'on aime commémorer. En haut de Ménerbes, un buste de *La République* a été dressé sur une colonne en 1889 pour le centenaire de la Révolution ; une inscription en célèbre le bicentenaire. A Gordes, l'un des principaux

cafés sur la place du château s'appelle le Cercle Républicain, coincé entre le château et l'immobilier Sotheby's. François Mitterrand, qui n'était pas encore président de la République mais déjà, depuis sept ans, l'amant d'Anne Pingeot, y acheta en 1968 un terrain pour y bâtir leur nid d'amour. Mazarine, fille à papa romanesque née à Avignon, y grandit dans le secret. L'endroit s'y prête, avec ses hauts murs sommés d'arêtes de pierre, ses passages étroits, cet air assiégé mais imprenable, sauf par des aigles. Ici a défilé la gauche tapenade, les intimes. Le village en porte la marque. Tout y est littéraire et politique. La bibliothèque est imposante comme une préfecture, elle s'ouvre sur le plus joli jardin d'ombre, buis et lauriers-tins sous tilleuls. Le promeneur ne doit pas omettre de penser. Le Luberon a un côté Ré en Terre, Force tranquille au soleil, même si tous les heureux élus qui s'y sont établis n'appartiennent pas à la riche Mitterrandie.

Pour le vérifier, vos forts en thème auront l'occasion d'étudier l'importance du Bottin et des décors au cinéma. Yves Rousset-Rouard, l'oncle de Christian Clavier, le producteur d'*Emmanuelle* et des *Bronzés,* fut près de vingt ans maire de Ménerbes. Centriste cossu, il a remarquablement fait restaurer le bourg, qui monte sous un grésillement de soleil vers l'église Saint-Luc et redescend à l'ombre en longeant la grande maison que Picasso offrit en cadeau de rupture à Dora Maar, maîtresse photographe et peintre elle-même. Le maire producteur a attiré acteurs et réalisateurs vers le Luberon. *Les Babas cool* avec Clavier et Marie-Anne Chazel, *Grosse fatigue* de Michel Blanc, et *Gazon maudit* de Josiane Balasko y furent tournés, et une grosse dizaine de films, dont *Une grande année* de Ridley Scott, qui a sa résidence secondaire dans le coin.

La littérature est présente aussi. René Char mena un réseau de résistance à Céreste, et Albert Camus fit venir l'édition parisienne à Lourmarin, où il possédait une maison et où il est enterré. Le marquis de Sade séjourna en son château de Lacoste entre deux incarcérations à Vincennes et le vendit à la Révolution à un citoyen qui finit lui-même au bagne de Guyane. Les ruines, qui plurent à André Breton, ont été rachetées par Pierre Cardin, qui a joliment retapé l'endroit. Dans son austérité minérale, le village aux ruelles noires et blanches de soleil rappelle le Magne ou les Pouilles. Des artistes américains le font vivre avec une école d'art. Il faut aussi mentionner le publicitaire anglais Peter Mayle qui fit connaître le Luberon dans le monde entier par son best-seller *Une année en Provence* (1989). Etabli à Ménerbes en 1987, il y avait découvert une façon de vivre dont il était « tombé amoureux », selon l'expression consacrée, et avait narré l'existence locale avec cette condescendance narquoise qu'on nomme humour outre-Manche. Le succès mondial fut tel que des Chinois se pressent chaque été par cars entiers devant sa maison. Mais les gens du cru qu'il dessinait un peu légèrement ont déploré son indiscrétion. Il en a fui les effets à New York, puis à Lourmarin, enfin à Vaugines.

Le Luberon est aussi une leçon de SVT à ciel ouvert. La faune a quelques espèces assez rares. Parmi les rapaces, l'aigle de Bonelli, le

DÉCOR DE CINÉMA Page de gauche, en haut : Ménerbes. L'ancien maire et producteur Yves Rousset-Rouard, qui a remarquablement fait restaurer le village, a attiré acteurs et réalisateurs vers le Luberon. En bas : les toits de Cucuron ont servi de décor au *Hussard sur le toit,* de Giono, adapté au cinéma par Jean-Paul Rappeneau, en 1995. Ci-dessus : le « Colorado provençal », à Rustrel. L'exploitation de l'ocre y débuta en 1871 pour s'achever en 1991.

Grand-duc et le circaète Jean-le-Blanc. Et un reptile vedette, le lézard ocellé, le plus grand d'Europe, qui peut atteindre jusqu'à soixante centimètres. Il ne se laisse pas trop approcher, mais si vous êtes bien placé et patient, vous pourrez en déterminer le sexe en comptant les bandes d'écailles sous le ventre : la femelle en a plus. Sa population régresse car il dépend pour s'abriter des lapins de garenne, étant incapable de creuser son propre terrier : la myxomatose lui a été fatale. Tout le monde le mange, de la couleuvre à la genette, rats et sangliers boulottent ses œufs, et lui-même ne trouve plus rien à manger : il adorait les coléoptères qui se nourrissent de migou de mouton. Or, depuis qu'on donne un certain vermifuge aux ovins, ces pauvres insectes ont été décimés, et le lézard ocellé meurt de faim.

Les amateurs de flore apprécieront le retour du petit épeautre sur les calcaires secs : ce blé originel combat la mélancolie et la dépression mieux que le meilleur quinoa. Ils feront des tisanes contre le mal des poumons avec la vipérine plantain qui ressemble à la bourrache sans en avoir le goût d'huître, pour la fleur, ni de concombre, pour la feuille. Ils iront voir le Jardin conservatoire des plantes tinctoriales à Lauris. Au hasard des plates-bandes, ils apprendront que la chicorée donne le pastel bleu, l'écorce du chêne du brun, la racine de la garance du rouge, le troène du vert, le cardon du jaune, l'iris des marais du noir et le cotinus, arbuste aux fleurs en barbe à papa qu'on voit sur les coteaux pierreux, de l'orange. Les bûcheurs iront admirer sur les jolis murs de Roussillon la diversité de l'ocre local, du jaune quasi citrin au rouge presque pourpre, et jeter un coup d'œil tout près à la dernière carrière en activité à Gargas, ou traverser le « Colorado provençal » à Rustrel, paysage surprenant laissé à la fin de l'exploitation en 1991. Ainsi renseignés, ils apprécieront mieux les enduits exubérants et les volets tendres des bourgs qu'ils traversent : minéraux ou végétaux, les pigments dont on les a peints ou teints sont naturels. Je dois avouer un faible pour Cucuron, ses lourds volets de bois plein aux tons pastel, ses fontaines d'eau non potable qu'il est interdit de « salir » et son long bassin sous les platanes poussés en hauteur.

Les gourmands traîneront pour se requinquer à la Maison du fruit confit d'Apt (dont l'art très ancien fut d'abord médicinal, comme le rappelle le *Traité des confitures* d'un voisin provençal, Nostradamus), à la Maison de la truffe à Ménerbes (le Sud-Est produit maintenant deux fois plus que le Périgord), et, peut-être mon préféré, au musée de l'Huile d'olive de La Royère. Un ancien architecte y a rassemblé, pour relever l'exploitation que lui a léguée son grand-père, les objets liés à la fabrication de l'huile d'olive hier et aujourd'hui, des scourtins, sortes de bonnets afghans de sisal où l'on fourrait l'olive broyée avant de la presser à main, aux petites presses d'aujourd'hui où le travail se fait à l'abri de l'air. Il a un vrai don de pédagogie. J'ai même compris pourquoi l'huile d'olive d'aujourd'hui n'a pas le même goût que celle d'hier.

Sur les chemins de Provence

PIN BÉNI
Il aime les sols arides du pourtour de la Méditerranée. En forme de boule quand il est jeune, le pin parasol se déploie en vieillissant pour prendre la forme dont il tire son nom. C'est de ses cônes que l'on tire les fameux pignons.

Ils serpentent le long des canaux aux senteurs de thym, gravissent les collines qu'arpentent les bergers, s'arrêtent au bord des fontaines, sillonnent villes majestueuses et villages perchés, se blottissent à l'ombre des abbayes. Les chemins de Provence offrent mille occasions d'escapades qui n'en finissent pas d'éblouir.

La Provence au fil de l'eau

Tissée d'un savant maillage de canaux et de barrages, la Provence est l'une des rares régions du pays à avoir, grâce à un savoir-faire ancestral, forgé une réponse à la sécheresse de son climat. PAR FRANÇOIS-JOSEPH AMBROSELLI

« L'*eau en Provence, c'est tout une histoire »,* écrivait Marcel Pagnol. Depuis l'Antiquité romaine et ses aqueducs majestueux, les habitants de cette terre aride se sont évertués à amener l'eau des montagnes dans les plaines et les collines de la Basse-Provence. Cette « ruée vers l'eau » a profondément modifié le paysage : la région a été remodelée pour se plier aux désirs des hommes. Ils ont détourné les cours d'eau, créé des lacs là où jadis s'épanouissaient des vallées, dressé d'immenses barrages retenant les flots comme l'aurait fait la main d'un géant, et ils ont creusé dans son sol aride des canaux qui ont dessiné, à travers le pays, des lignes bleues que certains se plaisent désormais à comparer aux veines d'un corps glorieux.

Ces ouvrages, alliés à des savoir-faire ancestraux, ont donné naissance au modèle provençal de gestion de l'eau, qui s'exporte aujourd'hui vers des régions du monde confrontées à la sécheresse. En France, celle-ci entraîne restrictions, interdictions d'arrosage ou de lavage : la Provence n'y échappe pas. Pourtant, malgré ces arrêtés, les Provençaux restent calmes, habitués à gérer l'eau avec prudence grâce aux aménagements patiemment bâtis au fil des siècles. Cette tranquillité relative peut sembler paradoxale dans une région où la pluie se fait rare en été quand le soleil abat ses rayons sur les prés comme le marteau sur l'enclume, et où les puisatiers étaient encore, il y a peu, indispensables à la survie de l'homme sur certaines collines. Sans pouvoir se reposer sur leurs lauriers, les Provençaux ont forgé une culture de gestion responsable de l'eau, fruit d'une longue adaptation. Nombreux furent-ils, ces paysans, qui ont lutté avec acharnement contre cet ennemi invisible qu'est la sécheresse, se sont ingéniés à tirer le meilleur parti de la Durance et du Verdon, et ont répété, le visage baigné de sueur, ce proverbe significatif : *« Eici, l'aigo es d'or »* (« Ici, l'eau est d'or »).

Les Romains du Haut-Empire avaient été les premiers à dompter le relief en alimentant les villes d'Aix, Fréjus et Arles. Ils avaient déniché les sources, tracé des canaux à ciel ouvert, percé des tunnels dans les massifs, mis sur pied des aqueducs et des ponts à arcades qui franchissaient les dépressions. Leur maîtrise remarquable de la topographie, leur science admirable du tracé, ne furent redécouvertes en Basse-Provence qu'après la Renaissance : avec la construction, au milieu du XVIe siècle, du canal de Craponne qui allait permettre de ramener l'eau dans les steppes brûlées de la Crau, et de renouer avec le génie des Anciens.

© MDJ. PHOTOS : © CAMILLE MOIRENC/HEMIS.FR

LE RETOUR DE L'EAU DANS LA CRAU

Il y a deux millions d'années, la Durance, qui se jette actuellement dans le Rhône, se déversait directement dans la Méditerranée et formait au sud des Alpilles un large delta qui recouvrait le cœur actuel de la Provence. A la fin de la période glaciaire, alors que la mer régressait et que les massifs alentour prenaient de la hauteur, elle fut forcée de délaisser son antique embouchure pour rejoindre un cours plus septentrional : elle ne le quittera plus. Elle laissa derrière elle une vaste plaine minée de galets ronds, qu'elle avait entraînés par la force de ses bras : la plaine de la Crau.

Pendant des millénaires, cette immense étendue de terre sèche resta orpheline de toute fraîcheur. Seul le mistral la traversait en soulevant parfois d'épaisses volutes de poussière. La Provence portait en son cœur cette plaine comme une blessure à vif, une brûlure dont la douleur ne s'apaise pas. Il fallut l'intervention d'une espèce pugnace pour que l'eau y abonde de nouveau : l'Homme.

Le 17 août 1554, Adam de Craponne, ingénieur ambitieux du roi Henri II, obtint de la chambre des comptes et archives du roi en Provence *« permission et licence de dériver les*

OR BLEU Ci-dessus : le plateau de Bibémus, entre Aix et la montagne Sainte-Victoire, au cœur duquel se niche le barrage Zola, œuvre de François Zola, le père du romancier. Ci-dessous et page de gauche : construit dans la seconde moitié du XVIe siècle, le canal de Craponne devait permettre à son génial concepteur, Adam de Craponne, de détourner l'eau de la Durance pour l'acheminer dans la plaine de la Crau.

eaux de la Durance à son profit et pour en jouir, user et disposer par les terroirs de La Roque, Lamanon, Salon et autres lieux où bon lui semblera et où lesdites eaux pourront être conduites ». Sans attendre, il prit sur ses fonds propres et commença les travaux : son canal partit de la basse Durance, près de La Roque-d'Anthéron, franchit le col de Lamanon avant d'entrer, en avril 1559, dans la ville de Salon sous les applaudissements et les cris de joie. Craponne avait entrepris *« l'impossible et l'infaisable »,* selon son ami Nostradamus. Ce n'était que la première étape d'un projet titanesque : bientôt, des fleuves d'eau vive coulèrent à Eyguières, Istres, Pélissanne, Lançon et dans toutes les grandes villes de la plaine, chevauchés par des moulins à eau qui moulaient les grains, broyaient les olives, affûtaient les épées, sciaient le bois, fabriquaient du papier et des fils de soie. Empoisonné par des ingénieurs italiens jaloux de son talent, Craponne mourut à Nantes, en 1576, sans avoir vu son œuvre achevée : en 1582, son canal atteignit cependant Pont-de-Crau et Arles.

Ce visionnaire s'était endetté jusqu'à la ruine, recourant à l'emprunt et bradant ses droits d'eau. Son canal, modernisé au fil des siècles, porte toujours son nom et ses quelque huit mille usagers actuels lui sont reconnaissants : *« Chacun de nous est propriétaire des parcelles que Craponne vendit autrefois pour financer son rêve. Nous sommes indépendants, élisons nos représentants et gérons nos ressources ensemble, comme une commune »,* explique Jean-Louis Plazy, président de l'association syndicale des Arrosants de la Crau, en charge de représenter les propriétaires.

Exploitants agricoles ou particuliers, ces « membres » mesurent leur privilège : ils bénéficient de droits d'eau imprescriptibles. Le roi Charles IX, qui s'appropria, en 1566, les cours d'eau du royaume par l'édit de Moulins, ne put mettre le grappin sur les terres de Craponne, dont la concession ne pouvait être révoquée sans indemnité : *« Notre position est quasi unique. Si l'on voulait nous nationaliser en 2025, cela coûterait quelques milliards »,* plaisante Jean-Louis Plazy.

Les centrales hydroélectriques ont aujourd'hui remplacé les moulins, et l'eau du canal sert dorénavant à l'irrigation des cultures :

BARRAGES rêver FLÂNER

PROMENADES

FÉE ÉLECTRICITÉ Ci-dessus : le barrage EDF de Castillon, dans les Alpes-de-Haute-Provence. Il retient les eaux du Verdon *(en bas)* pour former un lac artificiel sous lequel se trouvent les ruines de l'ancien village de Castillon, englouti lors de la mise en eau de l'édifice en 1948. Page de droite : un réseau complexe de canaux et de barrages irrigue toute la Provence.

vingt et un mille quatre cents hectares de terres sont ainsi abreuvés par la Durance. Toute une partie de la Crau est désormais parcourue par des prairies verdoyantes délimitées par de hautes haies de cyprès qui les protègent du vent, et destinées majoritairement à la production du foin de Crau (un fourrage réputé pour son excellente qualité et exporté dans le monde entier).

Aucune énergie n'est nécessaire. L'eau amenée par le canal coule d'elle-même le long des champs depuis des bouches artificielles durant un temps défini par un cahier des charges pour chacune des parcelles : *« Toutes les parcelles à irriguer sont légèrement en pente. L'eau du canal d'irrigation arrive par le point le plus haut et ruisselle vers le point le plus bas »*, explique Gaëtan Guichard, le directeur du canal en charge de l'entretien des ouvrages et de la bonne répartition des eaux. Et chaque goutte est utilisée à bon escient : les plantes prennent ce dont elles ont besoin et laissent le reste s'infiltrer profondément dans le sol, vers la nappe de la Crau, où il constitue une réserve stratégique de cinq cent cinquante millions de mètres cubes, qui fournit l'eau potable à deux cent soixante-dix mille habitants.

Ces terres irriguées, qui étaient jadis aussi arides que les steppes d'Asie centrale, forment ainsi une oasis surnommée « la petite Normandie » : il est possible d'explorer cette région grâce à trois circuits cyclistes qui parcourent les environs d'Arles, de Saint-Martin-de-Crau et de Salon-de-Provence. Une trentaine d'espèces de plantes trouvent refuge dans cette « Crau verte », ainsi qu'un nombre incalculable d'oiseaux : il n'est pas rare d'y croiser de majestueuses cigognes, des hérons garde-bœufs et leur long cou, des rolliers d'Europe et leur plumage bleu, ou d'entendre résonner, au-dessus des pâturages, comme un appel de la mer, le cri retentissant des mouettes.

DE L'ÉLECTRICITÉ DANS L'AIR

La Durance est généreuse : le canal de Craponne n'est pas le seul à charrier son limon. Le canal EDF possède également l'insigne privilège de dériver ses eaux et celles des rivières de la Haute-Provence sur deux cent cinquante kilomètres avant de se jeter dans l'étang de Berre. L'entreprise française en charge de la gestion de l'énergie possède en effet l'un de ses plus solides pieds d'ancrage en Provence verte : la Durance et son affluent le Verdon ont été ponctués après-guerre de dix-sept barrages majestueux, et de trente centrales hydroélectriques qui produisent chaque année l'équivalent de la consommation électrique d'environ deux millions et demi de personnes (ce qui représente 40 % de la production d'électricité de la région Provence-Alpes-Côte d'Azur).

Or ces ouvrages colossaux, qui surgissent dans le paysage comme d'étranges vaisseaux, servent aussi au tourisme. Pour s'en rendre compte, il faut remonter le Verdon, longer ses montagnes touffues et ses lacs d'azur, traverser des paysages que l'on croirait sorti d'un livre de Tolkien, s'enfoncer encore dans cette Provence méconnue où l'odeur de thym se mêle aux vertiges des hauteurs, et enfin atteindre un paradis terrestre : les hautes gorges qui enserrent, entre des escarpements sauvages, l'eau limpide du Verdon, serpentant entre les roches et les buissons.

Là, en amont de Castellane, dans les Alpes-de-Haute-Provence, le barrage de Castillon et sa façade abrupte s'offrent à notre admiration. Son armure de béton retient un lac féerique qui recouvre les ruines d'un ancien village englouti en 1948 lors de la mise en eau du barrage. Son directeur, Yacin Makhloufi, n'a que trente-neuf ans, et pourtant l'assurance d'un ancien : *« Mon job est de répondre aux besoins à*

chaque instant. » Ce « *pur agent EDF* », originaire de Normandie, gère les crues et les périodes de sécheresse, assure la production d'électricité et organise, l'été, des « lâchers d'eau » qui font le bonheur des amateurs de sports extrêmes : « *En période estivale, la priorité est donnée au volet touristique* », explique-t-il. Et les vacanciers s'en donnent, de fait, à cœur joie : en aval du barrage, ils descendent le Verdon en radeau ou en kayak, et explorent des ravins érodés par les millénaires ; en amont, ils font du paddle ou se baignent dans un lac artificiel qui rappelle les Caraïbes. Les amateurs de marche et d'escalade ne sont pas en reste : les gorges du Verdon forment le plus grand canyon d'Europe. Des chemins sinueux longent ses falaises aux parois grises et orange, s'enfoncent dans des tunnels creusés à la pioche, et offrent le spectacle saisissant d'une nature domptée par l'homme.

L'AUTOROUTE AZUR

Les eaux limpides du Verdon se déversent en partie dans le canal de Provence, sorte de ligne à grande vitesse qui, lorsqu'elle n'est pas cachée sous terre, dessine des traits bleus dans le paysage. Construit de 1964 à 1985, ce dernier-né parmi les canaux tisse sa toile à travers toute la Provence et dessert, jusqu'au littoral, deux mille deux cents usines et entreprises, six mille exploitants agricoles, deux mille deux cents poteaux incendie, quarante mille particuliers et cent quatre-vingt-dix communes dont Aix, Marseille et Toulon. Au total, ce sont près de deux millions d'habitants qui utilisent son eau, souvent à leur insu : « *Les gens ne savent pas du tout ce qu'il se passe avant le robinet. L'eau fait des kilomètres ! Quand on leur dit qu'elle vient du Verdon, ils sont surpris* », explique Isabelle Girousse, directrice de la communication de la Société du canal de Provence.

Cette entreprise a bon goût : elle a installé son siège dans le magnifique château du Tholonet, au cœur du parc du même nom, à mi-chemin entre Aix et la Sainte-Victoire. Cette demeure à l'italienne du XVIIe siècle, cernée de platanes centenaires et parée d'un crépi jaune qui évoque l'astre ardent, servit de résidence d'été à la famille de Gallifet pendant deux siècles et demi, avant de passer à la famille de Bovis puis d'être achetée, en 1959, par la Société du canal de Provence qui y planifia les projets ambitieux que l'on admire aujourd'hui. A deux pas de ce « Versailles d'Aix », les ruines oubliées d'un aqueduc romain du IIe siècle, qui transportait l'eau du flanc de la Sainte-Victoire jusqu'à Aquae Sextiae (nom latin d'Aix), rappellent au visiteur la vanité et la vacuité des choses de ce monde : ce pont qui enjambait jadis avec élégance la vallée de l'Infernet, et qui, avec ses trente-six mètres de hauteur, ressemblait au pont du Gard, n'a

conservé que deux blocs de maçonnerie qui ne disent rien de sa gloire passée.

La Société du canal de Provence a de son côté le regard tourné vers le futur : depuis une soixantaine d'années, elle a construit pour trois milliards d'euros de patrimoine hydraulique. Sa devise ? *« Partager l'eau, construire l'avenir. »* Et n'en déplaise aux prophètes de malheur, l'avenir s'annonce plutôt bien. De fait, malgré les effets du changement climatique et les discours les plus pessimistes, la Provence s'adapte à la situation : grâce à la robustesse des aménagements et à une gestion rigoureuse de la ressource, l'avenir peut ainsi être envisagé avec une confiance raisonnable. *« Engagés dans le plan Or bleu de la région Sud, nous continuons à préserver la ressource, à développer l'accès à l'eau et à déployer des solutions qui optimisent les usages de l'eau,* assure Yann Viala, ingénieur en charge de gérer le transport de l'eau. *Avec un stock de deux cent cinquante millions de mètres cubes, sollicité partiellement et reconstitué par les précipitations, le canal de Provence s'appuie sur ce modèle de réserve pour garantir la robustesse de son système. Nous utilisons cette ressource surtout l'été, en ne prélevant que le strict nécessaire pour nos clients. Ce mode de gestion fait la force du canal de Provence. C'est un atout d'avenir pour l'adaptation au changement climatique des territoires régionaux. »*

Le canal est conçu en effet pour ne prélever que la quantité d'eau nécessaire aux clients. Pour atteindre une telle précision, la société a développé en interne un logiciel de régulation qui permet de mesurer les débits, les niveaux et la consommation. Ces écrans multicolores, qui semblent sortis d'un film de science-fiction, reçoivent l'attention continue de techniciens qui se relaient vingt-quatre heures sur vingt-quatre dans un centre de télégestion situé au cœur du parc du Tholonet. Le synoptique indique notamment la température, l'éventuelle présence d'hydrocarbure, le potentiel hydrogène ou encore la turbidité, c'est-à-dire le taux de matières en suspension dans l'eau. Ces capteurs sont en outre complétés par le « truitomètre », des « aquariums intelligents » qui font gagner un temps précieux aux ingénieurs : *« Nous plaçons des poissons sensibles aux variations de qualité d'eau dans un aquarium alimenté par le canal. Nous contrôlons leur activité, leurs comportements nous permettent de tirer rapidement des conclusions. La nature reste le meilleur allié de l'homme ! »* se réjouit Yann Viala.

LES GRANDES MURAILLES

Elle lui joue parfois des tours. Ici, tout le monde garde en mémoire la rupture du barrage de Malpasset, ouvrage public construit sous la responsabilité du conseil général du Var : le 2 décembre 1959, après de fortes pluies et la crue du lac de retenue, les rives du barrage, gorgées d'eau, avaient cédé. N'étant plus soutenu, l'ouvrage s'était ouvert comme une porte. Des dizaines de millions de mètres cubes d'eau avaient déferlé en aval, inondant une partie de Fréjus et entraînant la mort de quatre cent vingt-trois personnes.

Une telle catastrophe serait-elle possible aujourd'hui ? *« Non »*, répond catégoriquement Christophe Berton, garde de l'imposant barrage de Bimont, situé à l'ombre de la bienveillante Sainte-Victoire, et géré par la Société du canal de Provence : *« Les rives sont constamment sondées pour vérifier qu'il n'y ait pas d'eau »*, précise-t-il. Le risque terroriste ne l'effraie pas non plus : *« Ce barrage fait dix-sept mètres de large. Il faudrait un sacré bombardement pour en venir à bout. »* L'hypothèse d'un lent affaissement de la structure est également à exclure : le barrage est équipé, comme tous ses congénères, d'un pendule qui mesure ses moindres mouvements. Christophe l'inspecte tous les jours au cours de sa ronde : *« Tant qu'il y aura cet outil, on sera tranquille. »*

Construit entre 1946 et 1951, ce rempart de béton supporte un lac somptueux de vingt-cinq millions de mètres cubes qui évoque, sur le mode mineur, la grande « mer intérieure » du Québec. Cette forteresse insubmersible a néanmoins fait l'objet d'un vaste chantier de rénovation de 2017 à 2019 : de minuscules fissures, dues au béton utilisé, avaient en effet été remarquées dès les années 1960. A la suite d'une grève, la cimenterie en charge du chantier avait livré des ciments qui n'étaient pas tout à fait refroidis afin de rattraper le temps perdu. Cette précipitation avait provoqué le gonflement des bétons, sans pour autant remettre en cause la solidité du barrage. Pour Catherine Casteigts, expert barrage en charge de la coordination des opérations de rénovation, il n'y a jamais eu de risque : *« Les fissures étaient très petites. On a eu du mal à les trouver pendant les travaux ! »*

A quelques kilomètres de là, un autre barrage géré par la Société du canal de Provence nous rassure sur la solidité du travail des anciens : le barrage Zola. Niché dans les gorges de l'Infernet, il s'y dresse fièrement depuis son inauguration en 1854 ! Cette muraille de pierre de taille fit l'objet d'un tableau de Cezanne dont le cabanon est situé à quelques enjambées, au cœur des carrières de Bibémus et de ces falaises

PHOTOS : © MDJ. © DPA/PHOTONONSTOP. © CAMILLE MOIRENC/HEMIS.FR

Mer intérieure Ci-dessus et en haut : à l'ombre de la montagne Sainte-Victoire, le barrage de Bimont est relié à une branche du canal de Provence. Sous la bonne garde de Christophe Berton *(page de gauche, en bas)*, il sert notamment à alimenter en eau la région aixoise et Marseille. Page de gauche, en haut : le château du Tholonet, siège de la Société du canal de Provence, à mi-chemin entre Aix et la montagne Sainte-Victoire.

ocre qu'il peignit avec acharnement. Pour atteindre le barrage, il faut emprunter un chemin entouré de pins d'Alep, et creusé dans cette terre rouge qui assèche les yeux, et dont le maître d'Aix a enflammé son œuvre. Arrivé à sa hauteur, le visiteur tombe sous le charme de ce bouclier de rocaille qui, depuis bien longtemps déjà, est à la retraite : *« On l'entretient pour le préserver. Ce barrage est un haut lieu du patrimoine aixois »,* explique Bernard Sabatier. Il doit sa construction à un homme au destin malchanceux : François Zola, le père du romancier.

Après avoir échoué à faire prospérer sa société de chemins de fer en Autriche, intégré puis quitté la Légion à la suite d'une obscure histoire de détournement de fonds, essuyé le refus de la ville de Marseille pour divers projets, cet officier de formation et docteur en mathématiques avait répondu à un appel d'offres lancé, en 1837, par la ville d'Aix pour l'exécution d'un canal d'adduction d'eau en échange d'un million de francs (après l'épidémie de choléra qui avait frappé la Provence entre 1832 et 1835, l'accès à une eau saine était devenu une priorité). L'ambitieux ingénieur sauta sur l'occasion et proposa d'ériger trois barrages dans les gorges de l'Infernet. Après six ans de tergiversations, d'enquêtes et de discussions houleuses, son projet fut enfin accepté. Quatre autres années furent nécessaires pour venir à bout des dernières résistances. Les premiers coups de pioche furent finalement donnés en février 1847, soit dix ans après le dépôt du projet. Mais François Zola ne vit jamais son œuvre achevée. Deux mois plus tard, le samedi 27 mars 1847, il succombait d'une pneumonie contractée dans la vallée : *« au moment où il allait triompher, il a été frappé pour ne plus se relever »,* écrivit *Le Mémorial d'Aix.*

Mais l'infortune suivit l'homme jusque dans sa tombe. Inauguré le 16 décembre 1854, le barrage Zola était déjà obsolète : il alimentera avec peine la ville d'Aix pendant une vingtaine d'années. Après 1875, son petit canal ne servira réellement que ponctuellement. Devenu complètement inutile, il cessera finalement toute activité à partir de 1970. A en croire Bernard Sabatier, François Zola n'est pour rien dans cet échec : *« Il avait prévu la construction d'un autre barrage censé prêter main-forte au premier : sa mort l'empêcha de concrétiser son projet. Il avait pensé la création du barrage de Bimont cent ans avant sa réalisation. C'était un visionnaire ! »* Aujourd'hui, ce grand mur de pierre au charme désuet ne sert plus qu'à retenir son lac aux allures de petit lagon vert, et à amortir les crues. Il ravit les randonneurs qui peuvent y contempler, depuis sa crête, le massif de Sainte-Victoire et cette Provence colorée qui, sans les hommes et leur génie, succomberait, impuissante, aux brûlures du soleil.

L'histoire de l'eau en Provence est une épopée formidable dans laquelle transparaît une alliance tacite, scellée dans le sang et la sueur, qu'Emmanuel Kant résumait en ces mots : *« La nature agit, l'homme fait. »*

- **canaldeprovence.com**
- **aixenprovencetourism.com**
- **parcduverdon.fr**
- **castellane-verdontourisme.com**

La Victoire en chantant

Qu'on l'admire de loin ou bien qu'on la gravisse, Sainte-Victoire exerce une souveraine attraction.

PAR FRANÇOIS-JOSEPH AMBROSELLI

Sa couleur varie selon les jours et les heures : elle peut se parer d'une couverture rose le matin, ou endosser une armure noire lorsque le ciel s'obscurcit ; refléter la lueur rouge du crépuscule ou la lumière aveuglante du soleil à son zénith.

Apparue il y a quinze millions d'années, la montagne Sainte-Victoire est un trône sur lequel se sont assis tant de rêves. Ce joyau de calcaire, qui domine Aix et son arrière-pays de ses dix-huit kilomètres de long, attire un million de visiteurs par an. Comment dès lors protéger le site d'un tourisme excessif ? La montagne est fragile et l'afflux de promeneurs la met grandement en danger. L'objectif est simple : éviter que des millions d'inconscients ne viennent piétiner ce jardin d'Eden. Et le message clair : si vous aimez Sainte-Victoire, n'y allez pas. Admirez-la de loin, comme Cezanne. Pour la préserver, de nombreuses pistes de randonnées ont été tracées au sud du massif. Dans l'ancien bassin minier, un « Sentier Provence, mines d'énergies » propose notamment de traverser de charmants villages bucoliques, et de contempler depuis des balcons naturels la célèbre montagne qui se dresse comme un sphinx. Les aventureux peuvent néanmoins l'approcher de plus près en gravissant les 1 011 mètres du pic des Mouches. Plus haut sommet du massif, il épaule la célèbre Croix de Provence (946 mètres) où s'agglutinent les touristes, et offre une vue à couper le souffle sur la vallée de l'Arc et le plateau du Cengle.

PHOTOS : © MDJ.

Pour l'atteindre, il faut emprunter un chemin méconnu, qui serpente discrètement sur le versant nord de la montagne : le sentier rouge du col des Portes. Réservé aux intimes, il est pour l'instant épargné par la foule : *« N'en parlez pas, sinon tout le monde va venir »,* plaisante Xavier Nicolle, responsable de l'équipe des gardes nature *(ci-dessus).* Cet ancien paysagiste originaire de Maisons-Alfort s'est engagé il y a vingt et un ans au service du Grand Site Sainte-Victoire, qu'il sillonne désormais inlassablement : *« Je suis l'office du tourisme ambulant »,* concède-t-il avec un sourire. Lui et ses sept collègues entretiennent les pistes, débroussaillent les parkings, sensibilisent les promeneurs au respect de l'environnement, dissuadent les récalcitrants, et organisent des animations scolaires où ils font découvrir aux enfants de Provence les merveilles de la terre : *« On sème des graines qui vont bientôt germer »,* se réjouit-il. Ce contemplatif reconnaît le chant des oiseaux, déniche des scorpions jaunes languedociens sous les pierres, titille les araignées-loups pour qu'elles sortent de leurs tanières, et appelle les plantes par leur prénom.

Elles sont nombreuses, qui se reposent à l'ombre des pins d'Alep et des chênes verts : thym, romarin, lavande fine, sarriette et tant d'autres qui embaument de mille senteurs. Mais aussi la garance voyageuse ou « plante velcro », qui s'agrippe aux rochers, ou encore le genêt de Lobel, arbrisseau surnommé « coussin de belle-mère » en raison de son allure de pouf, et de ses épines…

Une fois arrivé au sommet du pic, un océan de verdure et de pâturages s'offre aux yeux de l'heureux promeneur. A l'ouest, le soleil s'incline à l'horizon et la roche se couvre de nuances violettes. Devant le spectacle exquis d'une nature qui s'endort, il faut lâcher son appareil photo, son téléphone portable, et méditer ces mots si justes de Jean Giono : *« Les beaux paysages ne se captent pas dans des boîtes, ils s'installent dans les sentiments. »*

En 2020 hélas, vingt-deux éoliennes de 125 mètres de haut ont été plantées juste derrière Sainte-Victoire. L'autorisation d'exploiter qui datait de 2005 a été annulée par la cour administrative d'appel de Marseille en 2022 mais, en attendant la décision du Conseil d'Etat, les éoliennes continuent de fonctionner, au grand dam des amoureux de Sainte-Victoire qui voient leur montagne favorite défigurée.

• **grandsitesaintevictoire.com**

Museon Arlaten
Le cœur battant de la Provence

Après douze ans de travaux, le musée fondé par Frédéric Mistral a rouvert ses portes plus éblouissant que jamais. PAR ISABELLE SCHMITZ

Non content d'avoir écrit les épopées de *Mireille,* du *Poème du Rhône,* de *Calendal,* fondé le Félibrige, établi un dictionnaire de la langue d'oc, Frédéric Mistral offrit à la Provence, en 1896, un musée des arts et traditions populaires, version arlésienne. Lauréat du prix Nobel en 1904 pour *Mireille,* le généreux poète employa le montant de son prix à acquérir l'hôtel de la famille Laval-Castellane, une splendeur des XVe et XVIe siècles, et à y installer le Museon Arlaten, qu'il voulait à la pointe de son temps. Il le fut et l'est encore davantage aujourd'hui, depuis sa réouverture en mai 2021, après les douze ans de travaux entrepris par le Département des Bouches-du-Rhône pour vingt-deux millions d'euros. Le résultat, œuvre de l'architecte nantais Michel Bertreux, est spectaculaire : l'écrin ancien a été respecté, le charme d'antan conservé, mais la muséographie, les équipements et l'architecture fonctionnelle ont été modernisés avec un génie tout particulier, qui marie le design aux motifs traditionnels, les matériaux innovants et les formes contemporaines à l'archéologie, tels les murs décorés par Christian Lacroix, dans un patchwork de motifs traditionnels, et les magnifiques escaliers d'acier suspendus au plafond, en forme d'origami, qui laissent voir les vestiges du forum romain.

Le fondateur du Félibrige ambitionnait de montrer aux Provençaux leur généalogie culturelle, l'héritage gréco-romain, la variété de la langue d'oc, les us et coutumes de cette terre aux mille saveurs. Il avait pour cela fait réaliser des moulages des *Vénus d'Arles* et *de Fréjus,* des sarcophages des Alyscamps ; récolter costumes, jouets, instruments de musique ; enfin, disposer des dioramas, une nouveauté muséographique. Ceux-ci présentaient, en taille réelle, des scènes de la vie en Provence, incarnées par des « sculptures anthropologiques », selon le type provençal. Grâce à ces mises en scène, l'on découvre ainsi la veillée calendale, la veille de Noël, son « gros souper », où l'on brûle l'olivier en souhaitant pour l'année à venir que *« si nous ne sommes pas plus, que nous ne soyons pas moins »* ; la visite à l'accouchée ; l'atelier de couture, qui confectionne les robes aux tissus indiens bariolés dont l'assemblage deviendra « typiquement provençal ». *« Nous avons voulu conserver ces dioramas, qui étaient une innovation majeure du temps de Mistral, devenue un élément d'archéologie muséale,* explique Aurélie Samson, directrice du Museon Arlaten, passionnée par la figure de celui qui fut le premier directeur et conservateur du musée. *Nous les avons déclinés avec une scénographie plus contemporaine et épurée dans la suite du parcours. Mistral voulait que ce soit un "musée de la vie vivante", de la Provence telle qu'il la vivait, et telle qu'il souhaitait qu'elle perdure. Il a réalisé pour cela un vrai travail d'ethnologue, en collectant le plus d'objets possible, représentatifs de la culture provençale et de ses populations. »* Ainsi plonge-t-on, grâce aux centaines d'objets présentés de façon inventive et esthétique, dans l'univers des marins du Rhône, des gardians de Camargue, des bergers, des couturières d'Arles, des Gitans sédentarisés dans la région, des vanniers de Vallabrègues, des fêtes votives, des bals… Les cabinets de curiosités au charme d'antan se conjuguent aux scénographies plus contemporaines, aux bornes interactives, projections d'images et documents audio, pour emmener le visiteur au cœur de la Provence idéale de Frédéric Mistral. Un vrai voyage inoubliable.

• **www.museonarlaten.fr**

MÉMOIRE VIVE *Arlésiennes,* par Léo Lelée, 1872-1947 (Arles, Museon Arlaten).

PHOTOS : © MDJ.

Avignon à l'heure des papes

« *Qui n'a pas vu Avignon du temps des papes, n'a rien vu.* » Alphonse Daudet avait-il exagéré avec cette phrase de *La Mule du pape* ? Face à la plus grande forteresse gothique jamais bâtie en Europe, sur quinze mille mètres carrés, on se prend à penser que non. Et à rêver d'être transporté près de sept siècles en arrière, du temps de l'austère Benoît XII, moine cistercien, puis de l'exubérant Clément VI, qui édifièrent, entre 1335 et 1352, le palais des Papes. Deux cent cinquante personnes y vivaient, mais non les cardinaux, qui n'y demeuraient que lors des conclaves, dans le Grand Tinel, la vaste salle des banquets transformée pour l'occasion en dortoir. Après avoir célébré une messe dans la Grande Chapelle de cinquante-deux mètres de long, inondée de lumière, le pape recevait la tiare de son couronnement dans la loggia où le premier des cardinaux diacres prononçait ensuite l'*Habemus papam.* Dans la salle du Consistoire, il recevait princes et rois. Etonnantes de finesse sont les fresques de Matteo Giovannetti dans les chapelles Saint-Jean et Saint-Martial, et plus inattendues les premières peintures profanes réalistes exécutées en France – des scènes de chasse et de pêche – dont il orna avec son équipe la chambre du Cerf, le *studium* du pape. Un tour dans le jardin privé du souverain pontife et dans son potager médicinal, reconstitués en février 2020, finira de vous convaincre que, oui, Avignon du temps des papes fut un phare de civilisation. *IS*

• **palais-des-papes.com**

La basilique inachevée

Au centre de Saint-Maximin, elle émerge d'une mer de tuiles orange comme un vaisseau de pierre. La basilique Sainte-Marie-Madeleine fut bâtie à partir de 1295 pour abriter les reliques de celle dont elle porte le nom et qui, selon la tradition, avait passé la fin de sa vie en Provence. Son tombeau, oublié au fil des siècles, avait été retrouvé à cet emplacement en 1279 par le comte Charles II, qui avait lancé immédiatement le projet de construction de ce joyau gothique. Les troubles du XVIe siècle empêchèrent l'achèvement de la façade : la basilique s'offre depuis à notre regard comme une forteresse imprenable. C'est en son cœur que réside néanmoins son trésor. Après avoir admiré la chaire en bois du XVIIIe siècle qui illustre les passages de la vie de la pécheresse, la sacristie et ses voûtes d'ogives recouvertes de feuilles d'acanthe, et cette nef qui semble toucher les cieux, le visiteur pénètre enfin dans la crypte où repose son crâne, et peut y déposer son fardeau. *F-JA*

• **paroissesaintmaximin.fr**

Les aiglons des Baux

Peu de châteaux ont connu une histoire aussi grandiose que tourmentée. Fief de la noble famille des Baux, *« race d'aiglons, jamais vassale »* (Frédéric Mistral), l'une des plus puissantes du Midi depuis le XIe siècle, cette forteresse compta jusqu'à trente-cinq pièces, sept tours et d'épaisses murailles. Elle exhibe aujourd'hui sa carcasse désossée, fruit des guerres, rivalités, luttes de pouvoir avec le comte de Provence et le roi de France. Louis XIII fit démolir château et remparts en 1632. Le site n'en est pas moins époustouflant, avec sa vue à trois cent soixante degrés notamment sur le Val d'Enfer, et ses pièces à moitié détruites accrochées à la falaise.

En contrebas, dans de gigantesques caves aménagées par les tailleurs de pierre, d'où ils extrayaient la pierre calcaire des Baux de 1800 à 1935, les Carrières des Lumières vous emportent dans une illusion visuelle et musicale autour de l'œuvre d'un peintre. Cette année, c'est l'univers lumineux de Monet qui est mis à l'honneur. Pour des soirées exceptionnelles, le visiteur peut également plonger dans le monde onirique du *Petit Prince,* dans la Provence de Cezanne ou l'exotisme des orientalistes, mais aussi découvrir le génie des peintres du Nord, de Vermeer à Van Gogh. *IS*

- **lesbauxdeprovence.com**
- **carrieres-lumieres.com**

Citadelle de la foi

Aux portes d'Arles, les ruines blanches de l'abbaye de Montmajour dominent la plaine de la Crau. Huit siècles d'architecture s'y superposent. En 948, des moines bénédictins jetèrent leur dévolu sur cet îlot rocheux : les familles de la région venaient y ensevelir leurs morts et s'acquittaient des droits de mortalage auprès des religieux en échange de messes privées. Fortunés, ils construisirent un ermitage au milieu du XIe siècle puis, à partir du XIIe siècle, l'église abbatiale et sa nef voûtée en berceau, un cloître aux chapiteaux et aux consoles garnis de feuilles d'acanthe, d'animaux et de créatures maléfiques, mais aussi une chapelle hors de la clôture destinée à accueillir les reliques de la Vraie Croix – aujourd'hui disparues – qui attiraient alors des foules de pèlerins. A la fin du XIIIe siècle, l'abbaye avait déjà essaimé en Provence une cinquantaine de prieurés. La guerre de Cent Ans et ses mercenaires désœuvrés exigèrent sa fortification : entourée d'épaisses murailles et dotée d'un donjon, elle devint une citadelle de la foi, qui dressait sa silhouette trapue à l'horizon. Le calme revenu, les moines de la congrégation bénédictine de Saint-Maur érigèrent, au XVIIIe siècle, un nouveau monastère aux allures de résidence princière. Il fut désossé pendant la Révolution et servit de carrière de pierre. Ses vestiges s'imposent au loin comme le squelette d'un géant. *F-JA*

- **abbaye-montmajour.fr**

Plaisirs et lectures

Par Isabelle Schmitz, Michel De Jaeghere, François-Joseph Ambroselli, Raphaëlle du Coudert et Pierre-Étienne Picot

Provence

Collectif

« La Provence dissimule ses mystères derrière leur évidence. » Par-delà son aspect riant, son ciel d'azur et l'accent chantant de ses habitants, Jean Giono connaissait aussi les paradoxes de sa région. Cette phrase a beau être l'exergue de ce joli guide, c'est plutôt à la part solaire et joyeuse de la Provence qu'il s'intéresse, emportant son lecteur au long de ses sentiers odorants, de la Camargue aux Alpilles, du Luberon à la montagne Sainte-Victoire, dans ses villes prospères, d'Aix à Avignon et Marseille, à la découverte de ses vestiges romains, et de cet art de vivre qui perdure au fil des siècles, héritage encore vivant d'une culture plus vivace qu'ailleurs. Vous y apprendrez que le mistral souffle sur les terres provençales cent quatre-vingts jours par an, raison pour laquelle les mas lui tournent le dos ; que la vigne et l'olivier sont le cadeau des Grecs à cette région dans laquelle ils établirent des comptoirs, que les Romains y laissèrent leur jeu de boules, ancêtre de la pétanque. Joliment illustré, plein de bonnes adresses et d'idées de visites et de randonnées, ce guide est l'allié indispensable de vos escapades provençales. *IS*

Gallimard Loisirs, « Voyages Gallimard – Coups de cœur », 352 pages, 15,90 €.

Capitales de mémoire

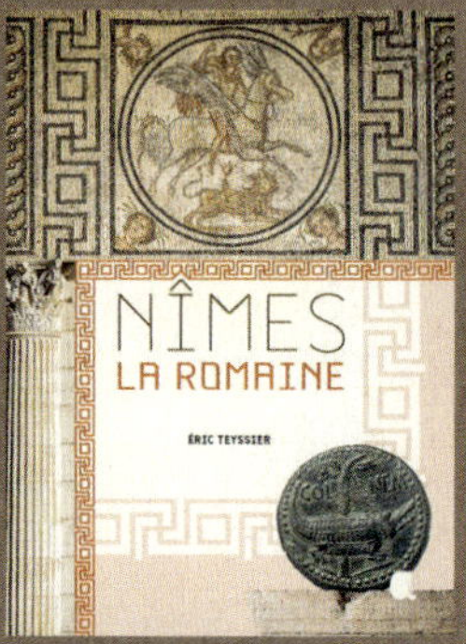

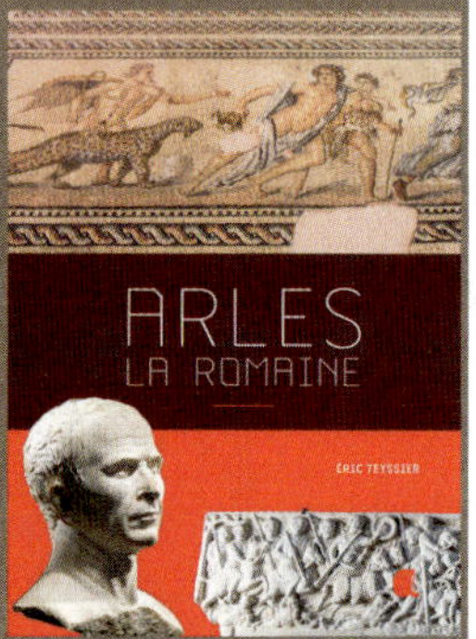

Spécialiste incontesté de l'histoire de la gladiature, Eric Teyssier enseigne l'histoire romaine à l'université de Nîmes. Il a consacré à l'histoire antique de sa ville, comme à celle d'Arles voisine, deux splendides livres illustrés. L'érudition y dispute au sens du récit et à la pédagogie pour faire revivre avec la science la plus sûre les deux cités les plus évocatrices de la splendeur de la culture gallo-romaine. Cartes, photos, analyses, récits, portraits se complètent pour restituer le contexte, décrypter les vestiges, signaler les curiosités et éclairer les perspectives. Ils font de ces deux riches albums les plus précieux des compléments (ou la meilleure des préparations) à la visite des monuments, des sites et des deux splendides musées où sont conservés les objets qui y ont été retrouvés, en même temps qu'ils esquissent, par ce biais, la plus vivante des histoires de la Gaule romaine. *MDeJ*

- ***Nîmes la romaine,*** **d'Eric Teyssier, Alcide, 320 pages, 24,90 €.**
- ***Arles la romaine,*** **d'Eric Teyssier, Alcide, 380 pages, 24,90 €.**

Les Pierres sauvages

De Fernand Pouillon

Voici un roman que devrait lire tout étudiant en architecture. Il y apprendrait que la *« beauté reste l'enfant de la nécessité ».* On y suit les péripéties d'un cellérier cistercien à qui ses supérieurs ont confié, en 1161, la maîtrise d'œuvre du chantier de l'abbaye du Thoronet en Provence. Jour après jour, le moine bâtisseur raconte dans son journal l'avancement des travaux, fait part de ses doutes, décrit le travail harassant des frères soumis à une discipline de fer. Chaque pied repris à la nature demande des journées de labeur : les religieux défrichent les bois alentour, améliorent les chemins, purgent la glaise du sol, creusent des canaux d'irrigation, se mesurent enfin à ces blocs de pierre durs et cassants, *« rongés de cavernes »,* à cette roche chaude et ocre, qui avec le temps *« deviendra grise et dorée ».* Publié pour la première fois en 1964, ce livre n'a rien d'un pastiche indigeste (l'architecte Fernand Pouillon, son auteur, maîtrisait parfaitement le langage de sa profession et les subtilités de la règle de saint Benoît). On le referme avec le désir de se dépouiller des vanités de ce monde et de bâtir avec patience sa vie. *F-JA*

Seuil, « Points », 272 pages, 10,20 €.

Le Voyage en Provence. De Pétrarque à Giono

De Frédéric d'Agay

L'historien Frédéric d'Agay déclare sa flamme à sa Provence natale et rameute un cortège d'écrivains, de peintres et de voyageurs célèbres ou méconnus, qui ont tous honoré de leur plume ce pays des délices. Certains ont dû apprendre à l'aimer, d'autres se soumirent entièrement à ses désirs, goûtant à cette lumière qui change selon les saisons, à ces fleuves violents, à ces sources jaillissantes, à ces villes perchées, à ces montagnes frappées par le mistral. Le lecteur est ainsi embarqué dans une promenade intime, pleine de couleurs, sur des chemins secs ou humides, bordés de noisetiers en fleur. Henri Bosco se remémore les vieux quartiers marseillais emplis *« de ruelles étroites »* ; Marcel Pagnol décrit une partie de boules aux règles impénétrables ; Jean Giono révèle l'étrange pouvoir d'un bouquet de lavande. Ce livre est un concentré de poésie et de récits d'aventures, où pointe parfois un soupçon de sensualité, comme lorsque Henry James s'émerveille de ces Arlésiennes *« au nez droit »*, ou que Van Gogh leur rend un hommage de maître : *« Il y a des femmes comme des Fragonard et comme des Renoir. »* *F-JA*

Robert Laffont, « Bouquins », 1 344 pages, 32 €.

Contes de Provence

Les contes ne sont-ils destinés qu'aux enfants ? Ces deux recueils vous détromperont. Les *Contes des sages de Provence* nous donnent envie de croire que leur récit a *« traversé les siècles avant de nous parvenir, sans que les conteurs en aient changé le moindre mot »*. Jean Muzi y compile une histoire de la Provence illustrée, véritable voyage littéraire où le merveilleux enjolive le réel. Portraits touchants, beauté simple des paysages, traditions provençales, peuplent les *Contes et récits de Provence* sous la plume de Frédéric Mistral, d'Alphonse Daudet et de Paul Arène, trois enfants du pays qui communient dans un même amour : *« J'aime le provençal comme un enfant aime sa mère, de là vient peut-être le trop d'amour et d'abandon que j'y mets en l'écrivant. Pourtant, comme il est beaucoup plus doux d'aimer que de haïr, je me laisse aller vers les gens, vers les choses, avec la même joie. »* (Frédéric Mistral). *R du C*

***Contes des sages de Provence*, de Jean Muzi, Seuil, 200 pages, 21,50 €.**
***Contes et récits de Provence*, éditions Jean-Paul Gisserot, 128 pages, 10 €.**

La Provence d'antan

D'Anne-Laure Rauch

Après la guerre franco-allemande de 1870, les premières innovations industrielles firent leur apparition sur ces terres aux traditions ancestrales enracinées. Pourtant, les Provençaux continuèrent de vivre à leur rythme, celui du village, du café, des récoltes et des cueillettes, ainsi que celui de la mer et des pêcheurs. Illustré par de très nombreuses photos et cartes postales, cet ouvrage d'Anne-Laure Rauch fait revivre les anciens métiers (limonadiers, ramoneurs, décrotteurs du port), les artisanats, les fêtes traditionnelles où défilent les Arlésiennes vêtues de leurs robes élégantes, les musiciens et leurs costumes, les légendaires taureaux de Camargue… Toutes ces coutumes locales façonnées au cours des deux mille six cents ans d'histoire de la Provence. Un portrait en noir et blanc, pourtant haut en couleur,

de ce monde disparu après la Seconde Guerre mondiale. *P-EP*

Editions Hervé Chopin, 192 pages, 29,90 €.

Le Poème du Rhône

De Frédéric Mistral

C'est la complainte du vieux fleuve, que chante le poète de Maillane, à l'heure où les bateaux à vapeur ont envahi ses eaux, où l'industrialisation triomphante renvoie les *« temps des anciens, d'antique bonhomie »*, à une époque révolue. *« Le Rhône ? un tourbillon de vie ! Enfants, nous allions les voir passer sur l'eau longue, les Condriots, la main sur la gouverne et si fiers ! Le fleuve était par leur grâce un grand rucher dans la rumeur du travail. Tout est mort à présent, muet, trop vaste, et de tout ce vacarme, rien ne reste que la blessure tracée dans la pierre par les câbles de halage des bateaux. »* Mistral dédie au Rhône ce poème épique, traversé du souffle de l'histoire : celle du petit peuple des bateliers du Rhône, qui tient le rôle d'un chœur antique souvent drolatique ; celle du chevalier Guillaume d'Orange, de son amoureuse jalouse. Fondateur du Félibrige, Frédéric Mistral accordait une insigne importance au provençal, qu'il traduisait en français sans grand souci poétique. Son texte provençal est ici magnifié par la traduction qu'en propose le poète Claude Guerre, qui rend justice à son langage musical et imagé. *IS*

Actes Sud, 304 pages, 23 €.

Lou Felibrige Le mouvement fondé par Frédéric Mistral est actif sur les trente-deux départements d'expression de langue d'oc. Retrouvez les actualités, rendez-vous, publications sur felibrige.org

Musée rêver FLÂNER
PROMENADES

© PHILIPPE GODEFROY.

LA CHASSE AUX TRÉSORS

La Provence est prodigue de tout. Pour découvrir ses paysages spectaculaires, ses montagnes et ses collines, ses champs de lavande et ses plantations méditerranéennes, ses sites archéologiques comme ses villes, ses villages, ses musées d'art et d'artisanat, ses vignobles et ses cultures, les institutions touristiques rivalisent de créativité et d'ingéniosité pour proposer à tous les publics les activités les plus variées : visites, promenades thématiques, dégustations, ateliers découvertes, randonnées à pied, à vélo, à cheval, œnotourisme… Une large palette proposée à tous, de l'amateur d'art au jeune public féru d'histoire, du sportif confirmé aux apprentis marcheurs, des passionnés de botanique aux adeptes des caves et des bonnes tables…

Voici les adresses de ces indispensables sésames :

- vaucluseprovence-attractivite.com
- avignon-tourisme.com
- orange-tourisme.fr
- arlestourisme.com
- myprovence.fr
- alpillesenprovence.com
- haute-provence-tourisme.com
- nimes-tourisme.com
- marseille-tourisme.com
- visitvar.fr
- nicetourisme.com